Manual de
Licitações e Contratos Administrativos

FELIPE **DALENOGARE** ALVES
MARILENE **CARNEIRO** MATOS

Manual de
Licitações e Contratos Administrativos

Prefácio do Ministro
BENJAMIN ZYMLER

De acordo com a Lei n. 14.133/2021, a jurisprudência do TCU e os regulamentos federais

gen | saraiva jur

- Os autores deste livro e a editora empenharam seus melhores esforços para assegurar que as informações e os procedimentos apresentados no texto estejam em acordo com os padrões aceitos à época da publicação, *e todos os dados foram atualizados pelos autores até a data do fechamento do livro*. Entretanto, tendo em conta a evolução das ciências, as atualizações legislativas, as mudanças regulamentares governamentais e o constante fluxo de novas informações sobre os temas que constam do livro, recomendamos enfaticamente que os leitores consultem sempre outras fontes fidedignas, de modo a se certificarem de que as informações contidas no texto estão corretas e de que não houve alterações nas recomendações ou na legislação regulamentadora.

- Data do fechamento do livro: 01/09/2024

- Os autores e a editora se empenharam para citar adequadamente e dar o devido crédito a todos os detentores de direitos autorais de qualquer material utilizado neste livro, dispondo-se a possíveis acertos posteriores caso, inadvertida e involuntariamente, a identificação de algum deles tenha sido omitida.

- Direitos exclusivos para a língua portuguesa
  Copyright ©2025 by
  Saraiva Jur, um selo da SRV Editora Ltda.
  Uma editora integrante do GEN | Grupo Editorial Nacional
  Travessa do Ouvidor, 11
  Rio de Janeiro – RJ – 20040-040

- **Atendimento ao cliente: https://www.editoradodireito.com.br/contato**

- Reservados todos os direitos. É proibida a duplicação ou reprodução deste volume, no todo ou em parte, em quaisquer formas ou por quaisquer meios (eletrônico, mecânico, gravação, fotocópia, distribuição pela Internet ou outros), sem permissão, por escrito, da **SRV Editora Ltda.**

- Capa: Lais Soriano
  Diagramação: Rafael Cancio Padovan

- **DADOS INTERNACIONAIS DE CATALOGAÇÃO NA PUBLICAÇÃO (CIP)**
  ODILIO HILARIO MOREIRA JUNIOR – CRB-8/9949

A474m   Alves, Felipe Dalenogare
        Manual de Licitações e Contratos Administrativos / Felipe Dalenogare Alves, Marilene Carneiro Matos. – [2. Reimp.] – São Paulo: Saraiva Jur, 2025.

232 p.
ISBN 978-85-5362-824-7 (Impresso)

1. Direito administrativo. 2. Licitação. 3. Contratações públicas. 4. Serviços contínuos. 5. Agentes públicos. I. Matos, Marilene Carneiro. II. Título.

	CDD 341.4
2024-2736	CDU 341.4

Índices para catálogo sistemático:
1. Direito administrativo   341.4
2. Direito administrativo   341.4

---

abdr
ASSOCIAÇÃO BRASILEIRA DE DIREITOS REPROGRÁFICOS
Respeite o direito autoral

Dedico esta obra à minha esposa, Evelin, e à minha filha, Alice.

Felipe Dalenogare Alves

Dedico esta obra ao meu marido, Fernando List, e aos meus filhos, Valentina e Lorenzo.

Marilene Carneiro Matos

Agradecimentos

Agradeço à Evelin e à Alice pela compreensão durante os períodos em que estive ausente, dedicando-me a esta obra.

Felipe Dalenogare Alves

Agradeço ao meu marido e melhor companheiro, Fernando List, pelo apoio e compreensão, fundamentais sempre.

Marilene Carneiro Matos

Prefácio

É com grande satisfação que prefacio este *Manual de Licitações e Contratos Administrativos*, um instrumento crucial para a compreensão e a aplicação da Lei de Licitações e Contratos (Lei n. 14.133/2021). Esta obra, elaborada com rigor e atenção aos detalhes, visa proporcionar uma base sólida para todos os envolvidos no processo de licitação, desde gestores públicos até fornecedores e consultores, assim como a estudantes e interessados na temática em geral.

A implementação da Lei de Licitações e Contratos representa um marco significativo na evolução dos processos de contratação pública no Brasil. Ela busca promover maior transparência, eficiência e competitividade, alinhando-se às melhores práticas internacionais e respondendo às demandas por uma administração pública mais ágil e responsável. No entanto, a transição para este novo marco regulatório não tem sido isenta de desafios.

A complexidade e a abrangência da nova legislação, com suas inovações e mudanças em relação à Lei anterior, têm gerado dificuldades na sua aplicação prática. O enfoque dado à norma ao planejamento e governança ambiciona uma verdadeira mudança de cultura organizacional às práticas relacionadas às contratações públicas em todos os âmbitos federativos no país. As mudanças no processo licitatório, incluindo novos tipos de contratação e ajustes nas regras de dispensa e inexigibilidade, exigem uma adaptação cuidadosa e detalhada por parte dos gestores públicos e dos fornecedores. A integração dos novos procedimentos com os sistemas já existentes, bem como a necessidade de capacitação contínua para todos os envolvidos, são aspectos que demandam atenção especial.

Nesse contexto, este Manual se propõe a ser um guia prático e acessível, oferecendo esclarecimentos e orientações sobre as principais questões e desafios que surgem na aplicação da Lei n. 14.133/2021. O objetivo é facilitar a compreensão dos novos procedimentos, ajudar na identificação de boas práticas e fornecer exemplos empíricos que possam ser diretamente aplicados no dia a dia da Administração.

Reconheço que, apesar dos esforços empreendidos para tornar essa Lei mais eficiente e transparente, o caminho para sua plena implementação será gradualmente percorrido. Enfrentar as dificuldades inerentes à mudança exige um compromisso constante com a capacitação e a adaptação dos processos, sempre com o objetivo de alcançar a excelência na Administração Pública brasileira.

Ao tempo em que parabenizo os autores pelo esforço empreendido na elaboração deste manual, desejo que ele seja um recurso valioso para todos aqueles que buscam aprimorar suas práticas e garantir o sucesso na condução dos processos de licitação. Que esta obra possa ser um farol de clareza e orientação em um cenário de constante evolução e transformação.

Brasília, agosto de 2024.

Benjamin Zymler
Ministro do Tribunal de Contas da União (TCU)

Nota dos autores

A elaboração de um *Manual de Licitações e Contratos*, com base na Lei n. 14.133/2021 – Lei de Licitações e Contratos (LLC), pela centenária Saraiva Jur, se revela uma iniciativa relevante e corajosa. Com a edição desse novo marco normativo, foram introduzidas profundas modificações no regime jurídico das contratações públicas, demandando dos agentes envolvidos uma compreensão detalhada e precisa das novas disposições. Nesse contexto, este livro se propõe a ser um guia essencial, não apenas para agentes públicos, mas também para o mercado fornecedor, advogados, membros do Ministério Público, juízes, profissionais do controle interno e externo, e, por fim, à sociedade em geral.

Os agentes públicos, enquanto gestores do interesse público, são diretamente responsáveis pela aplicação correta dos dispositivos legais no âmbito das licitações e contratos. A Lei n. 14.133/2021 exige desses profissionais um aprofundamento técnico que vai além do conhecimento superficial das normas. A complexidade das novas regras e princípios, que englobam desde novéis critérios de julgamento até os novos modelos de contratação, impõe a necessidade de atualização constante e de uma interpretação precisa, para evitar falhas que possam comprometer sua atuação. Este *Manual* se torna, assim, uma ferramenta indispensável para que esses atores possam conduzir as licitações com a segurança jurídica necessária.

O mercado fornecedor, por sua vez, encontra na Lei n. 14.133/2021 um novo cenário de oportunidades e desafios. Essa norma busca fomentar a competitividade e assegurar a igualdade de condições entre os participantes na licitação, estabelecendo novos parâmetros à seleção da proposta mais vantajosa. Para que as empresas possam participar de forma eficiente, é imprescindível que compreendam não apenas as etapas formais do processo, mas também os direitos e deveres que lhes são atribuídos no âmbito contratual. Este *Manual* oferece aos fornecedores uma leitura detalhada das inovações legislativas, permitindo que estejam melhor preparados para atuar nesse novo cenário, minimizando riscos e potencializando suas chances de sucesso.

Os advogados, que têm a função de orientar e defender os interesses de seus clientes perante a Administração Pública (ou os interesses desta), encontram na LLC um campo vasto de atuação e, simultaneamente, de desafios interpretativos. As inovações trazidas pela Lei n. 14.133/2021 demandam um estudo aprofundado e uma capacidade analítica aguçada para que esses profissionais possam oferecer a melhor orientação jurídica possível. É nesse sentido que este livro se propõe a ser uma ferramenta essencial, como uma doutrina acessível, oferecendo uma análise crítica e detalhada dos principais aspectos dessa lei, desde as disposições preliminares até as normas específicas para a execução dos contratos administrativos. Ao dominar essas informações e ter este manual como fonte de consulta, os advogados poderão elaborar pareceres jurídicos mais robustos, defender os interesses de seus clientes com maior eficiência e contribuir à correta aplicação da legislação.

Os membros do Ministério Público, por sua vez, desempenham um papel de defesa da ordem jurídica, do regime democrático e dos interesses sociais e individuais indisponíveis, especialmente no que diz respeito à fiscalização das contratações públicas e, por conseguinte, do patrimônio público. O MP tem, portanto, a incumbência de verificar se os processos licitatórios e os contratos administrativos são conduzidos de acordo com os princípios da legalidade, impessoalidade, moralidade e eficiência. Este manual serve como uma referência indispensável a esses atores, fornecendo não só uma análise detalhada das inovações legislativas, mas também orientações práticas, que auxiliam esses profissionais à identificação de eventuais irregularidades, no oferecimento de pareceres e na promoção de ações judiciais, quando necessário, garantindo a proteção do patrimônio público e a correta aplicação dos parcos recursos do erário.

Já os juízes, como garantidores da justiça e da correta aplicação normativa, enfrentam o desafio de interpretar e aplicar a Lei de Licitações e Contratos aos casos que chegam ao Poder Judiciário. Diante das inovações introduzidas pela Lei n. 14.133/2021, é fundamental que os magistrados possuam conhecimento das novas regras e dos princípios que as orientam. Assim é que este manual se apresenta como um recurso valioso, oferecendo uma compreensão clara dos dispositivos legais e suas implicações no cotidiano administrativo, propiciando que as decisões judiciais estejam em conformidade com o novo marco normativo.

Os profissionais do controle interno e externo, que atuam na fiscalização e auditoria dos processos licitatórios e da execução dos contratos administrativos, também enfrentam novos desafios com o advento da Lei n. 14.133/2021. Esta introduz uma série de mudanças que impactam diretamente a forma como esses profissionais conduzem suas atividades, exigindo uma adaptação rápida às novas normas. Este manual oferece uma visão oriunda do conhecimento e experiência dos autores, abordando desde os aspectos introdutórios à LLC até as alterações nos mecanismos de controle e fiscalização.

A sociedade em geral, enquanto destinatária final dos serviços públicos, tem um interesse direto na correta aplicação da Lei de Licitações e Contratos, podendo, inclusive, realizar o controle social da Administração Pública. A eficiência e a transparência nos processos licitatórios são fundamentais para garantir que os recursos públicos sejam utilizados adequadamente, proporcionando serviços de qualidade, que atendam efetivamente às necessidades coletivas. Este manual, ao oferecer uma análise crítica e detalhada da Lei n. 14.133/2021, contribui para que todos aqueles interessados nessa área obtenham conhecimento, de modo didático, de uma área de difícil assimilação.

Dentre os principais desafios oriundos da Lei n. 14.133/2021, destaca-se a necessidade de adaptação às novas regras e procedimentos estabelecidos. A LLC trouxe uma série de inovações que exigem uma compreensão detalhada e precisa para evitar falhas que possam comprometer a legalidade e a efetividade. Este manual busca ser uma ferramenta essencial à solução desses desafios, ofertando uma análise abrangente e detalhada dessa norma, desde os conceitos introdutórios até as disposições mais específicas que regem as licitações e os contratos administrativos.

Para esse propósito, este livro trabalha o conceito de licitação, a normatização aplicável, os aspectos introdutórios ao novo marco normativo e contratual estabelecido pela Lei n. 14.133/2021, as disposições preliminares à aplicação da LLC, as aplicáveis à execução das licitações, as referentes aos contratos administrativos, as atinentes aos procedimentos auxiliares, as referentes às alienações de bens públicos e as relacionadas ao controle das licitações pelos Tribunais de Contas.

Desejamos uma ótima leitura!

Felipe Dalenogare Alves
Marilene Carneiro Matos

Sumário

PREFÁCIO IX
NOTA DOS AUTORES XI

CAPÍTULO 1
CONCEITO 1

CAPÍTULO 2
NORMATIZAÇÃO APLICÁVEL 3

CAPÍTULO 3
INTRODUÇÃO AO MARCO NORMATIVO LICITATÓRIO E CONTRATUAL ESTABELECIDO PELA LEI N. 14.133/2021 7

CAPÍTULO 4
DISPOSIÇÕES PRELIMINARES À APLICAÇÃO DA LEI N. 14.133/2021 9
4.1. Destinatários da licitação 9
4.2. Contratações públicas realizadas no exterior 10
4.3. Objeto das licitações realizadas pela Lei n. 14.133/2021 ... 10
4.4. Tratamento favorecido às ME e EPP 10
4.5. Princípios da licitação e da contratação pública 13
    4.5.1. Princípio da legalidade, da vinculação ao edital e do julgamento objetivo 14
    4.5.2. Princípio da impessoalidade, da igualdade e da competitividade 15
    4.5.3. Princípio da publicidade e da transparência 16
    4.5.4. Princípio do interesse público, da moralidade e da probidade administrativa 16
    4.5.5. Princípio do planejamento, da eficiência, da eficácia, da celeridade e da economicidade 17
    4.5.6. Princípio da segurança jurídica e a observância às disposições da LINDB 19

	4.5.7.	Princípio da razoabilidade, da proporcionalidade, da motivação...	20
	4.5.8.	Princípio do desenvolvimento nacional sustentável.........	21
	4.5.9.	Princípio da segregação de funções	21
4.6.	Principais definições à aplicação da Lei n. 14.133/2021		22
	4.6.1.	Bens e serviços comuns..	23
	4.6.2.	Serviços e fornecimentos contínuos	24
	4.6.3.	Serviços contínuos com regime de dedicação exclusiva de mão de obra..	25
	4.6.4.	Serviços não contínuos ou contratados por escopo..........	26
	4.6.5.	Obra...	27
	4.6.6.	Serviço de engenharia..	27
4.7.	Agentes públicos atuantes em Licitações e Contratos......................		28
	4.7.1.	Requisitos gerais e específicos aos agentes atuantes em Licitações e Contratos	30
	4.7.2.	Possibilidade de utilização da comissão de contratação para obras e serviços de engenharia......................................	36
	4.7.3.	Possibilidade de contratação de profissionais especializados para auxiliar os agentes públicos..................................	37
	4.7.4.	Defesa judicial e extrajudicial dos agentes atuantes em licitações e contratos	37

CAPÍTULO 5
PRINCIPAIS DISPOSIÇÕES APLICÁVEIS À EXECUÇÃO DAS LICITAÇÕES PÚBLICAS.. 41

5.1.	Modalidades de licitação		41
	5.1.1.	Pregão..	41
	5.1.2.	Concorrência	42
	5.1.3.	Concurso	42
	5.1.4.	Leilão	43
	5.1.5.	Diálogo competitivo	44
5.2.	Fases do processo licitatório..		46
	5.2.1.	A fase preparatória	46
		5.2.1.1. O Plano de Contratações Anual............................	46
		5.2.1.2. O Documento de Formalização da Demanda ...	50
		5.2.1.3. O Estudo Técnico Preliminar.................................	51
		5.2.1.4. A pesquisa de preços...	55
		5.2.1.5. O mapa de riscos	58
		5.2.1.6. O Termo de Referência...	60
		5.2.1.7. O anteprojeto	62

5.2.1.8.	O projeto básico		63
5.2.1.9.	O projeto executivo		65
5.2.1.10.	O edital de licitação		66
	5.2.1.10.1.	Cláusula sobre programa de integridade	67
	5.2.1.10.2.	Cláusula de reajustamento de preço	67
	5.2.1.10.3.	Cláusula sobre licenciamento ambiental e desapropriação	68
	5.2.1.10.4.	Cláusula para o aproveitamento local e desenvolvimento social	68
	5.2.1.10.5.	Cláusula para o desenvolvimento nacional sustentável mediante margem de preferência	68
	5.2.1.10.6.	Cláusula com medidas de compensação	69
5.2.1.11.	O parecer jurídico		69

5.2.2. A fase de divulgação do edital de licitação 72
    5.2.2.1. Meios de divulgação do edital 72
    5.2.2.2. Prazos mínimos de divulgação 74
5.2.3. A fase de solicitação de esclarecimentos e impugnação ao edital 75
5.2.4. A fase de apresentação das propostas e lances 76
5.2.5. A fase de julgamento das propostas 78
    5.2.5.1. Critérios objetivos de julgamento das propostas 79
        5.2.5.1.1. Critérios de julgamento menor preço ou maior desconto 79
        5.2.5.1.2. Critérios de julgamento melhor técnica ou conteúdo artístico e técnica e preço 81
        5.2.5.1.3. Critério de julgamento maior retorno econômico 81
        5.2.5.1.4. Critério de julgamento maior lance 82
    5.2.5.2. Critérios para desclassificação das propostas. 82
        5.2.5.2.1. A possibilidade de desclassificação da proposta por não atendimento de marca ou modelo 85
        5.2.5.2.2. A possibilidade de diligência para verificação da compatibilidade do objeto licitado com a proposta apresentada 86

		5.2.5.3.	Critérios para o desempate das propostas	87
		5.2.5.4.	A negociação da proposta...	88
	5.2.6.	A fase de habilitação das licitantes		89
		5.2.6.1.	A habilitação jurídica..	89
		5.2.6.2.	A habilitação técnica...	89
		5.2.6.3.	As habilitações fiscal, social e trabalhista.........	92
		5.2.6.4.	A habilitação econômico-financeira......................	92
		5.2.6.5.	Declarações complementares...................................	93
		5.2.6.6.	A comprovação documental na habilitação......	94
		5.2.6.7.	As hipóteses de dispensa da documentação de habilitação...	94
		5.2.6.8.	Hipóteses de substituição da documentação...	95
	5.2.7.	A fase recursal..		96
	5.2.8.	A fase de encerramento		97
		5.2.8.1.	O despacho saneador	97
		5.2.8.2.	A adjudicação e a homologação da licitação	97
		5.2.8.3.	A revogação e a anulação da licitação	98
5.3.	Licitações para compras			99
5.4.	Licitações para obras e serviços de engenharia...			100
	5.4.1.	Regimes de execução das obras e serviços de engenharia		101
		5.4.1.1.	Empreitada por preço unitário e por preço global..	102
		5.4.1.2.	Empreitada integral	104
		5.4.1.3.	Contratação por tarefa...	104
		5.4.1.4.	Contratação integrada e semi-integrada............	104
		5.4.1.5.	Fornecimento e prestação de serviço associado	105
5.5.	Licitações para serviços em geral...			106
5.6.	Licitações para serviços de dedicação exclusiva ou predominante de mão de obra			107
5.7.	Licitações para serviços de tecnologia de informação			108

CAPÍTULO 6
PRINCIPAIS DISPOSIÇÕES REFERENTES AOS CONTRATOS ADMINISTRATIVOS 109

6.1.	As prerrogativas contratuais da Administração...		109
6.2.	A formalização dos contratos		110
	6.2.1.	A excepcionalidade do contrato verbal...	110
	6.2.2.	As cláusulas necessárias do contrato administrativo........	114

6.2.3.	A prerrogativa de foro para as controvérsias contratuais..	115
6.2.4.	A obrigatoriedade do instrumento contratual..............	115
6.2.5.	A eficácia do contrato administrativo.........................	115
6.3.	As garantias contratuais	116
6.3.1.	O valor da garantia..	117
6.3.2.	O seguro-garantia ordinário..	118
6.3.3.	O seguro-garantia com cláusula de retomada (**performance bond**)..	118
6.4.	A alocação de riscos...	119
6.5.	A duração contratual..	120
6.6.	A execução e fiscalização contratual...	121
6.7.	A alteração contratual..	123
6.7.1.	Alterações unilaterais..	123
6.7.2.	Alterações por acordo entre as partes	124
6.7.2.1.	Reequilíbrio econômico-financeiro em sentido estrito (revisão)..	124
6.7.2.2.	Reajustamento e repactuação.................................	130
6.7.2.3.	Vedação à alteração contratual na contratação integrada ou semi-integrada............................	132
6.8.	O recebimento provisório e definitivo do objeto contratual.........	133
6.9.	O pagamento contratual	134
6.9.1.	Alteração excepcional na ordem de pagamento..............	134
6.9.2.	Obrigação de pagamento contratual incontroverso.........	134
6.9.3.	A possibilidade de estabelecimento de remuneração variável por desempenho...	134
6.9.4.	O pagamento em conta vinculada...................................	135
6.9.5.	A possibilidade excepcional de antecipação do pagamento..	135
6.10.	A extinção contratual	135
6.10.1.	Hipóteses de extinção contratual..................................	136
6.10.2.	Efeitos da extinção contratual por culpa da Administração....	137
6.10.3.	Medidas acauteladoras decorrentes da extinção contratual....	138
6.11.	A anulação contratual	138
6.11.1.	Teste de verificação (**checklist**) do interesse público	139
6.11.2.	Efeitos da anulação contratual	139
6.11.3.	Modulação dos efeitos anulatórios...............................	140
6.12.	As esferas de responsabilização do contratado............................	140
6.12.1.	A responsabilização administrativa	140
6.12.1.1.	As infrações administrativas................................	140
6.12.1.2.	Sanções administrativas......................................	141

		6.12.1.3.	O processo administrativo de responsabilização (PAR)	142

6.12.1.3. O processo administrativo de responsabilização (PAR) 142
6.12.1.4. Parâmetros à fundamentação da decisão sancionadora 144
6.12.1.5. A possibilidade de reabilitação 145
6.12.1.6. A prescrição da pretensão sancionadora 145
6.12.1.7. A desconsideração da personalidade jurídica ... 146
6.12.2. A responsabilização civil da contratada 146
6.12.3. A responsabilização trabalhista e previdenciária 147

CAPÍTULO 7
PRINCIPAIS DISPOSIÇÕES APLICÁVEIS ÀS CONTRATAÇÕES DIRETAS 149

7.1. O processo de dispensa e inexigibilidade de licitação 150
7.2. A inexigibilidade de licitação 151
    7.2.1. A inexigibilidade por exclusividade 152
    7.2.2. A inexigibilidade para profissional do setor artístico 153
    7.2.3. Inexigibilidade para serviços técnicos de natureza predominantemente intelectual 154
    7.2.4. Da inexigibilidade para locação ou aquisição de imóveis ... 156
    7.2.5. Da inexigibilidade decorrente de credenciamento 157
7.3. A dispensa de licitação 158
    7.3.1. A dispensa em razão do valor 159
    7.3.2. A dispensa em razão de licitação deserta ou frustrada ... 160
    7.3.3. A dispensa em razão do objeto 160
    7.3.4. Demais hipóteses de dispensa de licitação 162

CAPÍTULO 8
PRINCIPAIS DISPOSIÇÕES APLICÁVEIS AOS PROCEDIMENTOS AUXILIARES 165

8.1. O credenciamento 165
8.2. A pré-qualificação 174
8.3. O procedimento de manifestação de interesse 175
8.4. O Sistema de Registro de Preços 176
8.5. O registro cadastral 187

CAPÍTULO 9
PRINCIPAIS DISPOSIÇÕES APLICÁVEIS ÀS ALIENAÇÕES DE BENS PÚBLICOS 189

9.1. Desafetação 189

9.2. Interesse público, avaliação prévia, autorização legislativa e licitação 189
9.3. Os casos de licitação dispensada à alienação de bens públicos..... 190
    9.3.1. Licitação dispensada para alienação de bens imóveis 190
    9.3.2. Licitação dispensada para alienação de bens móveis....... 192
9.4. Doação com encargo.. 192

CAPÍTULO 10
O CONTROLE DAS LICITAÇÕES E CONTRATAÇÕES PÚBLICAS PELOS TRIBUNAIS DE CONTAS 195

10.1. A previsão constitucional de sustação de atos e contratos pelos Tribunais de Contas.. 195
10.2. A adoção de medidas cautelares pelos Tribunais de Contas........... 195

REFERÊNCIAS 199

# 1

Conceito

A licitação pode ser conceituada como um processo administrativo, composto por atos e procedimentos, que objetive assegurar a seleção da proposta apta a gerar o resultado de contratação mais vantajoso, evitando-se contratações com sobrepreço e preços manifestamente inexequíveis, bem como promover a justa competição, com o tratamento isonômico aos licitantes, e incentivar a inovação e o desenvolvimento nacional sustentável[1]. Ao promover concorrências pautadas pela busca da excelência e da modernização, a Administração Pública não apenas adquire bens e serviços, mas também impulsiona o avanço tecnológico e o progresso nas práticas empresariais. A inserção do viés de sustentabilidade na licitação não somente atende a uma demanda contemporânea, mas contribui para a construção de um futuro mais equilibrado e ambientalmente responsável.

Quanto à promoção da inovação por parte do Estado, importante mencionar a obra de Mazzucato[2], que defende um ponto de vista diferenciado, colocando como mito a alegada deficiência de inovação por parte do Poder Público: "a maioria das inovações radicais, revolucionárias, que alimentaram a dinâmica do capitalismo", desde as ferrovias até a *internet*, passando pela nanotecnologia e pela indústria farmacêutica moderna, "aponta para o Estado na origem dos investimentos 'empreendedores' mais corajosos, incipientes e de capital intensivo".

Assim, pode-se entender licitação como um intricado processo administrativo cujos fins não podem ser lidos na forma reducionista de atingimento de objetivos pontuais da contratação, mas sim como ferramenta essencial para a promoção da eficiência, transparência, equidade e inovação nas relações entre a Administração Pública e o setor privado, reforçando os princípios fundamentais que norteiam a utilização dos recursos públicos em prol do bem comum.

---

[1] Observe que a Lei n. 14.133/2021, ao estabelecer os objetivos da Licitação no art. 11, quando se refere à inovação e ao desenvolvimento nacional sustentável utiliza o termo "incentivar", remetendo a atuações que visem não a um objetivo pronto e acabado, mas a diversas atuações direcionadas a estes fins específicos.

[2] MAZZUCATO, Mariana. *O Estado Empreendedor:* desmascarando o mito do setor público *vs.* setor privado. São Paulo: Portfolio-Penguin, 2014. p. 26.

2
Normatização aplicável

Em matéria de licitações e contratos, compete à União editar normas gerais à Administração Direta, autárquica e fundacional, bem como às empresas públicas e sociedades de economia mista de todos os Poderes em todos os níveis federativos, conforme competência estabelecida no art. 22, XXVII, da CF/88.

Assim, temos a Lei n. 14.133/2021 como lei geral de licitações e contratos aplicável a todos os Entes Federativos (nesta obra nominada como Lei de Licitações e Contratos – LLC). Embora seja considerada norma de caráter geral, há dispositivos específicos que se aplicam exclusivamente ao âmbito federal, os quais devem ser interpretados restritivamente. E neste ponto específico reside a séria controvérsia: que dispositivos da Lei de Licitações albergam normas gerais e quais tratam apenas de normas especiais, não vinculantes à esfera federal?

O caráter (geral ou especial) de vários dispositivos da Lei n. 14.133/2021 tem gerado discussão – como já costumava ocorrer sob a égide da Lei n. 8.666/93 – em que estados e municípios têm suas normas questionadas ao argumento de invasão da competência privativa da União[1]. Neste sentido, pode-se exemplificar o art. 8º (que dispõe sobre requisitos do agente de contratação). Trata-se de norma geral, aplicável a todos os Entes Federativos, ou norma específica e obrigatória somente na esfera federal? Até que ponto o legislador da União pode tratar dessa matéria sem invadir a competência legislativa dos Estados, do Distrito Federal e dos Municípios.

É imperioso compreender que o legislador da Lei de Licitações e Contratos (LLC) partiu de uma interpretação ampliativa do conceito de "norma geral". Como dito acima, a CF/88, em seu art. 22, XXVII, estabelece que é competência privativa da União legislar sobre "normas gerais de licitação e contratação, em todas as modalidades, para as administrações públicas diretas, autárquicas e fundacionais da União, Estados, Distrito Federal e Municípios".

Grande parte da doutrina administrativista entendia a Lei n. 8.666/93 como norma de caráter analítico, com disposições predominantemente procedimentais. Com efeito, fruto de forte clamor popular no Congresso Nacional, a norma foi gestada com o principal objetivo de reduzir ao mínimo a

---

[1] Nesse sentido, "a inconstitucionalidade do art. 1º da Lei n. 8.666/93 é manifesta, porque nada deixa para que Estados e Municípios legislem em matéria de licitações e contrato administrativo" (DI PIETRO, Maria Sylvia Zanella. *Direito Administrativo*. 26. ed. São Paulo: Atlas, 2013. p. 373).

margem de discricionariedade do gestor. Seu fito era abranger todas as possíveis circunstâncias relacionadas às contratações, de modo a eliminar qualquer espaço para que o agente público tomasse decisões sobre a melhor abordagem técnica e econômica. Isso levou a uma abordagem excessivamente rígida, que distorceu a noção de interesse público[2]. Pode-se afirmar que as disposições da Lei de Licitações direcionavam à certa atitude "mecanizada" dos agentes públicos envolvidos nas contratações, relacionadas diretamente aos procedimentos licitatórios e contratuais em si, da espécie "agente público, abra o envelope... devolva o envelope"[3].

A Lei n. 14.133/2021, por outro turno, ultrapassa esse paradigma (meramente procedimental) e apresenta uma nova concepção de "norma geral", com muitos dispositivos relacionados à própria estrutura das contratações públicas, como agentes públicos envolvidos nas contratações, governança, transparência, como, por exemplo, a instituição de linhas de defesa, aspectos procedimentais nos Tribunais de Contas quando este estiver analisando matéria afeta às licitações e contratações, restrição à aquisição de bens de luxo, critérios a serem observados à invalidação (até judicial) de um contrato administrativo, dentre outros.

Dito de outro modo, na Lei n. 14.133/2021, o legislador compreendeu como norma geral vários aspectos relacionados à conjuntura de licitações e contratos. Diferentemente do legislador nonagenário, o atual não tratou como norma geral só aquelas relacionadas aos procedimentos licitatórios e contratuais – a obra –, mas tudo aquilo relacionado com licitações e contratos – o conjunto da obra.

As empresas estatais (empresas públicas e sociedades de economia mista) estão sujeitas à Lei n. 13.303/2016, que, em seu art. 28 e s., tratam das normas a elas aplicáveis sobre licitações e contratos, tratando-se, portanto, de norma especial.

A abrangência da aplicação da licitação às atividades dessas empresas ainda é objeto de debate. Segundo Justen Filho, as estatais que exercem atividades econômicas não estão necessariamente sujeitas à realização de licitação para operações relacionadas às suas atividades principais, uma vez que essa obrigação poderia dificultar a execução de certas tarefas. Dessa forma, o autor exemplifica uma distribuidora de combustíveis controlada pelo Estado, a qual não estaria obrigada a licitar a venda de combustíveis, por constituir sua atividade finalística. Bandeira de Mello também entende não ser cabível o certame licitatório para atos tipicamente comerciais ou negociais das estatais[4].

---

[2] DAMIANI, Rafael Marques; CRUZ, Luciane dos Santos da. Lei 8.666/93: Influência da Contratação pelo Menor Preço na qualidade dos Produtos Entregues. *Interfaces Científicas – Direito*, Aracaju, v. 3, n.1, p. 63-72, out. 2014.

[3] ALVES, Felipe Dalenogare. *Manual de Direito Administrativo*. São Paulo: Saraiva, 2024, p. 152.

[4] BANDEIRA DE MELLO, Celso Antônio. *Curso de direito administrativo*. 31. ed. São Paulo: Malheiros, 2014. p. 551.

Embora a Lei n. 14.133/2021 estabeleça, em seu art. 1º, § 1º, que essas estatais (bem como suas subsidiárias) por ela não são abrangidas, continuando regidas pela Lei n. 13.303/2016, o dispositivo não é de todo verdadeiro. Isso porque a teoria do direito nos ensina que, na ausência de disposição específica na norma especial, é possível a aplicação das disposições contidas em norma geral.

Por conseguinte, embora a Lei n. 13.303/2016 tenha aplicação principal (especial) a essas empresas, na ausência de disposição específica nesta lei, essas entidades poderão se socorrer à norma geral. Isso tem ocorrido, a exemplo da utilização do procedimento auxiliar do credenciamento, uso que, inclusive, já teve chancela do Tribunal de Contas da União[5].

Além dessa lei especial, temos outras normativas especiais que devem ser aplicadas de modo principal, com aplicação subsidiária da Lei n. 14.133/2021, a exemplo da Lei Complementar n. 182/2021 (que institui uma modalidade especial à contratação de testes de soluções inovadoras desenvolvidas ou a serem desenvolvidas por *startups*), a Lei n. 12.232/2010 (que dispõe sobre as normas para licitação e contratação de serviços de publicidade prestados por intermédio de agências de propaganda), a Lei n. 8.987/95 (que versa sobre a licitação e contratação de permissionárias e concessionárias de serviços públicos) e a Lei n. 11.079/2004 (a qual institui normas gerais para licitação e contratação de parceria público-privada).

Há peculiaridades quanto às regras de transição entre a LLC e as normas por ela revogadas. Isso porque não há *vacatio legis*, vez que a Lei n. 14.133/2021 entrou em vigor na data de sua publicação – 1º de abril de 2021, com possibilidade de aplicação imediata, segundo a dicção expressa do art. 194. Entretanto, diante da necessidade de adaptações dos órgãos e entidades às novas prescrições, o legislador optou por estabelecer um período inicial de 2 (dois) anos de eficácia concomitante da nova norma e das leis revogadas por ela, possibilitando ao gestor público optar pela aplicação tanto de uma quanto da outra norma às contratações, devendo indicar, contudo, qual o regime escolhido para dada contratação.

Dessa forma, a partir de 1º de abril de 2021, as contratações públicas poderiam ser efetuadas com base na Lei do Pregão, na Lei n. 8.666/93 – Norma Geral de Licitações; no Regime Diferenciado de Contratações (Lei n. 12.462/2011, arts. 1º a 47-A) ou na Lei n. 14.133/2021. Cabe ressaltar que a parte penal que constava da Lei n. 8.666/93 foi revogada de imediato, visto que as disposições relativas aos crimes de licitação foram "transplantadas" para o Código Penal com eficácia imediata.

---

[5] A título de exemplo, veja o Acórdão n. 5495/2022, Segunda Câmara, de relatoria do Min. Bruno Dantas, julgado em 13/09/2022 e o Acórdão n. 533/2022, Plenário, de relatoria do Min. Antonio Anastasia, julgado em 16/03/2022.

Assim, ante este particular regime de transição concebido na LLC, afiguram-se alguns pontos importantes. Em relação aos contratos firmados com base nas legislações revogadas e antes da entrada em vigor da Lei n. 14.133/2021, os quais, segundo expressa determinação do art. 190, "(...) continuará a ser regido de acordo com as regras previstas na legislação revogada". É dizer que tal contratação continuará a ser regida pela Lei n. 8.666/93 e demais regras objeto da revogação, inclusive quanto a aspectos relacionados a reajuste e fiscalização em respeito às regras do jogo até então conhecidas e admitidas pelas partes contratantes.

No que diz respeito aos contratos celebrados a partir de 1º de abril de 2021, conforme mencionado anteriormente, existe a possibilidade de aplicar tanto a LLC quanto as normas que foram revogadas por ela. Isso ocorre porque o parágrafo único do art. 191 da LLC permite que o agente público faça essa escolha. Portanto, mesmo que se trate de contratos celebrados sob as regras da LLC, se o gestor optar por seguir as normas anteriormente revogadas, o contrato continuará sendo regido por essas regras durante toda a sua vigência.

3

Introdução ao marco normativo licitatório e contratual estabelecido pela Lei n. 14.133/2021

Como dito acima, a Lei n. 14.133/2021 estabelece normas gerais de licitação e contratação para as administrações públicas diretas, autárquicas e fundacionais da União, dos Estados, do Distrito Federal e dos Municípios, revogando a Lei n. 8.666/93 (Lei Geral de Licitações e Contratos), a Lei n. 10.520/2002 (Lei que estabeleceu a modalidade pregão) e a parte da Lei n. 12.462/2011, que tratava sobre o Regime Diferenciado de Contratações (RDC).

Embora tenha entrado em vigor na data da publicação, em 1º de abril de 2021, ou seja, **sem qualquer vacatio legis**, a Lei n. 14.133/2021 não revogou imediatamente essas leis, promovendo o que denominamos de **modulação da eficácia normativa**. Isso porque ambos os marcos normativos continuaram convivendo harmonicamente, durante um período de prova, justamente para que o administrador pudesse se adequar à nova normativa.

Assim, inicialmente, o art. 193 da Lei n. 14.133/2021 revogou imediatamente os arts. 89 a 108 da Lei n. 8.666/93, que tratavam da parte penal e processual penal, extinguindo os dispositivos processuais e transferindo os tipos penais para o Código Penal, em um capítulo próprio sobre os crimes licitatórios, onde deveriam estar, bem como estabeleceu que, decorridos dois anos de sua vigência, ficariam revogadas as demais normas do antigo marco normativo de licitações e contratos (a integralidade da Lei n. 8.666/93 e da Lei n. 10.520/2002, bem como os arts. 1º a 47-A da Lei n. 12.462/2011).

No entanto, ao se aproximar da data derradeira (1º de abril de 2023), tendo em vista a baixíssima utilização da Lei n. 14.133/2021, houve um movimento político, capitaneado principalmente pela Confederação Nacional de Municípios (CNM) e Frente Nacional de Prefeitos (FNP), pugnando pela dilação do prazo de vigência do ordenamento anterior, o que foi atendido pelo Presidente da República, com a edição da Medida Provisória n. 1.167/2023, a qual prolongou a vida das antigas leis até o dia 30 de dezembro de 2023.

Essa medida provisória teve a vigência expirada e não foi apreciada pelo Congresso Nacional, o que fez com que, no interstício de sua vigência, fossem inseridas na Lei Complementar n. 198/2023 (que trata sobre o Fundo de Participação dos Municípios) disposições a ela semelhantes, a fim de que houvesse a aprovação do Congresso Nacional, uma vez que essa Lei Complementar já estava em estado avançado de tramitação.

Assim, a Lei Complementar n. 198/2023 confirmou a sobrevida derradeira do regime normativo anterior até o dia 30 de dezembro de 2023, estabelecendo que até esta data o legislador poderia optar por um ou outro regime, o qual regulará não apenas a licitação ou a contratação direta, mas também os contratos delas resultantes.

A Lei n. 14.133/2021 está estruturada em cinco títulos, compostos de capítulos, seções e subseções, entre os quais selecionamos os pontos mais importantes, para apresentarmos nesta obra. Percebe-se, conforme discorrido no tópico anterior, que a Lei n. 14.133/2021 é muito mais abrangente e trata de assuntos até então não tratados pela Lei n. 8.666/93. Em verdade, muitas disposições não estavam nesta lei geral, mas se encontravam na Lei do Pregão, na Lei do RDC e na Lei das Estatais. Passaremos, então, a abordar as principais inovações trazidas pela Lei n. 14.133/2021.

4

Disposições preliminares à aplicação da Lei n. 14.133/2021

Essas disposições estão contidas no Título I da Lei n. 14.133/2021 e estruturam a compreensão de todo o marco normativo, estabelecendo questões como os destinatários da licitação, as contratações realizadas no exterior, o objeto da licitação, o tratamento diferenciado às Microempresas e Empresas de Pequeno Porte, os princípios da licitação e da contratação pública, as principais definições e as disposições aplicáveis aos agentes públicos que desempenham funções essenciais à sua execução, como será visto a seguir.

4.1. Destinatários da licitação

No **Título I**, ao tratar das disposições preliminares e estabelecer o âmbito de aplicação, em seu **Capítulo I**, destaca-se que não são abrangidas pela Lei n. 14.133/2021 as empresas públicas, as sociedades de economia mista e as suas subsidiárias, que continuarão a ser regidas pela Lei n. 13.303/2016 (art. 1º, § 1º). Como já explicado acima, as estatais seguem sua legislação especial, o que não impedirá a aplicação da Lei n. 14.133/2021 de modo supletivo, por se tratar de norma geral.

Assim, a Lei n. 14.133/2021 é de observância obrigatória à Administração Pública direta, autárquica[1] e fundacional de todos os Poderes, de todos os Entes da Federação, inclusive quando empregados recursos dos Fundos Especiais.

No que tange às paraestatais (Terceiro Setor), dentre as quais incluem-se as Organizações Sociais (OS), as Organizações da Sociedade Civil (OSCIP) e os Serviços Sociais Autônomos (Sistema S), ressaltamos que não estão sujeitas à observância da Lei n. 14.133/2021, justamente por não integrarem a Administração Pública, vinculando-se, no entanto, a seus regulamentos próprios de Licitações e Contratos[2], os quais devem atentar aos princípios da Adminis-

---

[1] Os conselhos de fiscalização de profissões regulamentadas **têm natureza autárquica**, arrecadam e gerenciam recursos públicos de natureza parafiscal, sujeitam-se às normas de Administração Pública, integram o rol dos jurisdicionados deste Tribunal, estão obrigados a realizar concurso público previamente à contratação de pessoal e devem promover licitação prévia para as obras, serviços, compras, alienações e locações (Acórdão do TCU n. 1.049/2008, Primeira Câmara).

[2] Ainda que não estejam sujeitas à Lei n. 14.133/2021, quando na execução de recursos transferidos da União ou de natureza parafiscal (como é o caso do Sistema S), o TCU tem determinado a realização de adaptações nesses regulamentos, a fim de garantir o cumpri-

tração Pública, como já decidiu o STF, ao julgar a ADI n. 1923/DF, em 16 de abril de 2015.

4.2. Contratações públicas realizadas no exterior

As contratações realizadas no âmbito das repartições públicas sediadas no exterior obedecerão às peculiaridades locais e aos princípios básicos estabelecidos na Lei n. 14.133/2021, na forma de regulamentação específica a ser editada por Ministro de Estado, conforme determina o art. 1º, § 2º. Entendemos ser ato de competência de cada Ministro de Estado para seus respectivos órgãos[3].

4.3. Objeto das licitações realizadas pela Lei n. 14.133/2021

A Lei n. 14.133/2021 aplica-se à alienação e concessão de direito real de uso de bens; compra, inclusive por encomenda; locação; concessão e permissão de uso de bens públicos; prestação de serviços, inclusive os técnico-profissionais especializados; obras e serviços de arquitetura e engenharia; e contratações de tecnologia da informação e de comunicação, o que constituem destinatários objetivos da Licitação previstos no art. 2º dessa Lei.

As licitações para a contratação de serviços de publicidade prestados por intermédio de agências de propaganda continuam regidas primariamente pela Lei n. 12.232/2010, a licitação e contratação de permissionárias e concessionárias de serviços públicos continuam regidas pela Lei n. 8.987/1995 e a licitação e contratação de parceria público-privada continuam sujeitas à Lei n. 11.079/2004, com aplicação subsidiária da Lei n. 14.133/2021.

4.4. Tratamento favorecido às ME e EPP

O tratamento diferenciado às Microempresas (ME) e Empresas de Pequeno Porte (EPP), o que também abrange os Microempreendedores Individuais (ME), é expresso no art. 4º da Lei n. 14.133/2021. Assim, são aplicáveis às licitações e contratos as disposições constantes nos arts. 42 a 49 da LC n. 123/2006.

As disposições contidas no Estatuto das Micro e Pequenas Empresas objetivam atender ao tratamento favorecido constitucionalmente previsto no art. 179 da CF/88, almejando promover justiça social e o desenvolvimento nacional sustentável. Para isso, o art. 47 da LC n. 123/2006 estabelece que,

---

mento dos princípios da Administração Pública. Como exemplo, é possível mencionarmos a utilização preferencial do pregão eletrônico para aquisição de bens e serviços comuns (Acórdão n. 1534/2020 – Plenário) e a elaboração de Estudo Técnico Preliminar, Termo de Referência e Projeto Básico (Acórdão n. 526/2013 – Plenário).

[3] A título exemplificativo, no âmbito do Ministério da Defesa, a Portaria GM-MD n. 5.175, de 15 de dezembro de 2021, regulamenta a Lei n. 14.133/2021 no que se refere às compras realizadas pelo Comando da Marinha, do Exército e da Aeronáutica no exterior.

nas contratações públicas da Administração direta e indireta, autárquica e fundacional, federal, estadual e municipal, deverá ser concedido tratamento diferenciado e simplificado para as ME e EPP, objetivando a promoção do desenvolvimento econômico e social no âmbito municipal e regional, a ampliação da eficiência das políticas públicas e o incentivo à inovação tecnológica.

O tratamento previsto na LC n. 123/2006 **é piso**, podendo, conforme entendemos, **ser ampliado** pelas normas estaduais ou municipais, na busca pelo tratamento mais favorável a essas ME e EPP, conforme previsto expressamente no parágrafo único do art. 47 dessa LC. Em razão disso, muitos Municípios já têm previsto em normas locais a prioridade de contratação às ME e EPP sediadas local ou regionalmente nas **licitações exclusivas, nas subcontratações e na cota às ME e EPP**, que serão tratadas abaixo, o que compreendemos **ser constitucional e atender aos ditames dessa Lei Complementar**.

Isso porque o art. 48, ao tratar das licitações exclusivas e das cotas às ME e EPP, não se desprende do art. 47. Pelo contrário, estabelece justamente as **normas de piso** para atender o tratamento diferenciado conferido por este dispositivo, dentre elas a realização de **processo licitatório exclusivo às ME e EPP** nos itens de contratação cujo valor seja de até R$ 80.000,00; a **exigência de subcontratação de ME e EPP** nos processos licitatórios destinados à contratação de obras e serviços; e o estabelecimento de **cota de até 25% do objeto** para a contratação de ME e EPP nos certames à aquisição de bens de natureza divisível.

Se essas são normas de piso e o parágrafo único do art. 47 da LC n. 123/2006 permite que os Entes locais confiram tratamento mais benéfico, entendemos ser possível que, nos benefícios elencados acima, esses Entes fixem, por meio de lei, preferência de contratação àquelas sediadas no Estado ou no respectivo Município, nos **processos licitatórios exclusivos às ME e EPP**, na **subcontratação das ME e EPP** e na **cota de até 25% do objeto**, desde que respeitada a variação de até 10% do preço acima da melhor proposta apresentada pelas empresas não sediadas, conforme previsão do art. 48, § 3º, dessa LC.

Defendemos que essa regionalização das compras públicas também pode ser feita **às dispensas de pequeno valor**, previstas nos incisos I e II do art. 75 da Lei n. 14.133/2021, às quais deverão ser realizadas preferencialmente com as ME e EPP, na forma do art. 49, IV, da LC n. 123/2006.

As licitações exclusivas, a subcontratação e a cota de até 25% às ME e EPP, podem ser afastadas se não houver um mínimo de 3 fornecedores competitivos enquadrados como ME e EPP sediados local ou regionalmente e capazes de cumprir as exigências estabelecidas no edital ou se o tratamento diferenciado e simplificado não for vantajoso à Administração ou representar prejuízo ao conjunto ou complexo do objeto a ser contratado, hipóteses previstas no art. 49 da LC n. 123/2006.

Além dos benefícios expostos acima, as ME e EPPs gozam de outros, como a relativização dos requisitos de habilitação na licitação e a preferência de adjudicação em caso de empate real ou ficto.

Nos termos do art. 42 da LC n. 123/2006, nas licitações públicas, a comprovação de regularidade fiscal e trabalhista das ME e das EPP somente será exigida para efeito de assinatura do contrato. Não obstante, por força do art. 43 dessa Lei, durante o certame, mesmo que a documentação apresente alguma restrição, elas deverão apresentá-la.

Havendo alguma restrição na comprovação da regularidade fiscal e trabalhista, será assegurado o prazo de cinco dias úteis, cujo termo inicial corresponderá ao momento em que o proponente for declarado vencedor do certame, prorrogável por igual período, a critério da Administração Pública, para regularização da documentação, para pagamento ou parcelamento do débito e para emissão de eventuais certidões negativas ou positivas com efeito de certidão negativa.

Não ocorrendo essa regularização, decairá o direito da ME ou da EPP em ser contratada, sem prejuízo das sanções administrativas previstas na Lei n. 14.133/2021, facultando-se à Administração convocar os licitantes remanescentes, na ordem de classificação, para a assinatura do contrato.

A LC n. 123/2006, nos arts. 44 e 45, garante ainda que, nas licitações, será assegurada, como critério de desempate, preferência de contratação para as microempresas e empresas de pequeno porte, tanto na hipótese de **empate real** quanto **empate ficto**.

Na primeira situação, é o empate em **igualdade formal de situação**, a exemplo de uma microempresa cotar um bem a R$ 100,00 e uma empresa de grande porte (ou ME e EPP impossibilitada de usufruir dos benefícios) cotar o mesmo bem a R$ 100,00. Na segunda, trata-se de empate em **igualdade material de situação**, caso em que as propostas apresentadas pelas ME e EPP até 10% (dez por cento na Concorrência ou no Diálogo Competitivo) ou até 5% (cinco por cento no pregão) superiores à proposta mais bem classificada apresentada por uma empresa de grande porte (ou ME e EPP impossibilitada de usufruir dos benefícios) serão consideradas **fictamente empatadas**.

Ocorrendo o empate real ou ficto, a ME ou EPP mais bem classificada poderá apresentar proposta de preço inferior àquela considerada vencedora do certame, situação em que será adjudicado em seu favor o objeto licitado. Caso essa não apresente proposta com preço inferior, devem ser convocadas as MEs e EPPs remanescentes, para o exercício do mesmo direito.

Não havendo nenhuma ME ou EPP que supere o preço da proposta originária, o objeto licitado será adjudicado em favor desta. Também é importante ressaltar que, se a proposta originariamente classificada em primeiro lugar tiver sido apresentada por uma ME ou EPP em gozo dos benefícios, não haverá de se falar em empate ficto.

Falamos em ME ou EPP no gozo dos benefícios porque a Lei n. 14.133/2021, no art. 4º, § 1º, prevê que as disposições constantes na LC n. 123/2006 não são aplicáveis no caso de licitação à **aquisição de bens ou contratação de serviços** em geral, **ao item** cujo valor estimado for superior à receita bruta máxima admitida para fins de enquadramento como EPP (receita bruta superior a R$ 4.800.000,00) e, no caso de **contratação de obras e serviços de engenharia**, **às licitações** cujo valor estimado for superior a essa receita bruta máxima.

O § 2º do art. 4º da Lei n. 14.133/2021 também limita o tratamento diferenciado às MEs e às EPPs que, **no ano-calendário de realização da licitação** (entendemos ser o ano da publicação do edital), ainda não tenham celebrado contratos com a Administração Pública, cujos valores somados extrapolem essa receita bruta máxima de R$ 4.800.000,00, devendo o órgão ou entidade exigir do licitante declaração de observância desse limite na licitação.

Assim, as MEs e EPPs não poderão gozar dos benefícios da Lei n. 14.133/2021, em duas situações: **1ª)** no caso de já ter ultrapassado a receita bruta superior a R$ 4.800.000,00, ainda que, formalmente, perante a Receita Federal, continuem enquadradas como ME ou EPP; **2ª)** se já celebraram contratos com a Administração Pública que, somados (incluindo-se os contratos com órgãos e entidades de todos os Entes Federativos), ultrapassem a receita bruta superior a R$ 4.800.000,00.

Na segunda situação, entendemos que deve se tratar de efetiva contratação, ou seja, aquela realizada por contrato ou, no caso de registro de preços, por emissão da nota de empenho. Assim, valores registrados (por SRP) e ainda não empenhados não podem ser somados nesse teto.

Também, por força do § 3º do art. 4º da Lei n. 14.133/2021, nas contratações com prazo de vigência superior a 1 (um) ano, será considerado o valor anual do contrato na aplicação desse limite e não ao somatório global.

4.5. Princípios da licitação e da contratação pública

No **Capítulo II**, ao tratar dos princípios, a Lei n. 14.133/2021, no art. 5º, apresenta alguns novos, que não se encontravam no art. 3º da Lei n. 8.666/93, mas que eram aplicáveis na práxis administrativa, juntamente com outros que nesta já constavam.

O atual rol consagra os princípios da legalidade, da impessoalidade, da moralidade, da publicidade, da eficiência, do interesse público, da probidade administrativa, da igualdade, do planejamento, da transparência, da eficácia, da segregação de funções, da motivação, da vinculação ao edital, do julgamento objetivo, da segurança jurídica, da razoabilidade, da competitividade, da proporcionalidade, da celeridade, da economicidade e do desenvolvimento nacional sustentável, assim como a observância às disposições da LINDB.

4.5.1. Princípio da legalidade, da vinculação ao edital e do julgamento objetivo

O **princípio da legalidade** diz respeito à que, na condução de todas as etapas da licitação e da contratação pública, a Administração deve buscar o fiel atendimento à norma, composta por regras e princípios.

O processo licitatório é extremamente vinculado, deixando pouca margem de atuação ao administrador, razão pela qual este não pode se desvincular da norma primária estabelecida pelo legislador. Não obstante, a Lei n. 14.133/2021 estabelece uma extensa gama de normas carentes de conteúdo, as quais remetem à regulamentação por parte dos Entes Federativos.

Assim, ao estabelecer a regulamentação, esses poderão utilizar determinada margem de apreciação, exercendo a criatividade, desde que não inovem na ordem jurídica e não contrariem a lei geral.

Na execução licitatória e contratual, por sua vez, além das leis e dos regulamentos editados pela própria Administração, aos quais, ao editá-los, passa a se vincular e não pode descumpri-los, essa também se encontra vinculada ao edital.

Trata-se do princípio da **vinculação ao edital**. Na Lei n. 8.666/93 era denominado de princípio da vinculação ao ato convocatório, pois existiam dois, o edital e a carta-convite. Com a extinção desta, houve também a readequação ao nome.

Esse princípio estabelece que a Administração, ao publicá-lo, passa a ele se vincular, não podendo se afastar das disposições por ela própria estabelecidas. Qualquer alteração posterior que possa influenciar na ampla competitividade ou na igualdade de condições entre os participantes deve ensejar sua reformulação e a nova publicação.

A título de exemplo, imagine que a Administração tenha estipulado no edital determinado requisito de habilitação. Muitas empresas interessadas analisaram o edital e, percebendo que não o preenchiam, deixaram de participar. Posteriormente, na fase de habilitação, percebendo que muitas licitantes participantes não o preenchiam, a Administração liberou estas de apresentar a documentação pertinente.

Nessa situação, além da violação ao princípio da vinculação ao edital, violou-se o princípio da igualdade e da competitividade, uma vez que várias outras empresas deixaram de participar do certame em virtude da exigência editalícia, as quais, se tivessem conhecimento de que, na fase de licitação, a Administração se desvincularia do edital, teriam participado também.

O princípio da vinculação ao edital permite flexibilizações excepcionais, principalmente no que se refere à forma. Significa dizer que, aplicado conjuntamente ao princípio do formalismo moderado, em determinadas situações, a Administração, motivadamente, poderá dar primazia à realidade sem ferir aquele princípio.

Como exemplo, menciona-se a possibilidade de substituição de uma certidão negativa da Receita Federal vencida, que tenha sido juntada erroneamente por uma licitante e só verificada no momento da habilitação. Nesta situação, é possível que o agente ou comissão de contratação abra diligência, para que ela a substitua por outra que demonstre que, na data do certame, estava em condição regular perante o Fisco.

Por fim, o **princípio do julgamento objetivo** encontra-se intimamente ligado ao princípio da legalidade e da vinculação do edital. Como dito, o processo licitatório é extremamente vinculado, havendo raras situações de apreciação subjetiva pelo administrador. Assim, os critérios de julgamento da licitação devem ser objetivos, ou seja, aqueles estabelecidos pelo legislador, quais sejam o menor preço ou maior desconto, melhor técnica ou conteúdo artístico, técnica e preço, maior lance ou melhor retorno econômico. Não há possibilidade de criação de um novo ou a combinação desses critérios objetivos de julgamento.

4.5.2. Princípio da impessoalidade, da igualdade e da competitividade

O **princípio da impessoalidade** está associado à finalidade do atendimento ao interesse público. Assim, a atuação do administrador deve pautar-se na busca do atendimento à finalidade pública e não a seus interesses pessoais.

Desse modo, embora tenha preferência pessoal por determinada marca, se esta não for a selecionada por meio do processo licitatório, nada poderá fazer, pois esta é sua vontade pessoal, não aquela que melhor atendeu aos ditames para atingir o interesse público (resultado de contratação mais vantajoso selecionado por critérios objetivos de julgamento).

De igual forma, não pode adotar condutas que busquem prejudicar ou beneficiar determinados concorrentes, trazendo satisfação pessoal a si ou a outrem, o que também viola o princípio da igualdade.

O **princípio da igualdade** é o que garante equidade de tratamento a todos os concorrentes, não podendo se estabelecer condições que os desequilibrem e os deixem em situação diferenciada de condições.

É necessário observar que a igualdade não só possui um prisma formal, ou seja, **todos são iguais perante a lei**, mas também um prisma material, no sentido de que **todos são iguais por meio da lei**, efetivando-se, assim, o princípio da isonomia. Por conseguinte, o constituinte e o próprio legislador são legitimados a conferir tratamento diferenciado a determinados grupos e seguimentos, a exemplo daquele conferido às micro e pequenas empresas.

Conforme argumentado por Bandeira de Mello, a igualdade jurídica não exclui totalmente qualquer forma de favorecimento, mas sim apenas o tratamento discriminatório que seja arbitrário, ilógico ou irrazoável. Isso se deve ao fato de que certos favorecimentos, como os destinados a promover a inclusão de microempresas e empresas de pequeno porte em compras governamentais, são justificados dentro de políticas específicas[4].

Esses princípios, ao fim e ao cabo, colaboram à efetivação do **princípio da competitividade**, o qual impõe ao administrador que se utilize o mínimo de previsões restritivas que possam desequilibrar a igualdade de concorrência entre os participantes, obtendo o máximo de potenciais competidores no certame.

Cláusulas desnecessárias e inadequadas ao objeto que se almeja, que possam afastar eventuais participantes da licitação, são vedadas justamente por afrontar o princípio da competitividade.

4.5.3. Princípio da publicidade e da transparência

O **princípio da publicidade** impõe que, como regra, todos os atos da Administração são públicos, exceto as situações legalmente previstas, como aquelas concernentes à intimidade, à segurança do Estado ou da Sociedade.

Esse princípio comporta algumas relativizações previstas no art. 13 da Lei n. 14.133/2021, especialmente quanto ao objeto (nos casos previstos na Lei de Acesso à Informação – LAI) ou ao orçamento da Administração, nas condições previstas no art. 24 da Lei n. 14.133/2021.

Por sua vez, o **princípio da transparência** impõe ações concretas à Administração, que efetive a publicidade perante o cidadão. A Lei n. 14.133/2021 busca a máxima transparência, principalmente com a instituição do Portal Nacional de Contratações Públicas – PNCP, que concentra obrigatoriamente a divulgação de todas as licitações realizadas pela Administração de todos os Entes Federativos e outras funcionalidades, como o sistema de acompanhamento de obras. Não obstante o papel do PNCP, há também a previsão dos sites oficiais dos órgãos e entidades, os quais deverão conter seção apropriada às suas licitações e contratações.

4.5.4. Princípio do interesse público, da moralidade e da probidade administrativa

O **princípio do interesse público** está associado à finalidade e à legitimidade. Ou seja, o administrador só atenderá ao interesse público se buscar o atendimento da finalidade legitimamente estabelecida pelo legislador.

Todo o poder emana do povo, que o exerce por seus representantes democraticamente eleitos (art. 1º, parágrafo único, da CF). Por conseguinte, o interesse do povo é o interesse buscado pela lei, o público. Quando o administrador deixa de lado a finalidade almejada pela lei, para atender seus propósitos pessoais, deixa de atender ao interesse público, buscando a efetivação de seu interesse pessoal.

---

[4] BANDEIRA DE MELLO, Celso Antônio. *Conteúdo jurídico do princípio da igualdade*. São Paulo: Malheiros, 1997. p. 38.

Com isso, fere também o **princípio da moralidade**, o qual lhe impõe que atue conforme os padrões morais socialmente impostos e compatíveis ao contexto histórico, social e cultural no qual desenvolve sua Administração.

Como exemplo, pode-se mencionar a vedação à aquisição de artigos de luxo inaugurada no art. 20 da Lei n. 14.133/2021, a qual tem, nitidamente, o propósito de atender ao princípio da moralidade nas aquisições públicas[5].

Esse princípio não pode ser confundido com o princípio da **probidade administrativa**. Nem toda conduta eivada de imoralidade constituirá improbidade. Isso porque a improbidade administrativa é sinônimo de desonestidade. Muitas condutas do administrador podem ser imorais, mas não ser desonestas.

Assim, o princípio da probidade tutela a honestidade, de modo que é vedado ao administrador enriquecer ilicitamente, causar dano ao erário ou violar princípios da Administração Pública, com o propósito específico de acarretar benefício próprio ou de outrem em desfavor da Administração.

4.5.5. Princípio do planejamento, da eficiência, da eficácia, da celeridade e da economicidade

A Lei n. 14.133/2021 preocupou-se com o **princípio do planejamento** aplicado às contratações públicas. Para tanto, instituiu inúmeras ferramentas que devem ser elaboradas na fase preparatória da licitação, inerentes não só ao procedimento de licitação, mas à fase contratual.

Dentre eles, merecem destaque o Plano de Contratações Anual – PCA, que deve consolidar as demandas ordinárias da Administração, a fim de que possa realizar as contratações de modo planejado, atendendo-se as suas necessidades sem sustos e improvisos, o Estudo Técnico Preliminar, que deve verificar a melhor alternativa a atender o interesse público à futura contratação, e o mapa de riscos, o qual deve evidenciar os riscos relacionados à licitação e à gestão contratual.

Esse princípio é essencial para a efetivação de outro, o **princípio da eficiência**. Este é mandamento de otimização que determina que a Administração racionalize, adequando a medida entre os meios disponíveis e os fins almejados. À luz da Lei n. 14.133/2021, esse princípio é indispensável, por exemplo, para a adequada alocação de pessoal ao desempenho das funções essenciais à execução da lei. Esse princípio impõe que a Administração faça mais, melhor e com menos recursos materiais e humanos.

---

[5] Sobre itens de luxo, o Enunciado n. 2, do Instituto Nacional da Contratação Pública (INCP), aprovado por unanimidade, estabelece que: "São considerados de luxo os itens cujas especificações sejam manifestamente superiores à necessidade da Administração descrita no processo de contratação". Assim, por exemplo, como regra, não só estaria vedada a aquisição direta de lagosta, mas também a contratação de um serviço de buffet para fornecimento do item.

Por sua vez o **princípio da eficácia** está relacionado ao resultado de contratação. Enquanto a Lei n. 8.666/93 trazia ao conceito de vantajosidade a ideia de seleção da proposta mais vantajosa, a Lei n. 14.133/2021 inaugura a vantajosidade associada ao resultado de contratação mais vantajoso, ou seja, buscando atender exatamente o princípio da eficácia.

Diante disso, de nada adianta selecionar uma proposta que não vá ser exequível ou que apresente um bem que, comprovadamente, possui durabilidade inferior ou custo de manutenção elevadíssimo. De nada adianta selecionar uma empresa que abandone a obra inacabada ou que venha a falir durante a execução do contrato. Esses fortuitos demonstrarão que o princípio da eficácia não foi atendido, ou seja, de que o resultado de contratação foi ineficaz.

O **princípio da celeridade**, por sua vez, impõe que a Administração, de modo eficiente, atue sem demora, de forma a buscar a rápida solução à necessidade pública, o que impõe uma atuação eficiente. Para tanto, a título exemplificativo, a Lei n. 14.133/2021 instituiu, como regra, a obrigatoriedade de licitações eletrônicas.

Por fim, o **princípio da economicidade** é o princípio que determina que a Administração busque o preço justo pelo resultado de contratação mais vantajoso. Desse modo, devem ser afastados o sobrepreço e o superfaturamento, uma vez que ambos violam o princípio da economicidade e possuem o potencial de causar prejuízo ao erário, em momentos, situações e *animus* diferentes.

O primeiro ocorre quando o valor orçado para a licitação ou o contratado pela Administração é expressivamente superior aos preços referenciais de mercado, seja de apenas 1 item, se a licitação ou a contratação for por preços unitários de serviço, seja do valor global do objeto, se a licitação ou a contratação for por tarefa, empreitada por preço global ou empreitada integral, semi-integrada ou integrada.

Nessa situação, não necessariamente, ocorrerá locupletamento por parte de um agente público. Na maior parte das vezes, a falha que leva ao sobrepreço se dá na fase preparatória, com uma pesquisa de preços que não condiz com a realidade.

É importante observar que, para a aferição do sobrepreço, os parâmetros referenciais sejam congruentes com a realidade vivenciada pela Administração. Por exemplo: o valor pago pela Administração para alugar um imóvel em Santiago jamais poderá ser utilizado para aferir sobrepreço no aluguel em Brasília.

O superfaturamento, por sua vez, constitui um dano causado ao erário, que se caracteriza, entre outras situações, por: a) medição de quantidades superiores às efetivamente executadas ou fornecidas; b) deficiência na execução de obras e de serviços de engenharia que resulte em diminuição da sua qualidade, vida útil ou segurança; c) alterações no orçamento de obras e de serviços de engenharia que causem desequilíbrio econômico-financeiro do contrato em favor do contratado; e d) outras alterações de cláusulas financeiras que gerem recebimentos contratuais antecipados, distorção do cronograma físico-financeiro, prorrogação injustificada do prazo contratual com custos adicionais para a Administração ou reajuste irregular de preços.

Embora não seja fator preponderante para a caracterização, a presença do dolo ou fraude, bem como o locupletamento por parte de agentes públicos, é comumente encontrada no superfaturamento.

4.5.6. Princípio da segurança jurídica e a observância às disposições da LINDB

O **princípio da segurança jurídica** é aquele que impõe condutas uniformes e estáveis à Administração, de modo a garantir a isonomia entre os particulares. Assim, não pode a Administração decidir hoje de uma forma, amanhã de outra e depois de amanhã de um terceiro modo, em casos análogos e da mesma forma.

O art. 5º da Lei n. 14.133/2021 refere ainda que deverão ser **observadas as disposições da LINDB (Lei de Introdução às Normas do Direito Brasileiro), Decreto-lei n. 4.657/1942, que sofreu substancial alteração pela Lei n. 13.655/2018.** Significa dizer que tanto o Administrador quanto os órgãos de controle, além do Judiciário, estão vinculados às suas normas de direito público previstas nos arts. 20 a 30. Elas objetivam racionalizar as decisões, com observância de suas consequências práticas, bem como garantir a segurança jurídica e a proteção da confiança.

Como exemplo, é possível mencionar o art. 21 da LINDB, o qual não só estabelece que "a decisão que, nas esferas administrativa, controladora ou judicial, decretar a invalidação de ato, contrato, ajuste, processo ou norma administrativa deverá indicar de modo expresso suas consequências jurídicas e administrativas", mas determina que essa decisão deverá "indicar as condições para que a regularização ocorra de modo proporcional e equânime e sem prejuízo aos interesses gerais, não se podendo impor aos sujeitos atingidos ônus ou perdas que, em função das peculiaridades do caso, sejam anormais ou excessivos" (parágrafo único do art. 21).

Há, ainda, a determinação legal, no art. 23 da LINDB, para o estabelecimento de um regime de transição, quando indispensável para que o novo dever ou condicionamento de direito seja cumprido de modo proporcional, equânime, eficiente e sem prejuízo aos interesses gerais, nas situações em que se estabelecer interpretação ou orientação nova sobre norma de conteúdo indeterminado, impondo novo dever ou novo condicionamento de direito.

Com o propósito de afirmar o princípio da segurança jurídica e da proteção à confiança, o legislador estabeleceu um limite à aplicação retroativa de nova interpretação. Trata-se do comando previsto no art. 24 da LINDB, aplicável para as decisões anulatórias proferidas pela própria Administração (de todos os Entes Federativos) e pelo Poder Judiciário.

Assim, fixou que a revisão, nas esferas administrativa, controladora ou judicial, quanto à validade de ato, contrato, ajuste, processo ou norma administrativa cuja produção já se houver completado **levará em conta as orientações gerais da época**, sendo **vedado** que, com base em mudança posterior de orientação geral, se **declarem inválidas situações plenamente constituídas**.

Para tanto, estabeleceu o que são as orientações gerais, tendo-as como as interpretações e especificações contidas em atos públicos de caráter geral ou em jurisprudência judicial ou administrativa majoritária, bem como as adotadas por prática administrativa reiterada e de amplo conhecimento público (a *praxis* administrativa).

Situação semelhante tem se observado na anulação dos contratos administrativos, com a redação dos arts. 147 e 148 da Lei n. 14.133/2021, que será estudada em seção própria.

Por fim, ressaltamos a necessidade de observância do art. 28 da LINDB, no que se refere à responsabilização do agente público por suas decisões ou opiniões técnicas. Entendemos que as decisões e opiniões em matéria de licitações e contratos são técnicas, mitigando, assim, a culpa para sua gradação inexcusável, ou seja, o erro grosseiro.

Por conseguinte, nessa área, defendemos que o agente público somente poderá ser responsabilizado se comprovado, em processo de responsabilização, seu dolo (direto ou eventual) ou o erro grosseiro.

4.5.7. Princípio da razoabilidade, da proporcionalidade, da motivação

O **princípio da razoabilidade** está associado à necessidade da medida, ou seja, para aferir se houve o atendimento a esse princípio, deve ser realizada a pergunta: "a medida é necessária?" (sem se adentrar ao campo da adequação).

A título de exemplo, imagine o seguinte: é necessário que determinado Município, ao licitar a construção de uma ponte de 1.000 metros, exija a apresentação de qualificação técnica que demonstre que as licitantes possuem experiência anterior em obras dessa natureza? Parece-nos que sim, ou seja, a medida é necessária. Assim, é razoável.

O **princípio da proporcionalidade**, por sua vez, ultrapassa o campo da necessidade e adentra à adequação (entre meios e fins) da medida, o que levará à aferição se é a proporcional (em sentido estrito). Agora, imagine que, julgando necessária a exigência da qualificação técnica descrita acima, o Administrador tenha exigido que a experiência anterior tenha sido na construção de pontes de 10.000 metros, ou seja, 10 vezes superior ao objeto da contratação. Embora a exigência possa ter sido vista, inicialmente, como necessária, torna-se inadequada, violando o princípio da proporcionalidade e sendo considerada desproporcional.

O **princípio da motivação** está relacionado à indispensabilidade de a Administração realizar a exposição circunstanciada das razões de fato e de direito que levaram à decisão que compreendeu necessária e adequada, inclusive, diante de diferentes alternativas possíveis. A motivação também está prevista no parágrafo único do art. 20 da LINDB.

4.5.8. Princípio do desenvolvimento nacional sustentável

O **princípio do desenvolvimento nacional sustentável** é aquele que impõe que a Administração deve utilizar seu potencial como compradora pública, para almejá-lo em todas as suas dimensões: econômica, ambiental, social e cultural.

Dimensão econômica à medida de incentivar e promover a economia nacional, com políticas de fomento aos bens e serviços produzidos no país ou por empresas brasileiras, especialmente as micro e pequenas empresas.

De acordo com as palavras de Reis, é impraticável que o Estado se restrinja a ser apenas um observador ou um consumidor comum; ele está obrigado a agir para utilizar as compras públicas de forma estratégica, visando o avanço da ciência, da tecnologia e da inovação, em consonância com o compromisso de promover o desenvolvimento nacional sustentável[6].

Ambiental atinente à necessidade de preservação do meio ambiente, com a realização de estudos de impacto ambiental, bem como a correta destinação dos rejeitos de obras e serviços, tal qual a busca da solução ambientalmente sustentável ao atendimento do interesse público.

Social relacionada à capacidade de promover políticas de inclusão de grupos em situação de vulnerabilidade social, a exemplo daquelas de inserção no mercado de trabalho, das mulheres vítimas de violência doméstica ou os egressos do sistema prisional.

Cultural no sentido de se preservar os bens de valor histórico e cultural, também com a análise de impacto à cultura local, principalmente diante de grandes empreendimentos, a exemplo da construção de um parque de ampla visitação turística, ao lado de uma comunidade indígena isolada.

4.5.9. Princípio da segregação de funções

O **princípio da segregação de funções** objetiva compartimentar a atuação em licitações e contratos, de modo que haja a mitigação de riscos relativos à integridade do processo licitatório e da execução contratual, com a distribuição das funções essenciais à execução da lei sobre diferentes agentes públicos[7].

---

[6] REIS, Luciano Elias. *Compras públicas inovadoras*. Belo Horizonte: Fórum, 2022. p. 26.

[7] Nosso conceito encontra-se na mesma linha do TCU, como se pode observar no Acórdão n. 2829/2015 – Plenário, no qual o Tribunal manifestou que esse princípio deve possibilitar

O que se tem como realidade na maior parte da Administração Pública, especialmente no âmbito dos pequenos municípios, é a mitigação desse princípio ou, algumas vezes, sequer sua aplicação, uma vez que não há estrutura de pessoal suficiente para que seja atendido.

A Lei n. 14.133/2021, a nosso ver, traz um enorme rol de figuras essenciais à sua execução, dentre os quais, no mínimo, é possível elencar a autoridade máxima do órgão ou entidade (geralmente o ordenador de despesas), o requisitante, o agente de contratação, o pregoeiro, o agente designado para o leilão, os membros da comissão de contratação, os membros da equipe de apoio, o fiscal de contrato, o gestor de contratos, o servidor ou comissão responsável pelo recebimento definitivo do objeto, o membro do controle interno e o membro da advocacia pública.

Se levarmos em consideração que, no mesmo processo, esses agentes não exercerão essas funções simultaneamente, teríamos a necessidade de, no mínimo, um ordenador de despesas, um requisitante, um agente de contratação (que também pode ser o mesmo agente designado para o leilão ou pregoeiro), uma comissão de contratação (com, no mínimo, mais dois membros, que também poderão atuar como membro de equipe de apoio, pois o terceiro poderá ser o próprio agente de contratação ou pregoeiro), um fiscal de contrato, um gestor de contratos, um agente responsável pelo recebimento definitivo, um membro de controle interno e um advogado público.

Veja que a estrutura mínima para conduzir um processo licitatório da sua instauração até o recebimento definitivo do objeto é de dez agentes públicos, sem contar com os responsáveis pela elaboração dos instrumentos de planejamento e da fase preparatória, como o Plano de Contratações Anual, o Estudo Técnico Preliminar, o Termo de Referência, o Projeto Básico e o Projeto Executivo, que, conforme estabelecidos na Lei n. 14.133/2021, não serão viabilizados (do modo efetivo) sem a atuação de uma equipe interdisciplinar, composta por profissionais de diferentes áreas do saber.

Desse modo, como princípio que é, a segregação de funções não é absoluta, ou seja, não é regra (sob a ideia de tudo ou nada), é princípio que deve ser buscado incansavelmente pela Administração e compatibilizado com todos os demais, de modo que seu atendimento dependerá da realidade de cada órgão ou entidade, dentro da disponibilidade dos recursos humanos existentes.

4.6. Principais definições à aplicação da Lei n. 14.133/2021

Ao tratar das definições, no **Capítulo III**, o novo marco normativo promove maior segurança jurídica, ao tentar minimizar discussões judiciais sobre o alcance de alguns dos conceitos de que trata a norma[8]. Nesse sentido,

---

o controle das etapas do processo por setores distintos e impedir que a mesma pessoa seja responsável por mais de uma atividade sensível ao mesmo tempo.

[8] HEINEN, Juliano. *Comentários à Lei de Licitações e Contratos Administrativos. Lei 14.133/21*. 4. ed. rev. atual. e ampl. São Paulo: Editora JusPodium, 2024. p. 69.

pode-se afirmar que o rol conceitual da Lei n. 14.133/2021 engloba noções já existentes na Lei n. 8.666/93 e na Lei n. 10.520/2002, e traz outras novas, às quais serão trabalhadas a seguir.

4.6.1. Bens e serviços comuns

São aqueles cujos padrões de desempenho e qualidade podem ser objetivamente definidos pelo edital, por meio de especificações usuais de mercado, incluindo-se os serviços comuns de engenharia.

Cabe observar que a conceituação de um bem ou serviço como "comum" depende, segundo a norma, da configuração de dois conceitos jurídicos indeterminados estabelecidos no inciso XIII do art. 6º e no início do art. 29 da LLC, a saber: "padrões de desempenho e qualidade objetivamente definidos pelo edital" e "especificações usuais no mercado". Nesse sentido, diante da constatação de que a redação do inciso XIII do art. 6º da Lei n. 14.133/2021 é idêntica àquela presente no parágrafo único do art. 1º da Lei n. 10.520/2002, faz-se possível considerar a aplicação dos entendimentos doutrinários e jurisprudenciais sobre "bens e serviços comuns" que têm sido desenvolvidos desde o início dos anos 2000[9].

Quanto a este ponto em particular, cabe mencionar o entendimento do Tribunal de Contas da União[10], segundo o qual a complexidade do serviço não é fator determinante para incluí-lo ou excluí-lo do conceito de "serviço comum", mas sim a sua disponibilidade e a presença de características padronizadas em relação ao desempenho e à qualidade, as quais são identificáveis através de uma denominação usual no mercado. Desse modo, um serviço

---

[9] Quanto ao assunto, importante mencionar que o anexo II do Decreto n. 3.555/2000, revogado pelo Decreto n. 7.174/2010, trazia um rol de bens e serviços considerados comuns: Bens Comuns: água mineral; combustível e lubrificante; gás; gênero alimentício; material de expediente; material hospitalar, médico e de laboratório; medicamentos, drogas e insumos farmacêuticos; material de limpeza e conservação; oxigênio; uniforme; mobiliário; equipamentos em geral, exceto bens de informática; utensílios de uso geral, exceto bens de informática; veículos automotivos em geral; microcomputador de mesa ou portátil (*notebook*), monitor de vídeo e impressora; serviços comuns: de apoio administrativo; de apoio à atividade de informática: digitação, manutenção; assinaturas: jornal, periódico, revista, televisão via satélite, televisão a cabo; de assistência: hospitalar, médica, odontológica; ascensorista; auxiliar de escritório; copeiro; garçom; jardineiro; mensageiro; motorista; secretária; telefonista; de confecção de uniformes; de copeiragem; de eventos; de filmagem; de fotografia; de gás natural; de gás liquefeito de petróleo; de petróleo; gráficos; de hotelaria; de jardinagem; de lavanderia; de limpeza e conservação; de locação de bens móveis; de manutenção de bens imóveis; de manutenção de bens móveis; de remoção de bens móveis; de microfilmagem; de reprografia; de seguro saúde; de degravação; de tradução; de telecomunicações de dados; de telecomunicações de imagem; de telecomunicações de voz; de telefonia fixa; de telefonia móvel; de transporte; de vale refeição; de vigilância e segurança ostensiva; de fornecimento de energia elétrica; de apoio marítimo; de aperfeiçoamento, capacitação e treinamento; e de serviços topográficos.

[10] BRASIL. Tribunal de Contas da União (Plenário). *Acórdão n. 1.046/2014*. Relator Min. Benjamin Zymler.

pode ser considerado comum se apresentar tais características e estiver disponível a qualquer momento em um mercado próprio. Portanto, a definição de "bem ou serviço comum" está relacionada a sua padronização e identificação no mercado, independentemente de sua estrutura ser simples ou complexa.

No mesmo sentido, leciona Figueiredo, que bens e serviços comuns não significam bens ou serviços desprovidos de sofisticação, mas sim aqueles razoavelmente padronizados, vez que o pregão versa sobre a proposta de preço mais baixo, sem a necessidade de demais análises ou ponderações sobre a qualificação da empresa ou produto a ser contratado[11].

Trata-se a classificação de bens ou serviços como comuns ou não de questão revestida de alta complexidade, conforme se pode depreender do Acórdão TCU n. 590/2017, Rel. Min. Ana Arraes, no qual se dispõe que a classificação de serviços como comuns ou não tem sido um tema controverso ao longo do tempo. A relatora considera o raciocínio apresentado no voto do Acórdão n. 601/2011 – Plenário, com relatoria do Min. José Jorge, sendo o mais adequado para orientar a classificação. No voto, o entendimento é que um serviço pode ser considerado comum se o projeto ou estudo resultante de um serviço for semelhante ao desenvolvido por outra empresa com acesso às mesmas informações. Por outro lado, se não puder ser garantida a similaridade dos produtos, o serviço é considerado incomum.

A definição pelo edital não é suficiente para classificar um serviço como comum. Assim, "se, quando as especificações completas do serviço desejado são informadas a diversos interessados e a expectativa é de que o produto final entregue seja o mesmo, qualquer que seja o contratado, o serviço é comum".

Por exemplo, serviços como pintura, impermeabilização e instalação de forro são considerados comuns, pois espera-se que o resultado final seja o mesmo, independentemente do contratado. Em contraste, serviços como de arquitetura e engenharia, consultoria e outros de natureza intelectual são considerados incomuns, pois espera-se que o produto final varie conforme o contratado. A situação foi ilustrada por um precedente em que se adotou o pregão eletrônico, enquanto o TCU entendeu que a modalidade de concorrência era mais apropriada. Tal precedente demonstra a controvérsia na definição de serviço comum, o que muitas vezes leva a avaliações subjetivas.

4.6.2. Serviços e fornecimentos contínuos

São serviços contratados e compras realizadas pela Administração Pública para a manutenção da atividade administrativa, decorrentes de necessidades permanentes ou prolongadas.

A definição de serviço ou bem de natureza contínua se orienta pelos mesmos parâmetros constantes do Acórdão/TCU n. 132/2008[12], que, nos

---

[11] FIGUEIREDO, Lúcia Valle. *Curso de direito administrativo*. São Paulo: Malheiros, 2004. p. 472.
[12] BRASIL. Tribunal de Contas da União (Segunda Câmara). *Acórdão n. 132/2008*. Relator: Min. Aroldo Cedraz. Data do julgamento: 12/02/2008.

termos do Voto do Ministro Relator, assim se manifestou: "sem pretender reabrir a discussão das conclusões obtidas naqueles casos concretos, chamo a atenção para o fato de que a natureza contínua de um serviço não pode ser definida de forma genérica". Ao invés disso, devem ser consideradas as características únicas de cada situação. O que define a natureza contínua de um serviço é sua importância para garantir a integridade do patrimônio público de forma regular e permanente, ou para manter o funcionamento das atividades principais do órgão administrativo. Isso significa que a interrupção desse serviço pode comprometer a prestação de um serviço público ou o cumprimento da missão institucional.

Dessa forma, é inviável estabelecer uma lista exaustiva ou abrangente de serviços contínuos, uma vez que é essencial examinar as circunstâncias específicas de cada contrato para determinar se as características mencionadas estão presentes ou não.

Sobre o assunto, cabe ressaltar que a redação do inciso XV do art. 6º da Lei n. 14.133/2021, ao prever de forma explícita a possibilidade não só de serviço, mas também de fornecimento contínuo, pôs fim às intermináveis discussões doutrinárias e jurisprudenciais sobre o tema. Por ausência de previsão legal, já havia jurisprudência firmada no TCU no sentido da inviabilidade do fornecimento contínuo[13].

4.6.3. Serviços contínuos com regime de dedicação exclusiva de mão de obra

Para ser considerado serviço contínuo com regime de dedicação exclusiva de mão de obra, o modelo de execução contratual exige, entre outros requisitos, que: os empregados do contratado fiquem à disposição nas dependências do contratante para a prestação dos serviços; o contratado não compartilhe os recursos humanos e materiais disponíveis de uma contratação para execução simultânea de outros contratos; e o contratado possibilite a fiscalização pelo contratante quanto à distribuição, controle e supervisão dos recursos humanos alocados aos seus contratos.

À fiscalização dessa espécie contratual, o art. 50 da Lei n. 14.133/2021 possibilita que a Administração exija do contratado a apresentação (sob pena de multa) da comprovação do cumprimento das obrigações trabalhistas e com o FGTS em relação aos empregados diretamente envolvidos na execução do contrato, em especial quanto ao: registro de ponto; recibo de pagamento de salários, adicionais, horas extras, repouso semanal remunerado e décimo terceiro salário; comprovante de depósito do FGTS; recibo de concessão e pagamento de férias e do respectivo adicional; recibo de quitação de

---

[13] BRASIL. Tribunal de Contas da União (Plenário). *Acórdão n. 100/2008*. Relator: Min. Raimundo Carneiro.

obrigações trabalhistas e previdenciárias dos empregados dispensados até a data da extinção do contrato; recibo de pagamento de vale-transporte e vale-alimentação, na forma prevista em norma coletiva.

Essa exigência, juntamente com as cautelas previstas no art. 121, § 3º, da Lei n. 14.133/2021, é uma das ferramentas que poderão ser utilizadas para que a Administração afaste sua falha na fiscalização do cumprimento das obrigações do contratado, evitando, assim, a responsabilidade solidária pelos encargos previdenciários e subsidiária pelos encargos trabalhistas, conforme previsto no § 2º desse mesmo artigo.

4.6.4. Serviços não contínuos ou contratados por escopo

De forma distinta dos serviços de natureza contínua, os contratos de serviços não contínuos ou por escopo impõem ao contratado o dever de realizar a prestação de um serviço específico em período predeterminado, podendo ser prorrogado, desde que justificadamente, pelo prazo necessário à conclusão do objeto.

Não necessariamente o conteúdo da prestação se preste a revelar a forma contínua ou por escopo. Um mesmo tipo de serviço pode ser, a depender das circunstâncias, de uma ou de outra espécie. Neste sentido, um contrato de limpeza de um terreno pertencente ao Poder Público deve ser considerado um serviço de escopo, visto que o conteúdo em si – limpeza de terreno – se exaure com a entrega do objeto. Hipótese distinta é de um contrato que tenha como objeto o serviço de limpeza e conservação de dado prédio público, cuja necessidade se prolonga no tempo, sem a possibilidade de exaurimento da demanda.

Quanto à prorrogação, que via de regra, requer a elaboração e assinatura dos denominados aditivos contratuais, quando se trata de contrato por escopo, há autorização legal para prorrogação imediata da vigência, na hipótese de não conclusão do objeto no período contratual estabelecido, conforme o art. 111 da LLC[14].

Entretanto, a despeito do dispositivo, o Enunciado n. 4[15], elaborado pelo Fórum Nacional das Consultorias Jurídicas das Procuradorias-Gerais dos Estados e do Distrito Federal (FONACON), recomenda à Administração Pública que "a formalização da prorrogação seja precedida de análise técnica, estabe-

---

[14] Não obstante, torna-se pertinente observar o Enunciado n. 15 do Instituto Nacional da Contratação Pública, no sentido de que "A hipótese de vigência de contrato por escopo ser automaticamente prorrogada, caso o objeto não tenha sido concluído no período pactuado, não implica necessariamente a ausência dessa formalização, mesmo que *a posteriori*, o que pode ser feito por termo aditivo ou por apostilamento".

[15] FÓRUM NACIONAL DAS CONSULTORIAS JURÍDICAS DAS PROCURADORIAS-GERAIS DOS ESTADOS E DO DISTRITO FEDERAL (FONACON). *Enunciados aprovados, 2023.* Disponível em: https://www.pge.am.gov.br/wp-content/uploads/2024/03/FONACON-ENUNCIADOS-APROVADOS.pdf. Acesso em: 30 mar. 2024.

lecendo novos prazos de execução e de vigência, bem como a ratificação das obrigações", e ainda, se for o caso, "novas cláusulas e condições para a conclusão do objeto de forma a ensejar os controles interno, externo e social, sem prejuízo das sanções previstas".

4.6.5. Obra

A Lei n. 14.133/2021 estabeleceu critérios **objetivos** e **subjetivos** à conceituação de obra. Inicialmente, como **critérios objetivos**, o legislador estabeleceu, no art. 6º, XII, que, para ser obra, **o objeto** deve implicar intervenção no meio ambiente, por meio de um conjunto harmônico de ações que, agregadas, formam um todo que: a) inova o espaço físico da natureza; ou b) acarreta alteração substancial das características originais de bem imóvel.

Como **critério subjetivo**, fixou que, para ser obra, a atividade deve ser estabelecida, por força de lei, como **privativa das profissões de arquiteto e engenheiro**. Assim, a nosso ver, só será considerada obra se houver o preenchimento concomitante desses requisitos (**objetivo e subjetivo**).

4.6.6. Serviço de engenharia

Não havendo o preenchimento simultâneo descrito no conceito de obra, a atividade será absorvida pelo **conceito residual de serviço de engenharia**, por não se enquadrar no conceito de obra, em conformidade com o estabelecido no art. 6º, XXI, da Lei n. 14.133/2021, e ser uma atividade destinada a obter determinada utilidade, intelectual ou material, de interesse para a Administração, que poderá ser realizada por um técnico especializado.

Imagine este exemplo: uma edificação simples, de um pavimento, sem fundação complexa, de 60 m², que implique intervenção no meio ambiente, por meio de um conjunto harmônico de ações que, agregadas, formam um todo que inova o espaço físico da natureza, é considerada obra?

A nosso ver não, uma vez que, embora preencha os **requisitos objetivos de obra**, **não preenche o subjetivo**, pois não é privativa de arquiteto ou engenheiro, podendo ser de responsabilidade de um técnico especializado, como um técnico em edificações, o que, sob o nosso olhar, torna essa construção **um serviço de engenharia**.

Assim, é possível dizer que, à luz da Lei n. 14.133/2021, nem toda "construção" será sinônimo de obra, podendo ser considerada serviço de engenharia.

O serviço de engenharia pode ser classificado em **serviço comum de engenharia**, sendo todo serviço de engenharia que tem por objeto ações, objetivamente padronizáveis em termos de desempenho e qualidade, de manutenção, de adequação e de adaptação de bens móveis e imóveis, com preservação das características originais dos bens ou **serviço especial de engenharia**, tido como aquele que, por sua alta heterogeneidade ou complexidade, não pode se enquadrar na definição de serviço comum (descrito com especificações usuais do mercado, objetivamente padronizáveis).

4.7. Agentes públicos atuantes em Licitações e Contratos

No **Capítulo IV** do primeiro título, a Lei n. 14.133/2021 apresenta uma de suas principais inovações, ao privilegiar a condução do processo pelo "agente de contratação", como regra, que será auxiliado por uma equipe de apoio, e, excepcionalmente, pela "comissão de contratação", termo que substitui a antiga "comissão de licitação", que constitui um colegiado formado por no mínimo 3 (três) agentes, além de estabelecer requisitos para a atuação na área. Por sua vez, no pregão, o agente de contratação será designado "pregoeiro", como já ocorria.

Considerando a importância dos agentes de contratação na gestão do processo, incumbidos de tomar decisões, supervisionar e realizar todas as atividades necessárias para o bom andamento da licitação (conforme o art. 8º da Lei de Licitações e Contratos), é pertinente examinar e abordar alguns desafios interpretativos dos dispositivos que regulam o regime jurídico desses agentes.

O art. 8º da Lei n. 14.133/2021 não estabelece claramente o momento inicial para que o agente de contratação exerça sua competência. Nossa interpretação é de que o agente de contratação deve iniciar suas atividades a partir da publicação do edital, evitando assim sua atuação na fase preparatória da licitação, em conformidade com o princípio da segregação de funções, a menos que haja uma regulamentação específica permitindo o contrário.

Quanto ao momento final de atuação, o art. 8º da Lei n. 14.133/2021 indica que a atuação do agente de contratação termina com a homologação do certame. No entanto, ao analisarmos esse dispositivo em conjunto com o art. 71, IV, da mesma lei, fica claro que a responsabilidade pela adjudicação e homologação do certame recai sobre a autoridade superior, não sobre o agente de contratação. Portanto, o agente de contratação deve conduzir o processo até a fase de julgamento de possíveis recursos, encaminhando então o processo administrativo à autoridade superior para a adjudicação e homologação da licitação.

A nova legislação de Licitações e Contratos Administrativos demonstra uma preocupação louvável com a eficiência e a integridade administrativa ao estabelecer os agentes públicos responsáveis pelo processo de licitação e contratação pública, os quais devem ser nomeados pela autoridade máxima do órgão ou entidade administrativa, ou por outra autoridade designada por lei.

Nos termos do art. 7º da Lei n. 14.133/2021, caberá à autoridade máxima do órgão ou da entidade (geralmente o ordenador de despesas), ou a quem as normas de organização administrativa indicarem, promover **gestão por competências**[16] e designar agentes públicos para o desempenho das

---

[16] O TCU, por ocasião do Acórdão n. 2622/2015 – Plenário, já havia recomendado ao então Ministério do Planejamento, Orçamento e Gestão – MPOG, que expedisse orientações no

funções essenciais à execução da Lei n. 14.133/2021, que preencham os requisitos gerais e específicos nela expostas.

Nesse contexto, os agentes públicos designados para conduzir as atividades relacionadas aos processos de licitação e contratação pública devem atender aos critérios estabelecidos pela Lei n. 14.133/2021, conforme o art. 7º:

a) Devem ser preferencialmente servidores efetivos ou empregados públicos dos quadros permanentes da Administração Pública. b) Os agentes devem desempenhar funções ligadas a licitações e contratos ou possuir qualificação adequada, comprovada por certificação profissional emitida por instituição de ensino governamental. c) Não podem ter vínculo matrimonial ou de união estável com licitantes ou contratados habituais da Administração, nem ter relação de parentesco até o terceiro grau, ou qualquer vínculo técnico, comercial, econômico, financeiro, trabalhista ou civil com eles.

De fato, conforme ressaltam Fortini e Amorim, havia uma preocupação do legislador em relação à profissionalização da área de contratações públicas, o que se depreende, inclusive, do Parecer aprovado da Comissão Especial da Câmara dos Deputados, segundo o qual se assinalou que, "se não tivermos bons agentes públicos", o novo marco legal das contratações "não será aplicado de forma adequada, persistindo as dificuldades enfrentadas historicamente em nosso país". Dessa forma, os autores justificam as medidas constantes nos arts. 7º a 10 da Lei n. 14.133/2021, ante a constatação de que a eficácia de um novo diploma legal "pressupõe a capacidade dos profissionais de entender, seguir e aplicar as regras estabelecidas"[17].

Vislumbramos que, para a execução da Lei n. 14.133/2021, é possível elencar as **seguintes funções essenciais:** a autoridade máxima do órgão ou entidade (geralmente o ordenador de despesas), o requisitante, o agente de contratação, o pregoeiro, o agente designado para o leilão, os membros da comissão de contratação, os membros da equipe de apoio, o fiscal de contrato, o gestor de contratos, o servidor ou comissão responsável pelo recebimento definitivo do objeto, o membro do controle interno e o membro da advocacia pública.

---

sentido de que as funções essenciais em licitações e contratos fossem escolhidas por decisão "fundamentada nos **perfis de competências** definidos no modelo e sempre pautada pelos princípios da transparência, da motivação, da eficiência e do interesse público", bem como à realização de "**avaliação quantitativa e qualitativa do pessoal do setor de aquisições**, de forma a delimitar as necessidades de recursos humanos para que esses setores realizem a gestão das atividades de aquisições da organização".

[17] FORTINI, Cristiana; AMORIM, Rafael Amorim de. Novo olhar para as contratações públicas: precedentes e perspectivas da Lei n. 14.133/2021. In: MATOS, Marilene Carneiro; ALVES, Felipe Dalenogare; AMORIM, Rafael Amorim de (Orgs.). *Nova Lei de licitações e contratos [recurso eletrônico]: Lei n. 14.133/2021*: debates, perspectivas e desafios. Brasília: Câmara dos Deputados, Edições Câmara, 2023. p. 129-130.

Se levarmos em consideração que, no mesmo processo, esses agentes não exercerão essas funções simultaneamente, teríamos a necessidade de, no mínimo **10 agentes**, sendo eles: **1 ordenador de despesas, 1 requisitante, 1 agente de contratação** (que também pode ser o mesmo agente designado para o leilão ou pregoeiro), **uma equipe de apoio** (com, no mínimo, mais **2 membros**, que também poderão atuar como membros da equipe de contratação, pois o terceiro poderá ser o próprio agente de contratação ou pregoeiro), **1 gestor de contratos, 1 fiscal de contrato**[18], **1 agente responsável pelo recebimento definitivo**[19], **1 membro de controle interno** e **1 advogado parecerista**.

Por fim, recomendamos que cada órgão ou entidade estabeleça, em normativos internos, a estrutura organizacional e as competências dos setores e agentes que atuarão em todas as etapas do processo de licitação, conforme já determina o Acordão do TCU n. 2212/2016 – Plenário[20].

4.7.1. Requisitos gerais e específicos aos agentes atuantes em Licitações e Contratos

No que tange à previsão de que o agente de contratação seja agente com vínculo permanente, temos que partir de uma análise geral à específica. O art. 7º da Lei n. 14.133/2021 estabelece **requisitos gerais** aos agentes públicos que labutam em licitações e contratos, em todas as etapas de licitação ou contratação.

São três as exigências impostas a todos os agentes que exercem função essencial ao cumprimento da Lei n. 14.133/2021: **1º)** sejam, **preferencialmente**, servidor efetivo ou empregado público dos quadros permanentes da Administração Pública; **2º)** tenham atribuições relacionadas a licitações e

---

[18] No âmbito federal, o Decreto n. 11.246/2022 prevê que o contrato terá, como regra, um fiscal técnico e um fiscal administrativo. Se a realidade do órgão não permitir, entendemos que é possível que um único agente desempenhe as duas funções, com fundamento no art. 19, § 1º, desse decreto. Por sua vez, as funções de gestor e fiscal de contrato não são cumulativas.

[19] Também no âmbito federal, o art. 25 do Decreto n. 11.246/2022 determina ao gestor do contrato a atribuição de realizar o recebimento definitivo do objeto. Compreendemos que essa incumbência ao gestor viola o princípio da segregação de funções, colocando o mesmo agente para desempenhar etapas suscetíveis a riscos, contrariando o § 1º do art. 7º da Lei n. 14.133/2021. Isso porque aumenta-se o risco de fraudes na gestão do contrato e no recebimento do objeto (a exemplo de uma execução fantasma), o que seria mitigado se fossem dois agentes diferentes.

[20] Nesse julgado, o TCU enfatiza a necessidade de cada órgão ou entidade "estabelecer em normativos internos as competências, atribuições e responsabilidades dos dirigentes, inclusive quanto à delegação de competências, com respeito às aquisições, incluindo a responsabilidade pelo estabelecimento de políticas e procedimentos de controles internos necessários para mitigar os riscos nas aquisições e para monitorar os atos delegados relativos às contratações".

contratos ou possuam formação compatível ou qualificação atestada por certificação profissional emitida por escola de governo criada e mantida pelo Poder Público; e **3º)** não sejam cônjuge ou companheiro de licitantes ou contratados habituais da Administração nem tenham com eles vínculo de parentesco, colateral ou por afinidade, até o terceiro grau, ou de natureza técnica, comercial, econômica, financeira, trabalhista e civil[21].

A Lei n. 14.133/2021 consagra inegável verniz de profissionalização das contratações e, nesse intento, o elemento humano constitui ponto fundamental. O legislador detectou a necessidade de solucionar a situação descrita por Camarão[22], em que é comum encontrar nos órgãos públicos pessoas sem especialização em contratações públicas lidando diretamente com atividades nessa área. Além disso, alguns gestores consideram a capacitação como um custo e não investimento, refletindo uma baixa aplicação de recursos na qualificação dos servidores. Isso foi evidenciado pelo Tribunal de Contas da União (TCU), no Acórdão n. 1612/2013 – Plenário, quando disposto que falta um programa de treinamento contínuo e atualização profissional para os fiscais.

Trata-se de **regra geral** aplicável, por exemplo, aos membros da equipe de planejamento, da equipe de apoio, da comissão de contratação, ao gestor e fiscal de contrato, ao membro do controle interno e ao parecerista. E, quanto ao vínculo permanente com a Administração, como visto acima, **uma preferência, não uma obrigatoriedade**.

Não obstante, entendemos que, mesmo sendo uma preferência, o administrador, ao afastá-la, deve motivar. Em nossa concepção, sempre que o legislador trouxer uma preferência legalmente instituída e o administrador não a seguir, deve fundamentar as razões de fato e de direito que o levaram a se afastar da primazia legal, ou seja, elaborar uma exposição circunstanciada do porquê não está empregando servidores efetivos ou empregados dos quadros permanentes. Devemos ter em mente que a motivação dos atos administrativos sempre trará segurança jurídica ao gestor. Nesse sentido, defende Justen Filho[23] que o termo "preferencialmente" não implica na autorização da autoridade máxima (ou substituto) para nomear agentes públicos que não atendam aos requisitos do inciso I. "**A Lei impõe uma preferência, a ser**

---

[21] Essa vedação subjetiva se coaduna com o entendimento do TCU manifestado no Acórdão n. 7428/2019 – Segunda Câmara, no qual aquele órgão fracionário manifestou que "a contratação pela Administração de empresas pertencentes a parentes ou cônjuge de gestor público envolvido no processo de licitação caracteriza, diante do manifesto conflito de interesses, violação aos princípios constitucionais da moralidade e da impessoalidade".

[22] CAMARÃO, Tatiana. Comentários aos arts. 7º e 8º. In: FORTINI, Cristiana; OLIVEIRA, Rafael Sérgio Lima de; CAMARÃO, Tatiana (Coords.). *Comentários à Lei de Licitações e Contratos*: Lei n. 14.133, de 1º de abril de 2021. Belo Horizonte: Fórum, 2022. p. 157.

[23] JUSTEN FILHO, Marçal. *Comentários à Lei de Licitações e Contratações Administrativas*: Lei n. 14.133/2021. São Paulo: Thomson Reuters Brasil, 2021.

observada de modo objetivo e rigoroso. Ou seja, somente caberá indicar sujeito que não atenda aos requisitos do inciso I quando se verificar a inviabilidade ou a frustração da solução consagrada no dispositivo".

Evidentemente, principalmente no nível estadual e municipal, teremos de início a impossibilidade de exercício de tais funções de forma exclusiva por servidores efetivos, pela precariedade da própria estrutura de pessoal de determinados órgãos e entidades, o que poderia vir a justificar o desempenho de atribuições por servidores comissionados. Neste sentido, decidiu o TCE-PR, em resposta à Consulta formulada pelo Município de Cornélio Procópio (Norte Pioneiro do Estado), em que se questionou se as funções atribuídas aos agentes públicos, por meio da Lei n. 14.133/2021, poderiam ser exercidas por servidores comissionados; e se eles poderiam receber, para tanto, gratificação pelo exercício de função até que fossem designados servidores efetivos[24].

Por sua vez, **alguns dispositivos** ao longo da Lei n. 14.133/2021 **afastam a flexibilidade da regra geral** e trazem **exceções**, a exemplo do art. 8º, do art. 32, § 1º, XI, e do art. 37, § 1º, I. Nessas situações, o legislador não estabeleceu uma preferência, **mas uma obrigatoriedade de emprego de agentes públicos com vínculo permanente** com a Administração. São, portanto, **dispositivos especiais** que se afastam da generalidade contida no art. 7º.

A primeira hipótese especial é a do **agente de contratação**. Na Lei n. 14.133/2021, as licitações serão, ordinariamente, conduzidas monocraticamente por um agente, auxiliado por uma equipe de apoio. Na sua definição, o legislador já instituiu, no art. 6º, LX, que se trata de "pessoa designada pela autoridade competente, **entre servidores efetivos ou empregados públicos dos quadros permanentes** da Administração Pública, para tomar decisões, acompanhar o trâmite da licitação, dar impulso ao procedimento licitatório e executar quaisquer outras atividades necessárias ao bom andamento do certame até a homologação".

A mesma intenção restritiva ao exercício dessa função essencial é repetida no art. 8º da Lei n. 14.133/2021, o qual, de modo redundante, reforça a opção do legislador geral, ao estabelecer que "a licitação será conduzida por agente de contratação, pessoa designada pela autoridade competente, **entre servidores efetivos ou empregados públicos dos quadros permanentes** da Administração Pública, para tomar decisões, acompanhar o trâmite da licitação, dar impulso ao procedimento licitatório e executar quaisquer outras atividades necessárias ao bom andamento do certame até a homologação".

Entendemos que esse requisito específico é extensível ao pregoeiro, uma vez que não constitui função diferente, mas designação (nomenclatura). Isso é perceptível no § 5º do mesmo art. 8º: "em licitação na modalidade pre-

---

[24] BRASIL. Tribunal de Contas do Estado do Paraná. *Acórdão n. 3561/2023*. Tribunal Pleno. Relator: Cons. Jose Durval Mattos do Amaral. Julgado em: 6 nov. 2023.

gão, o **agente responsável** pela condução do certame será **designado** pregoeiro". Sendo didático, assim como o leiloeiro conduz o leilão, o padeiro é responsável pela confecção do pão, o açougueiro pelo corte da carne, o "pregoeiro" é o condutor do pregão. Os requisitos são os mesmos do agente de contratação (gerais, do art. 7º, e específico do *caput* do art. 8º).

Esse requisito específico (do art. 8º) **não é aplicável**, como regra geral, **à comissão de contratação**, como se depreende do § 2º, do art. 8º, o qual prevê que "em licitação que envolva bens ou serviços especiais, desde que observados os requisitos estabelecidos no art. 7º, o agente de contratação poderá ser substituído por comissão de contratação formada por, no mínimo, 3 (três) membros (...)".

Para os membros dessa comissão, como regra, **basta o preenchimento dos requisitos gerais do art. 7º**, ou seja, a **preferência** pelo vínculo permanente. Como dito, trata-se de uma regra geral, pois, para o diálogo competitivo, mais uma vez, o legislador excepcionou, uma vez que o art. 32, § 1º, XI, determina que a licitação, nesta modalidade, seja conduzida "por comissão de contratação composta de pelo menos **3 (três) servidores efetivos ou empregados públicos pertencentes aos quadros permanentes** da Administração, admitida a contratação de profissionais para assessoramento técnico da comissão".

De igual singularidade, quando o administrador optar pelo critério de julgamento **melhor técnica** ou **conteúdo artístico** e empregar agentes públicos à **banca julgadora**, esta deverá ser composta por **agentes com vínculo permanente**, conforme previsão expressa no art. 37, § 1º, I. Trata-se de excepcionalidades aos requisitos gerais, ou seja, exceções pontuais e pensadas pelo legislador geral.

Um aspecto que tem gerado discussão, principalmente em torno do art. 8º, relaciona-se ao caráter dessa norma (se é geral, aplicável a todos os Entes da federação, ou se é específica, aplicável apenas à União). Como já dito anteriormente neste capítulo, é necessário ter a concepção de que, na Lei n. 14.133/2021, o legislador compreendeu como "norma geral" vários aspectos relacionados à conjuntura de licitações e contratos, dentre eles os requisitos aos agentes que atuarão na condução.

Dito de outro modo, o legislador não tratou como norma geral só aquelas relacionadas aos procedimentos licitatórios e contratuais ("a obra"), mas tudo aquilo, com licitações e contratos, relacionado ("o conjunto da obra"). Embora o Poder Judiciário possa ter entendimento futuro divergente, entendemos que a União em nada invadiu a esfera de competência legislativa dos demais Entes Federativos. Tal qual o legislador da Lei n. 14.133/2021, adotamos o entendimento ampliativo de norma geral, no sentido de que esta abrange o conjunto da obra, no qual estão inseridos os requisitos para quem lida com a matéria.

Partindo dessa premissa, uma leitura do art. 8º (e não uma interpretação) poderia levar a uma concepção de que se trata de dispositivo aplicado especificamente à União. A nosso ver e com todo o respeito a quem pensa diferente, tal posição não se sustenta, pois o art. 8º não se encontra "boiando" sozinho em um oceano. Diferente da leitura de uma lei, para a interpretação, seguimos métodos hermenêuticos, dentre eles o sistemático.

Ao se interpretar a Lei n. 14.133/2021, verifica-se que se trata de norma geral, pela simples aplicação sistemática do art. 176, I, o qual determina que os Municípios com até 20.000 habitantes terão o prazo de 6 anos, contado da data de publicação da Lei n. 14.133/2021, para o cumprimento dos requisitos estabelecidos no art. 7º e no *caput* do art. 8º.

Entretanto, ressaltamos que diversos doutrinadores entendem em sentido contrário, que se trata de norma específica, aplicável apenas no nível federal[25]. Por entender que é parte integrante da autonomia federativa a capacidade de cada ente federado determinar os regimes jurídicos dos servidores que desempenharão as funções de agentes de contratação, alguns municípios já estabeleceram regulamentações específicas que permitem a nomeação de servidores comissionados para exercerem o papel de agente de contratação, embora a preferência geral seja pela designação de servidores efetivos[26].

---

[25] Nesse sentido: DALLARI, Adilson Abreu. Análise crítica das licitações na Lei n. 14.133/21. *Consultor Jurídico*, 29/04/2021. Disponível em: https://www.conjur.com.br/2021-abr-29/interesse-publico-analise-critica-licitacoes-lei-1413321/ Acesso em: 28 fev. 2024; JUSTEN FILHO, Marçal. *Comentários à Lei de Licitações e Contratações Administrativas*. São Paulo: Thomson Reuters Brasil, 2021. p. 213; TORRES, Ronny Charles Lopes de. *Leis de licitações públicas comentadas*. 12. ed. São Paulo: Juspodvm, 2021. p. 105; AMORIM, Victor Aguiar Jardim de. Modalidades e rito procedimental da Licitação. In: DI PIETRO, Maria Sylvia Zanella (Coord.). *Licitações e Contratos Administrativos:* Inovações da Lei n. 14.133, de 1º de abril de 2021. 2. ed. Rio de Janeiro: Forense, 2022. p. 182.

[26] No Município de São Paulo, o art. 3º, § 3º, do Decreto n. 62.100/2022 do Município de São Paulo dispõe que "o agente de contratação, o pregoeiro e os membros da comissão de contratação serão selecionados preferencialmente dentre servidores públicos efetivos ou empregados públicos do quadro permanente". Da mesma forma, o art. 4º, § 4º, do Decreto n. 14.730/2023 do Município de Niterói, prevê: "Art. 4º As licitações e procedimentos auxiliares realizados no âmbito da Administração Municipal deverão ser conduzidos preferencialmente por servidor efetivo ou empregado público dos quadros permanentes da Administração Pública, designado agente de contratação. [...] § 3º Na ausência de servidor ocupante de cargo efetivo ou empregado público dos quadros permanentes da Administração Pública, a autoridade máxima do órgão poderá designar ocupante de cargo em comissão ou emprego de confiança, desde que devidamente justificada a escolha e comprovada sua formação compatível, qualificação atestada por certificação profissional emitida por escola de governo e mantida pelo poder público, ou notória experiência em licitações e contratações públicas. § 4º O exercício da faculdade prevista no § 3º deste artigo deverá ser motivada e estar acompanhada da demonstração de medidas a serem adotadas para seu saneamento, o que deverá ser demonstrado de maneira progressiva a cada exercício. § 5º Para o atendi-

Entretanto, entendemos em sentido contrário, diante da clareza contida no art. 176, que o *caput* do art. 8º não é aplicável exclusivamente à União. A discussão sobre a constitucionalidade ou não do requisito trazido pelo art. 8º deve ser objeto de debate em um outro momento, na via judicial, pelo Poder Judiciário (seja por ocasião do controle difuso, seja concentrado). Como dito, sob nossa concepção, nada há de inconstitucional.

Nesse sentido, torna-se relevante destacarmos duas Ações Diretas de Inconstitucionalidade, julgadas pelos Tribunais de Justiça dos Estados de São Paulo[27] e Mato Grosso[28], que declararam inconstitucionais leis municipais que previam a possibilidade do exercício da função de agente de contratação por agentes não efetivos, considerando que o art. 8º da Lei n. 14.133/2021 é norma geral e impõe a todos os Entes federativos a utilização de servidor efetivo.

Embora seja uma opção dura do legislador geral, é necessário que haja deferência a ela e que se busque a compreensão de suas razões. Quis ele profissionalizar a área, dando estabilidade ao exercício das funções essenciais à lei (diante da instabilidade ocasionada às livres nomeações e exonerações comuns aos cargos de vínculo precário).

É comum uma renovação significativa de quadros com vínculo precário, por ocasião da mudança dos mandatários, o que ocasiona (em maior ou menor nível) a descontinuidade da atividade, além de constantes gastos públicos com nova qualificação a estes agentes.

Tanto é assim que o legislador da LLC estabeleceu, no art. 173, que "Os tribunais de contas deverão, por meio de suas escolas de contas, promover eventos de capacitação **para os servidores efetivos e empregados públicos designados para o desempenho das funções essenciais à execução desta lei**, incluídos cursos presenciais e a distância, redes de aprendizagem, seminários e congressos sobre contratações públicas".

Dentre as razões adotadas pelo legislador, é possível vislumbrar também a intenção de conferir **segurança funcional ao agente de contratação**. Se este é responsável por "tomar decisões, acompanhar o trâmite da licitação, dar impulso ao procedimento licitatório e executar quaisquer outras atividades necessárias ao bom andamento do certame até a homologação", como se vislumbra no já citado art. 6º, LX, da Lei n. 14.133/2021, e sendo a área de licitações e contratos relativamente sensível, pensou ele em conferir maior autonomia a esse agente, o que se vislumbra com maior efetividade nos **cargos com vínculo permanente** em detrimento aos cargos com vínculo precário.

---

mento do § 4º deste artigo, em cada exercício deverá ser demonstrada a inviabilidade de se nomear servidor efetivo ou empregado de quadro permanente, bem como a evolução das medidas administrativas para adequação integral a este decreto".

[27] BRASIL. Tribunal de Justiça do Estado de São Paulo. *ADI n. 2308494-38.2023.8.26.0000*. Órgão Especial. Rel. Des. Roberto Solimene. Julgado em: 29 abr. 2024.

[28] BRASIL. Tribunal de Justiça do Estado do Mato Grosso. *ADI n. 1028319-75.2023.8.11.0000*. Órgão Especial. Rel. Des. Paulo da Cunha. Julgado em: 18 jul. 2024.

Ainda, no que tange à utilização de cargos com vínculo precário para o agente de contratação, é necessário compreender a interpretação constitucional atribuída pelo STF, ao julgar o RE n. 1041210[29], ocasião em que o tribunal consolidou sua jurisprudência, inclusive em sede de repercussão geral, fixando os seguintes requisitos cumulativos: **1)** A criação de cargos em comissão deve ser restrita às funções de direção, chefia e assessoramento, não sendo permitida para atividades burocráticas, técnicas ou operacionais; **2)** a criação requer relação de confiança entre a autoridade e o servidor designado; **3)** o número de cargos comissionados criados deve ser proporcional à necessidade que pretendem atender e ao número de servidores de cargos efetivos no ente federativo que os instituir; e **4)** as responsabilidades dos cargos em comissão devem ser claramente definidas na própria lei que os estabelece.

Nesse sentido, temos também decisão do TJSP, em ADI impetrada em face de Lei Municipal, que permitia a designação de pregoeiro mediante nomeação por cargo em comissão, em que restou consignado que a norma municipal em questão permitia que, tanto servidores públicos de cargos efetivos quanto de cargos em comissão pudessem ser designados para exercê-la. A declaração de nulidade parcial do parágrafo único do art. 8º da Lei n. 1.341, de 15 de setembro de 2009, foi solicitada, com o reconhecimento de que a função deve ser desempenhada tão somente por servidores públicos titulares de cargo efetivo[30].

Assentimos com tal orientação vez que, à luz da Lei n. 14.133/2021, as atribuições legais do agente de contratação não se relacionam ao exercício de funções de chefia, direção e assessoramento, havendo, portanto, vedação constitucional a que esse agente possua vínculo precário, exercendo cargo exclusivamente de livre nomeação e exoneração, uma vez que não estariam preenchidos os requisitos da tese fixada.

4.7.2. Possibilidade de utilização da comissão de contratação para obras e serviços de engenharia

Como vimos acima, o art. 8º da Lei n. 14.133/2021 prevê que, como regra, a licitação será conduzida singularmente por um agente de contratação, auxiliado por uma equipe de apoio, que editará ato unipessoal (a exemplo da classificação/desclassificação das propostas ou habilitação/inabilitação das licitantes).

No entanto, o § 2º desse artigo prevê que, em licitação que envolva bens ou serviços especiais, desde que observados os requisitos gerais estabelecidos no art. 7º, o agente de contratação poderá ser substituído por comissão de contratação formada por, no mínimo, 3 (três) membros, que, como regra, responderão solidariamente por todos os atos por ela praticados, editando-se, por conseguinte, ato pluripessoal (decisão colegiada).

---

[29] Supremo Tribunal Federal. Acórdão no Recurso Extraordinário n. 1041210.

[30] TJ/SP, ADI 2045018-15.2020.8.26.0000, Rel. Des. Soares Levada, Órgão Especial, data da publicação: 12/02/2021.

Entendemos, que, embora o art. 8º, § 2º, estabeleça a possibilidade de utilização da comissão de contratação para bens e serviços especiais, essa poderá conduzir licitação à aquisição de bens e serviços comuns, bem como obras e serviços de engenharia, quando a complexidade do caso justificar.

A decisão colegiada sempre conferirá maior legitimidade à tomada de decisão em relação à decisão unipessoal. Apenas a título de analogia, imagine um relator que esteja diante de uma decisão complexa. Esse sempre poderá submetê-la à apreciação do respectivo colegiado, para que seja tomada de modo conjunto. De igual modo, se a autoridade administrativa compreender que há complexidade para que o recebimento definitivo do objeto seja realizado monocraticamente por um agente, sempre poderá designar uma comissão para o recebimento.

A designação de um colegiado (teto) para substituir o agente singular (piso) confere maior legitimidade e segurança para uma decisão democrática. Essa prática tem sido adotada no âmbito da Administração, com a instituição de diversos colegiados, como os comitês, comissões e conselhos.

Pensamos, ainda, que é possível, em disposição interna, a previsão também de uma equipe de apoio para assessorar a comissão de contratação, prática que, a nosso ver, em nada fere a norma geral.

São essas algumas das razões que nos fazem compreender pela possibilidade de utilização da comissão de contratação também nas hipóteses de obras e serviços de engenharia e não apenas nas situações de bens e serviços especiais.

4.7.3. Possibilidade de contratação de profissionais especializados para auxiliar os agentes públicos

O art. 8º, § 4º, da Lei n. 14.133/2021, prevê que, "Em licitação que envolva bens ou serviços especiais cujo objeto não seja rotineiramente contratado pela Administração, poderá ser contratado, por prazo determinado, serviço de empresa ou de profissional especializado para assessorar os agentes públicos responsáveis pela condução da licitação".

Entendemos que, nos casos de obras e serviços de engenharia em que também houver complexidade técnica, mediante a fundamentação adequada, com as razões de fato e de direito, também é possível que a Administração contrate o assessoramento de empresa ou profissional especializado.

4.7.4. Defesa judicial e extrajudicial dos agentes atuantes em licitações e contratos

O art. 10 da Lei n. 14.133/2021 estabelece que, se as autoridades competentes e os servidores públicos que tiverem participado dos procedimentos relacionados às licitações e aos contratos precisarem defender-se nas esferas administrativa, controladora ou judicial em razão de ato praticado com estrita observância de orientação constante em parecer jurídico elaborado pelo órgão consultivo, a advocacia pública promoverá, a critério do agente público, sua representação judicial ou extrajudicial, inclusive na hipótese de o agente público não mais ocupar o cargo, emprego ou função em que foi praticado o ato questionado.

Importante assinar a definição da LLC de agente público, que se constitui no "indivíduo que, em virtude de eleição, nomeação, designação, contratação ou qualquer outra forma de investidura ou vínculo, exerce mandato, cargo, emprego ou função em pessoa jurídica integrante da Administração Pública" (art. 6º, V); sendo que a autoridade, por sua vez, é o agente público dotado de poder de decisão (art. 6º, VI). No âmbito do Decreto federal n. 10.947/2022, o qual regulamenta o inciso VII do *caput* do art. 12 da Lei n. 14.133/2021, autoridade competente é o "agente público com poder de decisão indicado formalmente como responsável por autorizar as licitações, os contratos ou a ordenação de despesas realizados no âmbito do órgão ou da entidade, ou, ainda, por encaminhar os processos de contratação para as centrais de compras de que trata o art. 181 da Lei n. 14.133, de 2021" (art. 2º, II, do Decreto federal n. 10.947/2022)[31].

Nesse sentido há precedente proferido pelo Tribunal de Contas do Estado do Paraná, no Acórdão n. 1221/22 – Tribunal Pleno, Relator Conselheiro Fernando Augusto Mello Guimarães), a respeito da aplicação do art. 10 da Lei n. 14.133/2021[32]. Entretanto, a própria Lei de Licitação ressalva que não haverá a promoção da defesa pelo Poder Público, quando constarem nos autos do processo administrativo ou judicial provas da prática de atos ilícitos dolosos.

Entendemos que esse dispositivo constitui uma **garantia aos agentes públicos federais**, tratando-se de norma **específica da União**, a exemplo do que já compreendeu o STF, ao julgar a ADI n. 7042, de relatoria do

---

[31] Sobre as centrais de compras, o Instituto Nacional da Contratação Pública (INCP) exarou o Enunciado n. 5, segundo o qual: "Nos termos do art. 181, os entes federativos deverão avaliar a conveniência e oportunidade de instituir centrais de compras, com o objetivo de realizar compras em grande escala, para atender a diversos órgãos e entidades sob sua competência e atingir as finalidades da Lei n. 14.133/2021".

[32] "Consulta – Possibilidade de que a defesa de agente público seja promovida pela advocacia pública – Necessidade de interesse público envolvido – Os atos praticados pelo agente devem estar vinculados ao exercício de suas funções ou atribuições constitucionais, legais ou institucionais – Necessidade de previsão legal – Necessidade de regulamentação pelo Poder Executivo – Possibilidade de autoridades e servidores públicos que participem da realização de licitações e contratos sejam representados judicial ou administrativamente pela advocacia pública – Nova Lei de Licitações / Lei n. 14.133/21 – Possibilidade de representação pela advocacia pública é extensível ao agente público que não mais ocupar o cargo, emprego ou função em que foi praticado o ato da licitação ou contratação questionado – Excetuam-se da possibilidade de representação pela advocacia pública quando constarem provas de prática de atos ilícitos dolosos por parte das referidas autoridades e dos servidores públicos que participem da realização de licitações e contratos – Impossibilidade de encaminhamento de Projeto de Lei à Câmara Municipal que vise à contratação pelo Poder Municipal de advogado para a defesa judicial de servidores da Administração Pública em decorrência da prática de atos funcionais" (BRASIL. Tribunal de Contas do Estado do Paraná. *Acórdão n. 1221/2022*. Tribunal Pleno. Relator: Cons. Fernando Augusto Mello Guimarães. Julgado em: 18 jul. 2022).

Min. Alexandre de Moraes, em 31 de agosto de 2022, com inserção semelhante promovida pela Lei n. 14.230/2021 na Lei n. 8.429/92 (Lei de Improbidade Administrativa).

Naquele julgamento, o Supremo entendeu que "a previsão de obrigatoriedade de atuação da assessoria jurídica na defesa judicial do administrador público afronta a autonomia dos Estados-Membros e desvirtua a conformação constitucional da Advocacia Pública delineada pelos arts. 131 e 132 da Constituição Federal, ressalvada a possibilidade de os órgãos da Advocacia Pública autorizarem a realização dessa representação judicial, nos termos de legislação específica".

Assim, entendeu o Supremo que a União não pode invadir a competência dos demais Entes Federativos disporem sobre sua advocacia pública. Ademais, a defesa dos agentes, por parte dos entes locais, poderá ocorrer de distintas maneiras, por eles definidos, a exemplo da utilização de credenciamento para a contratação de advogados privados, para essa finalidade específica ou até a previsão legal de indenização *a posteriori* das despesas judiciais em caso de improcedência das ações.

Apenas a título de exemplo, o STF, ao julgar o RE n. 1410012, em 27 de outubro de 2023, manteve a validade de uma lei do Estado do Rio de Janeiro que autoriza o ressarcimento a servidor ou autoridade pública que precise contratar advogado para defendê-lo em demandas administrativas ou judiciais decorrentes da função pública.

Prevaleceu, nesse julgamento, o entendimento de que o objetivo da norma é proteger pessoalmente agentes públicos que se tornem réus em processos que muitas vezes visam à intimidação do exercício de sua função. Trata-se de um auxílio financeiro à defesa de pessoas que tenham praticado atos legítimos no exercício da função pública.

No caso específico da Lei fluminense, permite-se o custeio apenas de causas relacionadas com a função, sobre atos previamente validados pela Procuradoria-Geral do Estado e que não estejam relacionados à omissão do servidor ou da autoridade. Em caso de condenação, os valores terão de ser restituídos aos cofres públicos, resguardando-se a moralidade administrativa e a impessoalidade na utilização do benefício.

Da mesma maneira, no Tribunal de Contas da União (TCU)[33], existem precedentes que permitem que um escritório de advocacia privado, financia-

---

[33] Acórdão n. 1193/2019 – Plenário, Rel. Min. Augusto Sherman, Processo n. 014.184/2012-5: Pagamento de despesa referente à contratação de advogado para patrocínio de defesa junto ao tribunal de contas da união com verbas do Conselho Federal de Farmácia. Impossibilidade. Contas irregulares. Débito. Multa. 1. A despesa relativa à contratação de advogado para atuar na defesa de dirigente de órgão ou entidade públicos não pode ser custeada pelos cofres daqueles entes quando o ato praticado pelo gestor for manifestamente ilegal ou contrário ao interesse público (Acórdão n. 2.055/2013 – Segunda Câmara, Rel. Min. Marcos Bemquerer Costa, Processo n. 012.030/2012-0).

do com recursos da administração, represente um agente público em ações judiciais ou administrativas, desde que o ato praticado pelo agente não seja claramente ilegal ou contrário ao interesse público.

Portanto, a despesa relacionada à contratação de um advogado para defender um dirigente de órgão ou entidade públicos não pode ser suportada por essas entidades quando o ato praticado pelo gestor for claramente ilegal ou contrário ao interesse público, ou quando a acusação for direcionada pessoalmente a ele, sem interesse institucional a ser defendido.

Defendemos, portanto, que **os Entes Federativos devem garantir a defesa de seus agentes que atuem regularmente no exercício das funções**. No entanto, a forma como disporão deve ficar a critério daqueles, dentro das inúmeras possibilidades de efetivá-la[34].

---

[34] No âmbito da Advocacia-Geral da União, há a Portaria n. 428, de 28 de agosto de 2019, a qual disciplina os procedimentos relativos à representação judicial de agentes públicos de que trata o art. 22 da Lei n. 9.028/1995, pela Advocacia-Geral da União e pela Procuradoria-Geral Federal. Conforme o art. 2º da Portaria, "A representação de agentes públicos em juízo somente ocorrerá mediante solicitação do interessado e desde que o fato questionado tenha ocorrido no exercício de suas atribuições constitucionais, legais ou regulamentares, devendo o requerimento demonstrar a existência de interesse público da União, suas respectivas autarquias e fundações ou das instituições mencionadas no art. 22 da Lei n. 9.028, de 1995". Ainda, segundo a Portaria, em seu art. 11, é vedada a representação judicial do agente público pela Advocacia-Geral da União e pela Procuradoria-Geral Federal quando se observar: (a) não haver relação entre o fato ocorrido e o estrito exercício das atribuições constitucionais, legais ou regulamentares; (b) não ter sido o fato questionado judicialmente objeto de análise prévia do órgão de consultoria ou assessoramento jurídico competente, quando exigível; (c) ter sido o ato impugnado praticado em dissonância com a orientação, se existente, do órgão de consultoria e assessoramento jurídico, ou equivalente, competente, que tenha apontado expressamente a inconstitucionalidade ou ilegalidade do ato, salvo se possuir outro fundamento jurídico razoável e legítimo; (d) incompatibilidade com o interesse público no caso concreto; (e) que a autoria, materialidade ou responsabilidade do requerente: i. tenha feito coisa julgada na esfera cível ou penal; ii. tenha sido reconhecida, em caráter definitivo, em processo administrativo disciplinar ou por órgãos de controle; ou iii. tenha sido admitida por ele próprio; (f) a existência de litígio judicial com a pessoa jurídica de direito público da administração federal de que seja integrante, inclusive por força de litisconsórcio necessário ou intervenção de terceiros, desde que relacionada ao fato em que o pedido de representação se baseia – não incide esta vedação na hipótese em que o agente público pretenda levar a juízo pessoa jurídica de direito público da administração federal diversa daquela que integra, desde que preenchidos os requisitos do art. 2º da Portaria; (g) que se trata de pedido de representação, como parte autora, em ações de indenização por danos materiais ou morais, em proveito próprio do requerente; (h) não ter o requerimento atendido aos requisitos mínimos exigidos pelos arts. 5º e 6º da Portaria; ou (i) o patrocínio concomitante por advogado privado.

5

Principais disposições aplicáveis à execução das licitações públicas

O *Título II* passa a trabalhar especificamente o tema referente às licitações. Dentre as principais disposições que serão trabalhadas nessa obra, estão as referentes às modalidades de licitação e às fases da licitação.

5.1. Modalidades de licitação

A Lei n. 14.133/2021 extinguiu algumas das modalidades previstas na Lei n. 8.666/93, como o convite e a tomada de preços, e criou uma nova, o diálogo competitivo. Elas estão previstas no art. 28 e são as seguintes: pregão; concorrência; concurso; leilão; e o diálogo competitivo.

Além destas modalidades, a Administração pode servir-se dos procedimentos auxiliares, como o credenciamento e o Sistema de Registro de Preços, que serão trabalhados em tópico próprio neste capítulo da obra.

5.1.1. Pregão

O pregão é a modalidade de licitação **obrigatória** para aquisição de **bens e serviços comuns**, cujo critério de julgamento poderá ser o de **menor preço** ou o de **maior desconto** (art. 6º, XLI, da Lei n. 14.133/2021).

O pregão seguirá o rito procedimental comum previsto no faseamento da próxima seção do capítulo (divulgação do edital, apresentação das propostas e lances, julgamento, habilitação, recursos e encerramento), adotando-se o pregão sempre que o objeto possuir **padrões de desempenho e qualidade que possam ser objetivamente definidos pelo edital, por meio de especificações usuais de mercado.**

Por vedação expressa do art. 29, parágrafo único, o pregão não se aplica às contratações de serviços técnicos especializados de natureza predominantemente intelectual e de obras e serviços de engenharia, exceto os **serviços comuns de engenharia** previstos na alínea *a* do inciso XXI do art. 6º da Lei n. 14.133/2021.

O pregão também pode ser utilizado para a contratação de leiloeiro oficial, usando-se necessariamente o critério de julgamento de maior desconto para as comissões a serem cobradas, tendo como parâmetro máximo os percentuais definidos na lei que regula a referida profissão e observados os valores dos bens a serem leiloados, conforme previsão expressa do art. 31, § 1º, da Lei n. 14.133/2021.

O agente condutor do pregão **será designado pregoeiro** e será auxiliado por uma equipe de apoio, devendo preencher todos os requisitos dos arts. 7º e 8º da Lei n. 14.133/2021.

O pregoeiro proferirá atos monocráticos (classificação ou desclassificação da proposta, habilitação ou inabilitação das empresas ou reconsideração de suas decisões), razão pela qual responderá individualmente pelos atos que praticar, salvo quando induzido a erro pela atuação da equipe de apoio, na forma do art. 8º, § 1º, da Lei n. 14.133/2021.

5.1.2. Concorrência

A **concorrência** é a modalidade de licitação para contratação de **bens e serviços especiais** e de **obras e serviços comuns e especiais de engenharia**, cujo critério de julgamento poderá ser: a) menor preço ou maior desconto; b) melhor técnica ou conteúdo artístico; c) técnica e preço; ou d) maior retorno econômico (art. 6º, XXXVIII, da Lei n. 14.133/2021). Os **serviços comuns de engenharia** poderão ser licitados tanto por **pregão** quanto por **concorrência**.

Assim como o pregão, seguirá o rito procedimental comum previsto no faseamento da próxima seção do capítulo (divulgação do edital, apresentação das propostas e lances, julgamento, habilitação, recursos e encerramento), conforme determinado no art. 29 da Lei n. 14.133/2021.

A concorrência, assim como o pregão, será realizada preferencialmente de forma eletrônica e, quando utilizados os critérios de julgamento menor preço ou maior desconto, obrigatoriamente terá oferta de lances.

Como regra, a concorrência será conduzida por agente de contratação, que será auxiliado por uma equipe de apoio e deve preencher os requisitos dos arts. 7º e 8º da Lei n. 14.133/2021.

Defendemos a possibilidade de a concorrência poder ser conduzida por comissão de contratação não só nas licitações para aquisição de bens e serviços especiais, mas também nos casos de obras e serviços de engenharia, conforme exposição realizada no tópico anterior, sobre os agentes públicos atuantes em licitações e contratos.

5.1.3. Concurso

O **Concurso** é a modalidade de licitação para escolha de **trabalho técnico, científico ou artístico**, cujo critério de julgamento será o de **melhor técnica ou conteúdo artístico**, e para concessão de prêmio ou remuneração ao vencedor (art. 6º, XXXIX, da Lei n. 14.133/2021).

O concurso observará as regras e condições previstas em edital, que deverá indicar a qualificação exigida dos participantes, as diretrizes e formas de apresentação do trabalho e as condições de realização e o prêmio ou remuneração a ser concedida ao vencedor.

Nos concursos destinados à elaboração de projeto, o vencedor deverá ceder à Administração Pública todos os direitos patrimoniais relativos ao projeto e autorizar sua execução conforme juízo de conveniência e oportunidade das autoridades competentes.

O concurso será julgado pela banca prevista no art. 37, II, da Lei n. 14.133/2021, a qual atribuirá notas a quesitos de natureza qualitativa de acordo com orientações e limites definidos em edital, considerados a demonstração de conhecimento do objeto, a metodologia e o programa de trabalho, a qualificação das equipes técnicas e a relação dos produtos que serão entregues.

Essa banca, de acordo com o § 1º do art. 37, terá no mínimo 3 (três) membros e poderá ser composta de servidores efetivos ou empregados públicos pertencentes aos quadros permanentes da Administração Pública ou de profissionais contratados por conhecimento técnico, experiência ou renome na avaliação dos quesitos especificados em edital, desde que seus trabalhos sejam supervisionados por agentes públicos que atendam aos requisitos do art. 7º da Lei n. 14.133/2021.

5.1.4. Leilão

O **Leilão** é a modalidade de licitação para alienação de bens imóveis ou de bens móveis inservíveis ou legalmente apreendidos a quem oferecer o maior lance (art. 6º, XL, da Lei n. 14.133/2021). O art. 31 da Lei n. 14.133/2021 mantém a possibilidade de o leilão ser cometido a leiloeiro oficial ou a servidor designado pela autoridade competente da Administração.

Se a Administração optar pela realização de leilão por intermédio de leiloeiro oficial, ela deverá selecioná-lo mediante credenciamento ou pregão e adotar o critério de julgamento de maior desconto para as comissões a serem cobradas, utilizando como parâmetro máximo os percentuais definidos na lei que regula a referida profissão e observados os valores dos bens a serem leiloados.

O Leilão deverá der precedido da divulgação do edital em sítio eletrônico oficial, que conterá, no mínimo, os requisitos do art. 31, § 2º, da Lei n. 14.133/2021, dentre eles a descrição do bem, com suas características, e, no caso de imóvel, sua situação e suas divisas, com remissão à matrícula e aos registros, bem como a especificação de eventuais ônus, gravames ou pendências existentes; o valor pelo qual o bem foi avaliado, o preço mínimo pelo qual poderá ser alienado, as condições de pagamento e, se for o caso, a comissão do leiloeiro designado; a indicação do lugar onde estiverem os móveis, os veículos e os semoventes; e o sítio da internet e o período em que ocorrerá o leilão, salvo se excepcionalmente for realizado sob a forma presencial por comprovada inviabilidade técnica ou desvantagem para a Administração, hipótese em que serão indicados o local, o dia e a hora de sua realização.

Quanto à divulgação, além da previsão de que o Edital fique disponível ao público por meio eletrônico oficial, o instrumento convocatório também deverá ser afixado em local de ampla circulação de pessoas na sede da Administração que está realizando o certame. Ademais, é possível que o Edital seja também divulgado por meios que se façam necessários à ampliação da publicidade e consequente competitividade da competição.

Importante ressaltar a desnecessidade, quanto ao leilão, de registro cadastral prévio. Tal modalidade licitatória não conta ainda com fase de habilitação, de forma que a homologação deverá ocorrer assim que terminada a fase de lances e concluída a fase recursal e procedido o pagamento pelo licitante vencedor, na forma a ser definida no Instrumento Convocatório.

Por fim, defendemos que o leilão é a modalidade cabível, à luz da Lei n. 14.133/2021, para as concessões administrativas de uso, bem como nas contratações que gerem receitas à Administração, a exemplo das licitações para a "folha de pagamento" dos servidores, fazendo-se uma interpretação abrangente do vocábulo "alienações" e ante a impossibilidade jurídica do emprego das demais modalidades, seja por sua destinação para objetos específicos, seja pela previsão de critérios de julgamento legalmente estabelecidos.

5.1.5. Diálogo competitivo

O diálogo competitivo é a modalidade de licitação para contratação de obras, serviços e compras em que a Administração Pública realiza diálogos com licitantes previamente selecionados mediante critérios objetivos, com o intuito de desenvolver uma ou mais alternativas capazes de atender às suas necessidades, devendo os licitantes apresentarem proposta final após o encerramento dos diálogos (art. 6º, XLII, da Lei n. 14.133/2021).

Trata-se essa nova modalidade licitatória de uma decorrência da releitura que se tem realizado do princípio da indisponibilidade do interesse público. No dizer de Aragão, conquanto "materializada de forma distinta, a consensualidade no âmbito licitatório abre margem para um diálogo entre o contratante estatal e os possíveis contratados particulares" com resultados bastante vantajosos para o interesse público. Aduz ainda que o diálogo competitivo, "figura há muito já consagrada no direito comparado, encontra-se justamente no âmbito desses procedimentos concorrenciais", os quais permitem negociação entre Poder Público contratante e particulares, além de coleta de informações destes para embasar uma melhor decisão administrativa[1].

O art. 32 restringe, entretanto, a utilização da modalidade, sendo utilizada apenas em algumas situações, como as contratações em que a Administração vise a contratar objeto que envolva inovação tecnológica ou técnica, em que

---

[1] ARAGÃO, Alexandre Santos de. O diálogo competitivo na nova Lei de licitações e contratos da administração pública. *Revista de Direito Administrativo*, Rio de Janeiro, v. 280, n. 3, p. 41-66, set./dez. 2021.

seja impossível o órgão ou entidade ter sua necessidade satisfeita sem a adaptação de soluções disponíveis no mercado e quando for impossível as especificações técnicas serem definidas com precisão suficiente pela Administração.

Também poderá ser utilizado o diálogo competitivo nas situações em que a Administração verifique a necessidade de definir e identificar os meios e as alternativas que possam satisfazer suas necessidades, com destaque a aspectos como a solução técnica mais adequada, os requisitos técnicos aptos a concretizar a solução já definida e a estrutura jurídica ou financeira do contrato.

Os trabalhos do diálogo competitivo serão desenvolvidos atendendo-se às seguintes disposições em sequência:

1º) A Administração apresentará, por ocasião da divulgação do edital em sítio eletrônico oficial, suas necessidades e as exigências já definidas e estabelecerá prazo mínimo de 25 dias úteis para manifestação de interesse de participação na licitação.

2º) Os critérios empregados para pré-seleção dos licitantes deverão ser previstos em edital, e serão admitidos todos os interessados que preencherem os requisitos objetivos estabelecidos.

3º) Selecionados os interessados que preencheram as condições previstas no edital, a administração iniciará a fase de diálogo. A divulgação de informações de modo discriminatório que possa implicar vantagem para algum licitante será vedada e a Administração não poderá revelar a outros licitantes as soluções propostas ou as informações sigilosas comunicadas por um licitante sem o seu consentimento. As reuniões com os licitantes pré-selecionados serão registradas em ata e gravadas mediante utilização de recursos tecnológicos de áudio e vídeo.

4º) A fase de diálogo poderá ser mantida até que a Administração, em decisão fundamentada, identifique a solução ou as soluções que atendam às suas necessidades. O edital poderá prever a realização de fases sucessivas, caso em que cada fase poderá restringir as soluções ou as propostas a serem discutidas.

5º) Assim que identificar a solução que atenda às suas necessidades, a Administração deverá declarar que o diálogo foi concluído, juntar aos autos do processo licitatório os registros e as gravações da fase de diálogo.

6º) Iniciar a fase competitiva, com a divulgação de edital contendo a especificação da solução que atenda às suas necessidades e os critérios objetivos a serem utilizados para seleção da proposta mais vantajosa e abrir prazo, não inferior a 60 (sessenta) dias úteis, para todos os licitantes que participaram da fase de diálogo apresentarem suas propostas, que deverão conter os elementos necessários para a realização do projeto. A Administração poderá solicitar esclarecimentos ou ajustes às propostas apresentadas, desde que não impliquem discriminação nem distorçam a concorrência entre as propostas.

7º) A Administração definirá a proposta vencedora de acordo com critérios divulgados no início da fase competitiva, assegurada a contratação mais vantajosa como resultado.

Essa é a sequência de atos que deverá ocorrer no diálogo competitivo, o qual necessariamente será conduzido por comissão de contratação composta de pelo menos três servidores efetivos ou empregados públicos pertencentes aos quadros permanentes da Administração, admitida a contratação de profissionais para assessoramento técnico da comissão, conforme expressamente previsto no art. 32, § 1º, XI, da Lei n. 14.133/2021.

5.2. Fases do processo licitatório

Ao tratar do processo licitatório, a Lei n. 14.133/2021 condensa as fases da licitação já consagradas no pregão e no RDC, prevendo, no art. 17, que serão observadas as seguintes fases, em sequência: 1ª) preparatória; 2ª) de divulgação do edital de licitação; 3ª) de apresentação de propostas e lances, quando for o caso; 4ª) de julgamento; 5ª) de habilitação; 6ª) recursal; e 7ª) de encerramento.

Assim como já ocorria no RDC, a inversão de fases se transformou na regra, sendo que, excepcionalmente, como prevê o art. 17, § 1º, da Lei n. 14.133/2021 a fase de habilitação poderá, mediante ato motivado com explicitação dos benefícios decorrentes, anteceder as fases de apresentação de propostas e lances e a de julgamento, desde que expressamente previsto no edital de licitação.

5.2.1. A fase preparatória

A partir do art. 18 da Lei n. 14.133/2021, é trabalhada a fase preparatória, na prática, também chamada de fase interna da licitação. Esta é caracterizada pelo planejamento e deve compatibilizar-se com o plano de contratações anual, sempre que elaborado, e com as leis orçamentárias, bem como abordar todas as considerações técnicas, mercadológicas e de gestão que podem interferir na contratação.

Assim, na fase preparatória são elaborados os denominados artefatos, a exemplo do plano de contratações anual, o documento de formalização da demanda, o estudo técnico preliminar, a pesquisa de preços e o mapa de riscos que os acompanharão, o termo de referência, o anteprojeto (quando cabível), o projeto básico e o projeto executivo, conforme será demonstrado a seguir.

5.2.1.1. O Plano de Contratações Anual

Nesta fase, é elaborado o Plano de Contratações Anual (PCA), artefato que condensa as necessidades históricas da Administração, que vai auxiliar a definir suas demandas ordinárias e frequentes[2].

---

[2] A elaboração do PCA é uma demanda histórica do TCU, sendo digno de nota o Acórdão n. 1046/2009 – Segunda Câmara, o qual já enfatizava que "o administrador público deve

O PCA é elaborado a partir de Documentos de Formalização de Demandas (DFD), pelos órgãos responsáveis pelo planejamento de cada ente federativo, com o objetivo de racionalizar suas contratações, garantir o alinhamento com o seu planejamento estratégico e subsidiar a elaboração das respectivas leis orçamentárias.

Muito tem se discutido acerca da obrigatoriedade ou não de sua elaboração. Nesse sentido, importantes as reflexões trazidas em artigo publicado em 11 de junho de 2024, por Felipe Dalenogare Alves e Paulo Alves, elucidando-se as razões pelas quais o PCA é indispensável, o qual recomendamos a leitura[3].

Precisamos analisar a razão de existir e a dispensabilidade ou não da elaboração do Plano de Contratações Anual pela Administração Pública, à luz da Lei n. 14.133/2021, a qual, é necessário dizermos, não apenas contempla normas mecanizadas de execução das licitações e contratações públicas, mas mandamentos de governança, que impõem medidas objetivas a serem efetivadas pelos órgãos e entidades em seu agir administrativo[4].

Ao se analisar as disposições que tratam dessa ferramenta (o PCA) temos que *"a partir de documentos de formalização de demandas, os órgãos responsáveis pelo planejamento de cada ente federativo* **poderão***, na forma de regulamento, elaborar* **plano de contratações anual***, com o objetivo de racionalizar as contratações dos órgãos e entidades sob sua competência, garantir o alinhamento com o seu planejamento estratégico e subsidiar a elaboração das respectivas leis orçamentárias"* (art. 12, VII, da Lei n. 14.133/2021). Este PCA, por determinação do § 1º desse artigo, *"deverá ser divulgado e mantido à disposição do público em sítio eletrônico oficial e* **será observado** *pelo ente federativo na realização de licitações e na execução dos contratos"*[5].

De igual modo, o art. 18 da Lei n. 14.133/2021 estabelece que *"A fase preparatória do processo licitatório é caracterizada pelo planejamento e* **deve** *compatibilizar-se com o* **plano de contratações anual** *de que trata o inciso VII do* caput *do art. 12 desta Lei,* **sempre que elaborado***, e com as leis orça-*

---

realizar planejamento anual para compras, a fim de evitar o fracionamento irregular de despesa e a fuga ao procedimento licitatório adequado".

[3] ALVES, Felipe Dalenogare; ALVES, Paulo. A elaboração do Plano de Contratações Anual (PCA) como dever de Governança imposto à Administração Pública na Lei n. 14.133/2021. In: *Portal Sollicita*, coluna Falando de Governança, 11 jun. 2024. Disponível em: https://portal.sollicita.com.br/Noticia/21423. Acesso em: 22 jun. 2024.
[4] ALVES, Felipe Dalenogare; ALVES, Paulo. A elaboração do Plano de Contratações Anual (PCA) como dever de Governança imposto à Administração Pública na Lei n. 14.133/2021. In: *Portal Sollicita*, coluna Falando de Governança, 11 jun. 2024. Disponível em: https://portal.sollicita.com.br/Noticia/21423. Acesso em: 22 jun. 2024.
[5] ALVES, Felipe Dalenogare; ALVES, Paulo. A elaboração do Plano de Contratações Anual (PCA) como dever de Governança imposto à Administração Pública na Lei n. 14.133/2021. In: *Portal Sollicita*, coluna Falando de Governança, 11 jun. 2024. Disponível em: https://portal.sollicita.com.br/Noticia/21423. Acesso em: 22 jun. 2024.

mentárias, bem como abordar todas as considerações técnicas, mercadológicas e de gestão que podem interferir na contratação"[6].

Com redação muito próxima, o inciso II, § 1º, do art. 18 dessa Lei, determina que o Estudo Técnico Preliminar – ETP deve conter a *"demonstração da previsão da contratação* **no plano de contratações anual**, **sempre que elaborado**, *de modo a indicar o seu alinhamento com o planejamento da Administração"*[7].

Em uma primeira análise literal, considerando-se os postulados do Direito Administrativo, ensinados desde seus primórdios nos bancos escolares, o leitor da norma afirmará que a elaboração do PCA é discricionária. Essa concepção decorre do emprego das expressões "**poderão**" e "**sempre que elaborado**"[8].

No entanto, esses termos não se encontram isolados, sendo imprescindível investigar seu contexto na "inteireza da norma" e sob os imperativos de governança, razão pela qual é necessário aprofundar o olhar ao parágrafo único do art. 11 da Lei n. 14.133/2021[9].

Esse dispositivo determina que: *"A alta administração do órgão ou entidade* **é responsável pela governança** *das contratações e* **deve** *implementar processos e estruturas, inclusive de gestão de riscos e controles internos, para avaliar, direcionar e monitorar os processos licitatórios e os respectivos contratos, com o intuito de alcançar os objetivos estabelecidos no* caput *deste artigo, promover um ambiente íntegro e confiável,* **assegurar o alinhamento das contratações ao planejamento estratégico e às leis orçamentárias** *e promover eficiência, efetividade e eficácia em suas contratações"*[10].

Veja que há um **dever** imposto à alta administração de assegurar o alinhamento das contratações ao planejamento estratégico e às leis orçamentá-

---

[6] ALVES, Felipe Dalenogare; ALVES, Paulo. A elaboração do Plano de Contratações Anual (PCA) como dever de Governança imposto à Administração Pública na Lei n. 14.133/2021. In: *Portal Sollicita*, coluna Falando de Governança, 11 jun. 2024. Disponível em: https://portal.sollicita.com.br/Noticia/21423. Acesso em: 22 jun. 2024.

[7] ALVES, Felipe Dalenogare; ALVES, Paulo. A elaboração do Plano de Contratações Anual (PCA) como dever de Governança imposto à Administração Pública na Lei n. 14.133/2021. In: *Portal Sollicita*, coluna Falando de Governança, 11 jun. 2024. Disponível em: https://portal.sollicita.com.br/Noticia/21423. Acesso em: 22 jun. 2024.

[8] ALVES, Felipe Dalenogare; ALVES, Paulo. A elaboração do Plano de Contratações Anual (PCA) como dever de Governança imposto à Administração Pública na Lei n. 14.133/2021. In: *Portal Sollicita*, coluna Falando de Governança, 11 jun. 2024. Disponível em: https://portal.sollicita.com.br/Noticia/21423. Acesso em: 22 jun. 2024.

[9] ALVES, Felipe Dalenogare; ALVES, Paulo. A elaboração do Plano de Contratações Anual (PCA) como dever de Governança imposto à Administração Pública na Lei n. 14.133/2021. In: *Portal Sollicita*, coluna Falando de Governança, 11 jun. 2024. Disponível em: https://portal.sollicita.com.br/Noticia/21423. Acesso em: 22 jun. 2024.

[10] ALVES, Felipe Dalenogare; ALVES, Paulo. A elaboração do Plano de Contratações Anual (PCA) como dever de Governança imposto à Administração Pública na Lei n. 14.133/2021. In: *Portal Sollicita*, coluna Falando de Governança, 11 jun. 2024. Disponível em: https://portal.sollicita.com.br/Noticia/21423. Acesso em: 22 jun. 2024.

rias decorrentes desse parágrafo único do art. 11 da Lei n. 14.133/2021. Esse mesmo dever é imposto pelo *caput* do art. 18, já transcrito acima.

Como realizar o alinhamento das contratações ao planejamento estratégico e às leis orçamentárias? Na prática, podemos batizar a ferramenta com qualquer outro nome, mas nos parece claro que será com o Plano de Contratações Anual. Isso fica claro ao se buscar o propósito do PCA, desenhado no inciso VII do art. 12, o qual tem o *"objetivo de racionalizar as contratações dos órgãos e entidades sob sua competência,* **garantir o alinhamento com o seu planejamento estratégico e subsidiar a elaboração das respectivas leis orçamentárias"**[11].

Temos, por conseguinte, duas premissas: **primeira**, que é dever da Administração Pública alinhar suas contratações ao planejamento estratégico e às leis orçamentárias (art. 11, parágrafo único); **segunda**, que o PCA é a ferramenta que instrumentalizará essa determinação (art. 12, VII)[12].

Assim, diante das duas premissas apresentadas acima, faz-se a seguinte pergunta: se o alinhamento das contratações ao planejamento estratégico e às leis orçamentárias é um dever da Administração e, ao mesmo tempo, a principal função do PCA é promover este ajustamento, seria ele facultativo? Nos parece que não[13].

Defendemos que a elaboração dessa ferramenta de governança é dever da Administração e que a interpretação literal, isoladamente, das expressões típicas da discricionariedade (já apresentadas acima) não é capaz de afastá-lo[14].

A elaboração do PCA é impositiva à Administração e este constitui-se um indicativo, não apenas a ela, mas também ao mercado (fornecedor), que tomará conhecimento das suas expectativas, podendo, inclusive, se preparar (do ponto de vista logístico) para suas futuras e eventuais necessidades[15].

---

[11] ALVES, Felipe Dalenogare; ALVES, Paulo. A elaboração do Plano de Contratações Anual (PCA) como dever de Governança imposto à Administração Pública na Lei n. 14.133/2021. In: *Portal Sollicita*, coluna Falando de Governança, 11 jun. 2024. Disponível em: https://portal.sollicita.com.br/Noticia/21423. Acesso em: 22 jun. 2024.

[12] ALVES, Felipe Dalenogare; ALVES, Paulo. A elaboração do Plano de Contratações Anual (PCA) como dever de Governança imposto à Administração Pública na Lei n. 14.133/2021. In: *Portal Sollicita*, coluna Falando de Governança, 11 jun. 2024. Disponível em: https://portal.sollicita.com.br/Noticia/21423. Acesso em: 22 jun. 2024.

[13] ALVES, Felipe Dalenogare; ALVES, Paulo. A elaboração do Plano de Contratações Anual (PCA) como dever de Governança imposto à Administração Pública na Lei n. 14.133/2021. In: *Portal Sollicita*, coluna Falando de Governança, 11 jun. 2024. Disponível em: https://portal.sollicita.com.br/Noticia/21423. Acesso em: 22 jun. 2024.

[14] ALVES, Felipe Dalenogare; ALVES, Paulo. A elaboração do Plano de Contratações Anual (PCA) como dever de Governança imposto à Administração Pública na Lei n. 14.133/2021. In: *Portal Sollicita*, coluna Falando de Governança, 11 jun. 2024. Disponível em: https://portal.sollicita.com.br/Noticia/21423. Acesso em: 22 jun. 2024.

[15] ALVES, Felipe Dalenogare; ALVES, Paulo. A elaboração do Plano de Contratações Anual (PCA) como dever de Governança imposto à Administração Pública na Lei n. 14.133/2021.

Por outro lado, entendemos ser necessário, para naturalizar essa elaboração, transpormos algumas barreiras, dentre as quais, a ideia de que esse instrumento é vinculante ou imutável. Obviamente que é desejável que a Administração contemple a expectativa real de sua futura necessidade, pois isso está atrelado ao próprio planejamento. Entretanto, sabemos que eventuais ajustes podem ser realizados durante a execução do PCA (elaborado no ano anterior), principalmente em virtude de fatores supervenientes e imprevisíveis[16].

A indispensabilidade da elaboração do PCA não se confunde, portanto, com imutabilidade. Em outras palavras: a Administração tem um dever objetivo de elaborá-lo, mas não está obrigada, incondicionalmente, a segui-lo, assim como proibida de alterá-lo, mediante razões de fato e de direito que devem ser expostas claramente (motivação)[17].

Diante disso, temos que o emprego das expressões "poderão" e "sempre que elaborados", ao se referir ao Plano de Contratações Anual na Lei n. 14.133/2021, embora tenha sido uma opção adotada pelo legislador no processo de elaboração da norma, quando interpretadas sistematicamente no conjunto normativo, especialmente com os arts. 11, parágrafo único, e 12, VII, não são capazes de afastar a necessidade de sua elaboração[18].

No âmbito federal, o PCA é regulamentado pelo Decreto n. 10.947/2022, o qual determina sua elaboração no âmbito da Administração Direta e Indireta, exceto às Forças Armadas[19]. Este regulamento é importante parâmetro à elaboração do artefato pelos demais Entes federativos.

5.2.1.2. *O Documento de Formalização da Demanda*

As demandas da Administração são oficializadas através do Documento de Formalização da Demanda – DFD, também conhecido como requisição ou

---

In: *Portal Sollicita*, coluna Falando de Governança, 11 jun. 2024. Disponível em: https://portal.sollicita.com.br/Noticia/21423. Acesso em: 22 jun. 2024.

[16] ALVES, Felipe Dalenogare; ALVES, Paulo. A elaboração do Plano de Contratações Anual (PCA) como dever de Governança imposto à Administração Pública na Lei n. 14.133/2021. In: *Portal Sollicita*, coluna Falando de Governança, 11 jun. 2024. Disponível em: https://portal.sollicita.com.br/Noticia/21423. Acesso em: 22 jun. 2024.

[17] ALVES, Felipe Dalenogare; ALVES, Paulo. A elaboração do Plano de Contratações Anual (PCA) como dever de Governança imposto à Administração Pública na Lei n. 14.133/2021. In: *Portal Sollicita*, coluna Falando de Governança, 11 jun. 2024. Disponível em: https://portal.sollicita.com.br/Noticia/21423. Acesso em: 22 jun. 2024.

[18] ALVES, Felipe Dalenogare; ALVES, Paulo. A elaboração do Plano de Contratações Anual (PCA) como dever de Governança imposto à Administração Pública na Lei n. 14.133/2021. In: *Portal Sollicita*, coluna Falando de Governança, 11 jun. 2024. Disponível em: https://portal.sollicita.com.br/Noticia/21423. Acesso em: 22 jun. 2024.

[19] Compreendemos que o Decreto, ao dispensar os Comandos das Forças Armadas de elaborar o PCA, ao menos para as aquisições ordinárias, se desvirtua dos propósitos acima, que levam à indispensabilidade da elaboração do PCA.

pedido[20]. Este documento deverá conter a especificação da necessidade, bem como um despacho autorizando-se a instauração do processo administrativo de contratação, sendo o primeiro artefato de instrução do processo.

É a partir do DFD que será designado o agente ou equipe responsável pela elaboração do Estudo Técnico Preliminar e da pesquisa de preços (agente ou equipe de planejamento). No âmbito federal, a Instrução Normativa (IN) SEGES n. 58/2022 determina que seja uma equipe (equipe de planejamento). No âmbito local, entendemos que a regulamentação pode estabelecer que os artefatos sejam elaborados por uma equipe ou, na indisponibilidade de recursos humanos, por um agente de forma monocrática.

Torna-se importante ressaltar que, quem requisita não poderá integrar a comissão de contratação ou ser o agente de contratação (ou pregoeiro), sob pena de infração ao princípio da segregação de funções, conforme entendimento manifestado pelo TCU no Acórdão n. 4227, Primeira Câmara, de 6 de junho de 2017, de relatoria do Min. Walton Alencar Rodrigues.

5.2.1.3. O Estudo Técnico Preliminar

Autorizada a instauração do processo administrativo, mediante despacho ao DFD, deverá ser designada **a equipe (ou agente) de planejamento da contratação**[21], responsável pela elaboração do Estudo Técnico Preliminar – ETP, instrumento por meio do qual a Administração vai definir a melhor alternativa (solução) a suprir sua necessidade (caracterizando o interesse público envolvido)[22], bem como a forma de contratação (se ocorrerá por contratação direta, se ocorrerá licitação, se será por intermédio de um procedimento auxiliar, a exemplo do registro de preços ou do credenciamento).

O conteúdo mínimo do ETP foi estabelecido no § 1º do art. 18 da Lei n. 14.133/2021. É necessário compreender que, por se tratar de um documento que consolida os estudos técnicos preliminares, a Administração não está restrita ao conteúdo exemplificativamente enumerado nesse dispositivo, o qual contempla:

a) a descrição da necessidade da contratação, considerado o problema a ser resolvido sob a perspectiva do interesse público, coadunando-se com o documento de formalização da demanda (item obrigatório);

---

[20] O art. 3º, III, da IN n. 81/2022, estabelece que o requisitante é o **agente** ou **unidade** responsável por identificar a necessidade de contratação de bens, serviços e obras e requerê-la.

[21] O art. 3º, V, da IN n. 81/2022, conceitua a equipe de planejamento da contratação como o "conjunto de agentes que reúnem as competências necessárias à completa execução das etapas de planejamento da contratação, o que inclui conhecimentos sobre aspectos técnico-operacionais e de uso do objeto, licitações e contratos, dentre outros".

[22] Apenas a título exemplificativo, o art. 44 da Lei n. 14.133/2021 determina que, quando houver possibilidade de compra ou aluguel, a Administração deverá evidenciar, no ETP, a melhor alternativa (se comprar ou alugar).

b) a demonstração da previsão da contratação no Plano de Contratações Anual (PCA), de modo a indicar o seu alinhamento com o planejamento da Administração. Caso não esteja previsto no PCA, deverá ser demonstrada a justificativa da excepcionalidade[23] (item dispensável, mediante motivação adequada);

c) os requisitos da contratação, consistindo naqueles que a futura contratada deverá atender, como os parâmetros mínimos de qualidade para obter-se o resultado de contratação mais vantajoso. Para tanto, a Administração deverá estabelecer aqueles que sejam necessários e adequados (suficientes), ou seja, proporcionais. Assim, de um lado, se exigir requisitos desnecessários, poderá restringir a competição; de outro, se forem insuficientes, poderá não obter uma contratação eficaz, não atendendo a necessidade pública que a gerou. Quanto aos requisitos de qualificação técnica e econômica, a Administração deve atentar à parte final do art. 37, XXI, da CF/88, cingindo-se aos "indispensáveis à garantia do cumprimento das obrigações" (item dispensável, mediante motivação adequada);

d) a estimativa das quantidades, acompanhada das memórias de cálculo e dos documentos que lhes dão suporte, que considerem interdependências com outras contratações, de modo a possibilitar economia de escala. Sobre este aspecto, é importante a centralização das demandas, de forma que possam ser atendidas com a racionalização dos procedimentos. Dito de modo exemplificativo, veja-se que não é coerente gerar um processo de contratação para cada necessidade de material escrevente que surja em cada repartição do órgão ou entidade. Do contrário, teríamos a instauração de uma multiplicidade de processos licitatórios para o mesmo objeto (item obrigatório);

e) o levantamento de mercado, que consiste na análise das alternativas possíveis e a justificativa técnica e econômica da definição do tipo de solução a ser contratada. Defendemos que o ETP deve empregar o método dedutivo de investigação e não o indutivo. Significa dizer que, para solucionar o problema, a Administração deverá analisar e testar as hipóteses possíveis, demonstrando, ao final, qual é a adequada à resolução da demanda. Por sua vez, quando utiliza o método indutivo, a Administração parte de uma premissa (solução pré-definida), construindo a argumentação no sentido de demonstrar que aquela é a única solução ao seu problema. O risco associado à utilização da indução é o direcionamento da contratação (item dispensável, mediante motivação adequada);

f) a estimativa do valor da contratação, acompanhada dos preços unitários referenciais, das memórias de cálculo e dos documentos que lhes dão

---

[23] Acerca da indispensabilidade de elaboração do Plano de Contratações Anual, ver: ALVES, Felipe Dalenogare; ALVES, Paulo. A elaboração do Plano de Contratações Anual (PCA) como dever de Governança imposto à Administração Pública na Lei n. 14.133/2021. In: *Portal Sollicita*. Coluna Falando de Governança, de 11 jun. 2024. Disponível em: https://portal.sollicita.com.br/Noticia/21423/a-elabora%C3%A7%C3%A3o-do-plano-de-contrata%C3%A7%C3%B5es-anual-(pca). Acesso em: 31 jul. 2024.

suporte, que poderão constar de anexo classificado, se a Administração optar por preservar o seu sigilo até a conclusão da licitação[24]. Entendemos que, nesta fase preliminar, a estimativa do valor não se confunde com a pesquisa de preços (realizada em momento posterior e atualizada quantas vezes necessárias, a fim de obter o valor de referência mercadológico). Assim, compreendemos que pode ser realizada com simples aferições, como a consulta de valores a sítios de fornecedores[25] (item obrigatório);

g) a descrição da solução como um todo, inclusive das exigências relacionadas à manutenção e à assistência técnica, quando for o caso. Assim, após a realização dos estudos e a definição da solução, esta deverá ser descrita no ETP, a fim de dar base ao seu detalhamento, que será realizado no termo de referência ou no projeto básico (item dispensável, mediante motivação adequada);

h) as justificativas para o parcelamento ou não da contratação. O ETP deverá evidenciar a vantajosidade técnica e econômica para o parcelamento da contratação, o qual não deve ser adotado quando a economia de escala, a redução de custos de gestão de contratos ou a maior vantagem na contratação recomendar a compra do item do mesmo fornecedor; o objeto a ser contratado configurar sistema único e integrado e houver a possibilidade de risco ao conjunto do objeto pretendido; ou o processo de padronização ou de escolha de marca levar a fornecedor exclusivo (item obrigatório);

i) o demonstrativo dos resultados pretendidos em termos de economicidade e de melhor aproveitamento dos recursos humanos, materiais e financeiros disponíveis, ou seja, os benefícios diretos e indiretos almejados com a contratação, demonstrando-se o quanto ela é indispensável para a eficiência ou eficácia do órgão ou entidade e o quanto ela otimizará os recursos disponíveis atualmente, melhorando a qualidade dos serviços prestados à sociedade (item dispensável, mediante motivação adequada);

j) as providências a serem adotadas pela Administração previamente à celebração do contrato, inclusive quanto à capacitação de servidores ou de empregados à fiscalização e gestão contratual. Significa dizer que o ETP deve apontar os impactos que a contratação irá gerar no ambiente atual, a fim de que a Administração se prepare para recebê-la. Como exemplo, é possível vislumbrar a necessidade de adaptação de redes de energia, de espaço físico, promoção de desapropriações etc. (item dispensável, mediante motivação adequada);

k) as contratações correlatas e/ou interdependentes, sendo aquelas necessárias à total e perfeita fruição da solução contratada. Como exemplo,

---

[24] É importante destacar que o sigilo não prevalecerá para os órgãos de controle interno e externo, conforme previsto expressamente no art. 24, I, da Lei n. 14.133/2021.

[25] Na esteira do Enunciado n. 3 do Instituto Nacional da Contratação Pública, entendemos que "A estimativa do valor da contratação constante do Estudo Técnico Preliminar, que está relacionada à escolha da solução do que a definição de um preço de referência, não precisa seguir estritamente todas as regras definidas pelo art. 23 da Lei n. 14.133/2021, permitindo-do a opção por aferições mais simples, quando cabível".

imagine a aquisição de um veículo oficial, sem a correspondente contratação de seguro veicular. Ocorreria um atraso na fruição do objeto principal, aguardando-se o trâmite de todo o processo necessário à contratação do objeto agregado (item dispensável, mediante motivação adequada);

l) a descrição de possíveis impactos ambientais e respectivas medidas mitigadoras, incluídos requisitos de baixo consumo de energia e de outros recursos, bem como logística reversa para desfazimento e reciclagem de bens e refugos, quando aplicável. Aqui, devem ser analisados todos os quesitos relacionados ao prisma ambiental do princípio da sustentabilidade, bem como a responsabilidade pela obtenção do correspondente licenciamento ambiental, quando legalmente previsto (item dispensável, mediante motivação adequada); e

m) o posicionamento conclusivo sobre a adequação da contratação para o atendimento da necessidade a que se destina, com a motivação técnica e econômica da solução definida, demonstrando-se as razões que a levam ser a melhor a atender o interesse público (item obrigatório).

Entendemos que, nos processos de licitação, a elaboração do ETP é obrigatória, por força do art. 18 da Lei n. 14.133/2021[26]. No entanto, nos processos de contratação direta, é possível que haja sua dispensa, conforme se percebe na parte final do art. 72, I, ao estabelecer que, **se for o caso**, o processo será instruído com estudo técnico preliminar, análise de riscos, termo de referência, projeto básico ou projeto executivo.

Não obstante haja essa possibilidade legal, nos perguntamos: como serão definidos os requisitos da contratação? Como serão analisadas as possíveis alternativas disponíveis no mercado, que podem atender à necessidade administrativa? Como a Administração chegou à conclusão de que, efetivamente, a contratação direta é o meio adequado a resultar na contratação?

Nos parece, portanto, que, mesmo nas situações de contratação direta, o ETP deve existir, ainda que de forma sumária, com a finalidade de analisar, no mínimo, os elementos apontados no parágrafo acima. Optando o administrador, casuisticamente, em não o elaborar, torna-se indispensável que junte aos autos do processo a motivação adequada à sua dispensa.

No âmbito federal, optou-se por pré-definir os casos em que o ETP será facultativo ou dispensado[27]. Entendemos, porém, que as situações de não ela-

---

[26] A respeito da obrigatoriedade da elaboração do ETP nos processos licitatórios, ver: ALVES, Felipe Dalenogare. *Dura lex sed lex*: três pontos da Lei n. 14.133/2021 com os quais é possível não concordar, mas necessário cumprir. In: *Portal Migalhas*, coluna Migalhas de Peso, de 26 de abril de 2023. Disponível em: https://www.migalhas.com.br/depeso/385429/tres-pontos-da-lei-14-133-21-que-e-necessario-cumprir. Acesso em: 1º ago. 2023.

[27] A Instrução Normativa SEGES n. 58, de 8 de agosto de 2022, em seu art. 14, estabelece que a elaboração do ETP: é facultada nas hipóteses dos incisos I, II, VII e VIII do art. 75 e do § 7. do art. 90 da Lei n. 14.133, de 2021 (inciso I) e dispensada na hipótese do inciso III do art. 75 da Lei n. 14.133, de 2021, e nos casos de prorrogações dos contratos de serviços e fornecimentos contínuos (inciso II).

boração, na contratação direta, devem ser analisadas *in concreto*, levando-se em consideração as peculiaridades de cada caso e não serem pré-definidas em regulamentação, de modo geral abstrato.

Construído o ETP conclusivo quanto à melhor alternativa para atender a necessidade administrativa, deverão ser elaborados a pesquisa de preços, que será executada em conformidade com o art. 23 da Lei n. 14.133/2021, e o mapa de riscos, o qual deverá prever aqueles inerentes à licitação (como a possibilidade de uma licitação deserta ou frustrada) e à gestão contratual (a exemplo da inexecução contratual por insuficiência financeira da contratada), na forma do art. 18, X, da Lei n. 14.133/2021.

Por fim, é importante ressaltarmos a importância da divulgação do ETP juntamente ao edital, com o propósito de conferir a máxima eficácia aos princípios da publicidade e da transparência. É com a divulgação do artefato que a sociedade poderá realizar o controle social, inclusive analisando eventual direcionamento na solução escolhida, antes mesmo da realização da seleção do fornecedor[28].

5.2.1.4. A pesquisa de preços

Um dos elementos essenciais do Estudo Técnico Preliminar, que sempre deverá ser elaborado (art. 18, § 1º, VI c/c art. 18, § 2º, da Lei n. 14.133/2021) é **o orçamento estimado da contratação**. Nos processos de contratação direta em que não for elaborado o ETP, deverá ser realizado em apartado e juntado aos respectivos autos, conforme determina o art. 72, II e VII, dessa Lei.

O valor previamente estimado da contratação deverá ser **compatível com os valores praticados pelo mercado**, conforme determina o art. 23 da Lei n. 14.133/2021, considerados os preços constantes de **bancos de dados públicos** e as **quantidades a serem contratadas**, observadas a **potencial economia de escala** e as **peculiaridades do local de execução do objeto**.

Assim, para a aquisição de bens e contratação de serviços em geral, o valor estimado será definido com base no melhor preço aferido por meio da utilização dos parâmetros abaixo, adotados **de forma combinada ou não**:

a) composição de custos unitários menores ou iguais à mediana do item correspondente no painel para consulta de preços[29] ou no banco de preços em saúde disponíveis no Portal Nacional de Contratações Públicas (PNCP);

---

[28] Corrobora nosso entendimento o Tribunal de Contas da União que, em 24 de julho de 2024, ao proferir o Acórdão 1463/2024 – Plenário, de relatoria do Min. Augusto Nardes, reiterou o entendimento da Corte, no sentido de que a mera disponibilização do ETP nos autos do processo, sem a correspondente publicização juntamente com o edital, não atende o princípio da publicidade.

[29] Conforme o art. 23, § 3º, da Lei n. 14.133/2021, nas contratações realizadas por Municípios, Estados e Distrito Federal, desde que não envolvam recursos da União, o valor previamente estimado da contratação poderá ser definido por meio da utilização de outros sistemas de custos adotados pelo respectivo ente federativo.

b) contratações similares feitas pela Administração Pública, em execução ou concluídas no período de 1 ano anterior à data da pesquisa de preços, inclusive mediante sistema de registro de preços, observado o índice de atualização de preços correspondente;

c) utilização de dados de pesquisa publicada em mídia especializada, de tabela de referência formalmente aprovada pelo Poder Executivo federal e de sítios eletrônicos especializados ou de domínio amplo, desde que contenham a data e hora de acesso;

d) pesquisa direta com no mínimo 3 fornecedores, mediante solicitação formal de cotação, desde que seja apresentada justificativa da escolha desses fornecedores e que não tenham sido obtidos os orçamentos com mais de 6 meses de antecedência da data de divulgação do edital; e

e) pesquisa na base nacional de notas fiscais eletrônicas, na forma de regulamento.

Veja-se que o próprio art. 23 expressa que as **peculiaridades do local de execução do objeto** devem ser levadas em consideração. Assim, se efetivamente a **pesquisa direta** (letra "d") for a única forma de expressar a **realidade do valor praticado no mercado**, entendemos que o administrador poderá utilizá-la de forma isolada, com a devida fundamentação, demonstrando-se a incompatibilidade da utilização dos demais meios, principalmente ante a experiências frustradas anteriores.

Importante ressaltar o entendimento que vem sendo consagrado pelo TCU, acerca da necessidade de ampla pesquisa de preços, de forma a priorizar-se consultas em portais de compras públicos, e apenas de forma subsidiária a pesquisa direta com fornecedores, no caso de renovação de contratos de prestação de serviços de natureza contínua[30].

Já, no processo licitatório para contratação de obras e serviços de engenharia, conforme determina o art. 23, § 2º, da Lei n. 14.133/2021, o valor estimado, acrescido do percentual de Benefícios e Despesas Indiretas (BDI) de referência e dos Encargos Sociais (ES) cabíveis[31], será definido por meio da utilização de parâmetros **na seguinte ordem**:

1ª) composição de custos unitários menores ou iguais à mediana do item correspondente do Sistema de Custos Referenciais de Obras (Sicro), para serviços e obras de infraestrutura de transportes, ou do Sistema Nacional de Pesquisa de Custos e Índices de Construção Civil (Sinapi), para as demais obras e serviços de engenharia;

2ª) utilização de dados de pesquisa publicada em mídia especializada, de tabela de referência formalmente aprovada pelo Poder Executivo federal e

---

[30] BRASIL, Tribunal de Contas da União. *Acórdãos 713/2019, 1548/2018, 1604/2017, 718/2018 e 2787/2017, 403/2013, 1002/2015* – Plenário" (grifos nossos) (BRASIL. Tribunal de Contas da União. *Relatório de Auditoria (RA)*. Processo n. 019.523/2017-3. Acórdão n. 1.464/2019 – Plenário. Rel. Min. Walton Alencar Rodrigues. Data da sessão: 26 jun. 2019).

[31] Importante mencionar que a Súmula n. 258 do TCU já determinava que o BDI e os Encargos Sociais já deviam integrar o orçamento estimado da Administração, devendo constar

de sítios eletrônicos especializados ou de domínio amplo, desde que contenham a data e a hora de acesso;

3ª) contratações similares feitas pela Administração Pública, em execução ou concluídas no período de 1 ano anterior à data da pesquisa de preços, observado o índice de atualização de preços correspondente; e

4ª) pesquisa na base nacional de notas fiscais eletrônicas, na forma de regulamento.

Nas contratações diretas por inexigibilidade ou por dispensa, quando não for possível estimar o valor do objeto através de pesquisa de preços, o contratado deverá comprovar previamente que os preços estão em conformidade com os praticados em contratações semelhantes de objetos de mesma natureza, por meio da apresentação de notas fiscais emitidas para outros contratantes no período de até 1 ano anterior à data da contratação pela Administração, ou por outro meio idôneo.

Essa situação é comum, por exemplo, na contratação, por inexigibilidade de licitação, de profissionais do setor artístico, caso em que é inviável comparar o preço praticado entre profissionais diferentes. Assim, o preço praticado deve ser compatível com seus preços praticados em situações semelhantes[32].

A Lei n. 14.133/2021, em seu art. 24, passou a contemplar, em norma geral, a possibilidade de **imposição de sigilo ao orçamento estimado**[33]. Assim, desde que haja justificativa, a ser expressa no ETP, ele poderá ter caráter sigiloso, exceto aos órgãos de controle interno e externo e sem prejuízo da divulgação do detalhamento dos quantitativos[34] e das demais informações necessárias para a elaboração das propostas. Tal possibilidade adentrou o ordenamento jurídico brasileiro com a Lei n. 12.462, de 4 de agosto de 2011 (RDC), que incluiu explicitamente a possibilidade de manter o orçamento estimado para a contratação em sigilo, "sem prejuízo da divulgação dos detalhes

---

dos anexos do edital de licitação e das propostas dos licitantes, não podendo ser indicados mediante uso da expressão "verba" ou de unidades genéricas.

[32] Tendo em vista que a divulgação dos instrumentos à contratação de profissional do setor artístico por inexigibilidade deverá identificar, por determinação expressa do art. 94, § 2º, da Lei n. 14.133/2021, os custos do cachê do artista, dos músicos ou da banda, quando houver, do transporte, da hospedagem, da infraestrutura, da logística do evento e das demais despesas específicas, é relevante que o próprio orçamento estimado já contenha essa discriminação.

[33] O parágrafo único do art. 24 ressalva, no entanto, que, quando utilizado o critério de julgamento por maior desconto, o preço estimado ou o máximo aceitável deverá constar no edital da licitação.

[34] A Súmula n. 177 do TCU estipula que "A definição precisa e suficiente do objeto licitado constitui regra indispensável da competição, até mesmo como pressuposto do postulado da igualdade entre os licitantes, do qual é subsidiário o princípio da publicidade, que envolve o conhecimento, pelos concorrentes potenciais das condições básicas da licitação, constituindo, na hipótese particular da licitação para compra, a quantidade demandada uma das especificações mínimas e essenciais à definição do objeto do pregão".

dos quantitativos e outras informações necessárias para a elaboração das propostas"[35], o que foi sobejamente elogiado por Di Pietro: "essa medida é ótima. No Decreto-lei n. 2.300 não havia a exigência de divulgação do orçamento estimado e ninguém nunca criticou". Do mesmo modo, a Lei do Pregão não impõe essa exigência. O tema do superfaturamento é bastante discutido e esse problema começa dentro da própria Administração Pública, na elaboração do orçamento estimado. Quando o orçamento não é conhecido de forma prévia, cada licitante conduz sua própria pesquisa, tanto de preços quanto de mercado, o que resulta em propostas independentes da influência da Administração. Por outra perspectiva, se o orçamento estimado é divulgado antes da apresentação das propostas, os licitantes tendem a se aproximar mais de seu conteúdo[36].

Em resposta aos críticos da inovação, que a viam como burla ao princípio constitucional da transparência e publicidade, a então Presidente Dilma Rousseff, em entrevista à Agência Reuters Brasil, destacou que a não divulgação dos orçamentos é uma prática endossada pela Organização para Cooperação e Desenvolvimento Econômico (OCDE) e pela União Europeia[37].

Por fim, cabe ressaltar entendimento do Instituto Nacional da Contratação Pública (INCP) expresso por via do Enunciado n. 3, aprovado por unanimidade, segundo o qual: "A estimativa do valor da contratação constante do Estudo Técnico Preliminar, que está relacionada à escolha da solução do que a definição de um preço de referência, não precisa seguir estritamente todas as regras definidas pelo art. 23 da Lei n. 14.133/2021, permitindo a opção por aferições mais simples, quando cabível"[38].

5.2.1.5. O mapa de riscos

O **mapa de riscos** é outro artefato elaborado na fase preparatória, após a elaboração do ETP, devendo conter os riscos que possam comprometer o sucesso da licitação e da execução contratual, na forma do art. 18, X, da Lei n. 14.133/2021.

O art. 11, parágrafo único, da Lei n. 14.133/2021, determina que a alta administração do órgão ou entidade[39] é responsável pela governança das

---

[35] Art. 6º e seu § 3º da Lei n. 12.462, de 4 de agosto de 2011.
[36] DI PIETRO, Maria Sylvia Zanella. Entrevista. *Revista do Tribunal de Contas do TCEMG*. v. 82. n. 1. jan./mar. 2012. Belo Horizonte: TCEMG, 2012. p.15-26.
[37] REUTERS BRASIL. 17 jun. 2011. Disponível em: https://g1.globo.com/politica/noticia/2011/06/dilma-rebate-criticas-a-sigilo-em-licitacao-de-obras-da-copa.html. Acesso em: 2 abr. 2024.
[38] INSTITUTO NACIONAL DA CONTRATAÇÃO PÚBLICA (INCP). *Informativo:* enunciados aprovados. [S.I.]. Disponível em: https://ronnycharles.com.br/wp-content/uploads/2024/03/informativo_enunciados.pdf. Acesso em: 30 mar. 2024.
[39] A respeito, ver o Acórdão do TCU n. 1299/2022 – Primeira Câmara, o qual enfatiza que "a governança e a implementação de controles internos e gestão de riscos nas organizações é responsabilidade da alta administração".

contratações e deve implementar processos e estruturas, inclusive de **gestão de riscos** e controles internos, para avaliar, direcionar e monitorar os processos licitatórios e os respectivos contratos, com o intuito de alcançar os objetivos da licitação, promover um ambiente íntegro e confiável, assegurar o alinhamento das contratações ao planejamento estratégico e às leis orçamentárias e promover eficiência, efetividade e eficácia em suas contratações.

Nesse sentido, vale ressaltar a posição de Fortini e Amorim[40], segundo a qual: o art. 22, XXVII, da Constituição Federal de 1988 confere à União a competência para estabelecer normas gerais de licitação e contratação. Essa disposição constitucional fundamenta uma nova abordagem legislativa, na qual a Lei n. 14.133/2021 passa a reger todas as atividades administrativas, internas e externas, que impactam os resultados das contratações públicas. Requerendo uma nova compreensão das contratações públicas, na qual o foco inicial não está nos detalhes de cada ciclo de contratação (fases interna, externa e execução contratual), mas sim nos arranjos institucionais que determinam os resultados das contratações em cada órgão e entidade.

A nosso ver, a Lei n. 14.133/2021 não torna superada a Instrução Normativa SEGES n. 5/2017, a qual regula a gestão de riscos nos arts. 25 a 27. Assim, para mitigar os riscos à licitação e à execução contratual, **a equipe ou agente de planejamento (a mesma que elaborou o ETP)**[41] deve proceder, dentre outras medidas que julgar relevantes, às seguintes:

a) a identificação dos principais riscos que possam comprometer a efetividade do Planejamento da Contratação, da Seleção do Fornecedor e da Gestão Contratual ou que impeçam o alcance dos resultados que atendam às necessidades da contratação;

b) a avaliação dos riscos identificados, consistindo da mensuração da probabilidade de ocorrência e do impacto de cada risco;

c) o tratamento dos riscos considerados inaceitáveis por meio da definição das ações para reduzir a probabilidade de ocorrência dos eventos ou suas consequências;

d) para os riscos que persistirem inaceitáveis após o tratamento, a definição das ações de contingência para o caso de os eventos correspondentes aos riscos se concretizarem; e

e) a definição dos responsáveis pelas ações de tratamento dos riscos e das ações de contingência.

---

[40] FORTINI, Cristiana; AMORIM, Rafael Amorim de. Novo olhar para as contratações públicas: precedentes e perspectivas da Lei n. 14.133/2021. In: MATOS, Marilene Carneiro; ALVES, Felipe Dalenogare; AMORIM, Rafael Amorim de (Orgs.). *Nova Lei de licitações e contratos – Lei n. 14.133/2021:* debates, perspectivas e desafios. Brasília: Câmara dos Deputados, Edições Câmara, 2023. p. 118.

[41] O art. 25, parágrafo único, da IN n. 5/2017, prevê que a responsabilidade pelo gerenciamento de riscos compete à equipe de Planejamento da Contratação, devendo abranger todas as fases do procedimento da contratação.

Como dito acima, o **mapa de riscos** (e não a matriz de riscos)[42] é o artefato que materializa esse gerenciamento, devendo ser atualizado e juntado aos autos do processo administrativo de contratação, pelo menos, após o ETP (sua primeira versão), ao final da elaboração do Termo de Referência ou do Projeto Básico, após a seleção do contratado e depois da ocorrência de eventos relevantes ocorridos durante a gestão do contrato.

A gestão de riscos ostenta inegável potencial de interferir positivamente no resultado da atividade administrativa como um todo, e não só nas contratações públicas. Nesse sentido, o TCU deixou assente que "a gestão de riscos não se aplica somente às contratações públicas. Tal atividade é prevista para as atividades em geral da Administração Pública", mencionando diversos normativos como o art. 14 do Decreto-lei n. 200/1967 e o Decreto n. 9.203/2017, em diversos pontos, como no seu art. 17[43].

5.2.1.6. O Termo de Referência

O termo de referência (TR) é o artefato elaborado com base no ETP (art. 6º, XX, da Lei n. 14.133/2021), sendo necessário à contratação de bens e serviços, por força do art. 6º, XXIII, da Lei n. 14.133/2021.

No âmbito federal, a elaboração do TR é regulamentada pela IN SEGES n. 81, de 25 de dezembro de 2022, a qual prevê (no art. 8º) que ficará a cargo da **equipe de planejamento**[44] ou, na inexistência desta, de agentes integrantes

---

[42] A matriz de riscos, conforme a definição do art. 6º, XXVII, da Lei n. 14.133/2021, consiste em uma "cláusula contratual definidora de riscos e de responsabilidades entre as partes e caracterizadora do equilíbrio econômico-financeiro inicial do contrato, em termos de ônus financeiro decorrente de eventos supervenientes à contratação, contendo, no mínimo, as seguintes informações:

a) listagem de possíveis eventos supervenientes à assinatura do contrato que possam causar impacto em seu equilíbrio econômico-financeiro e previsão de eventual necessidade de prolação de termo aditivo por ocasião de sua ocorrência; b) no caso de obrigações de resultado, estabelecimento das frações do objeto com relação às quais haverá liberdade para os contratados inovarem em soluções metodológicas ou tecnológicas, em termos de modificação das soluções previamente delineadas no anteprojeto ou no projeto básico; c) no caso de obrigações de meio, estabelecimento preciso das frações do objeto com relação às quais não haverá liberdade para os contratados inovarem em soluções metodológicas ou tecnológicas, devendo haver obrigação de aderência entre a execução e a solução predefinida no anteprojeto ou no projeto básico, consideradas as características do regime de execução no caso de obras e serviços de engenharia".

[43] BRASIL. Tribunal de Contas da União. *Boletim do Tribunal de Contas da União especial*. Ano. 37, n. 24, 2018. Brasília: TCU, 2018. 5. ed. 2023.

[44] O art. 3º, V, da IN n. 81/2022, conceitua a equipe de planejamento da contratação como o "conjunto de agentes que reúnem as competências necessárias à completa execução das etapas de planejamento da contratação, o que inclui conhecimentos sobre aspectos técnico-operacionais e de uso do objeto, licitações e contratos, dentre outros".

da área técnica[45] e da requisitante[46]. Salientamos que cada órgão ou entidade possui competência para, dentro de sua realidade fática, realizar a distribuição de competências para sua elaboração, respeitando-se o princípio da segregação de funções.

O artefato deve conter, no mínimo, os parâmetros e elementos descritivos contidos no art. 6º, XXIII, da Lei n. 14.133/2021, dentre os quais:

a) a definição do objeto, incluídos sua natureza, os quantitativos, o prazo do contrato e, se for o caso, a possibilidade de sua prorrogação;

b) a fundamentação da contratação, que consiste na referência aos estudos técnicos preliminares correspondentes ou, quando não for possível divulgar esses estudos, no extrato das partes que não contiverem informações sigilosas;

c) a descrição da solução como um todo, considerado todo o ciclo de vida do objeto;

d) os requisitos da contratação;

e) o modelo de execução do objeto, que consiste na definição de como o contrato deverá produzir os resultados pretendidos desde o seu início até o seu encerramento;

f) o modelo de gestão do contrato, que descreve como a execução do objeto será acompanhada e fiscalizada pelo órgão ou entidade;

g) os critérios de medição e de pagamento;

h) a forma e os critérios de seleção do fornecedor;

i) as estimativas do valor da contratação, acompanhadas dos preços unitários referenciais, das memórias de cálculo e dos documentos que lhe dão suporte, com os parâmetros utilizados para a obtenção dos preços e para os respectivos cálculos, que devem constar de documento separado e classificado; e

j) a adequação orçamentária.

Embora não esteja previsto nesse rol elementar contido no dispositivo que dá definição ao TR, entendemos que este deve conter também as **sanções aplicáveis** em caso de infrações à licitação e à execução contratual, como previsto na Lei n. 8.666/93. Compulsando-se a Lei n. 14.133/2021, verifica-se que não há expressamente a indicação de onde deverão constar essas punições. Assim, entendemos que devem constar no edital da licitação e no termo de referência.

---

[45] O art. 3º, IV, da IN n. 81/2022, estabelece que a área técnica é o agente ou a unidade com conhecimento técnico-operacional sobre o objeto demandado, responsável por analisar o documento de formalização de demanda, e promover a agregação de valor e a compilação de necessidades de mesma natureza.

[46] O art. 3º, III, da IN n. 81/2022, estabelece que o requisitante é o **agente** ou **unidade** responsável por identificar a necessidade de contratação de bens, serviços e obras e requerê-la.

Para as compras, o TR deve prever, ainda, conforme previsão especial contida no art. 40, § 1º, da Lei n. 14.133/2021, a especificação do produto, preferencialmente conforme catálogo eletrônico de padronização, observados os requisitos de qualidade, rendimento, compatibilidade, durabilidade e segurança; a indicação dos locais de entrega dos produtos e das regras para recebimentos provisório e definitivo, quando for o caso; e a especificação da garantia exigida e das condições de manutenção e assistência técnica, quando for o caso.

É importante ressaltar que a Administração deverá elaborar o termo de referência ou o projeto básico, conforme previsto no art. 18, § 3º, da Lei n. 14.133/2021, **não havendo necessidade de elaboração de ambos**. Por conseguinte, compreendemos que o termo de referência possui aderência à licitação para aquisição de bens e contratações de serviços comuns, enquanto o projeto básico a bens e serviços especiais (incluídos os especiais de engenharia), bem como às obras.

5.2.1.7. *O anteprojeto*

O anteprojeto é o artefato baseado no ETP (art. 6º, XX, da Lei n. 14.133/2021), elaborado necessariamente quando a Administração utilizar o regime de execução de contratação integrada ou quando contratar terceiro para a elaboração do projeto básico, que conterá todos os subsídios necessários à elaboração do projeto básico, dentre eles, os elementos abaixo:

a) a demonstração e justificativa do programa de necessidades, a avaliação de demanda do público-alvo, a motivação técnico-econômico-social do empreendimento, a visão global dos investimentos e as definições relacionadas ao nível de serviço desejado;

b) as condições de solidez, de segurança e de durabilidade;

c) o prazo de entrega;

d) a estética do projeto arquitetônico, o traçado geométrico e/ou projeto da área de influência, quando cabível;

e) os parâmetros de adequação ao interesse público, de economia na utilização, de facilidade na execução, de impacto ambiental e de acessibilidade;

f) a proposta de concepção da obra ou do serviço de engenharia;

g) os projetos anteriores ou estudos preliminares que embasaram a concepção proposta;

h) o levantamento topográfico e cadastral;

i) os pareceres de sondagem; e

j) o memorial descritivo dos elementos da edificação, dos componentes construtivos e dos materiais de construção, de forma a estabelecer padrões mínimos para a contratação.

Assim, entendemos que, embora a Administração não esteja proibida de elaborar o anteprojeto em todas as situações em que for aplicável o projeto básico, este é necessário especificamente nos casos de contratação integrada (para dar suporte à contratada que elaborará o projeto básico, o projeto executivo e executará o objeto), conforme previsto no art. 46, § 2º, da Lei n. 14.133/2021.

Vislumbramos, ainda, ser cabível a elaboração do anteprojeto também nos casos em que a Administração contratará terceiro para a elaboração do projeto básico. Pertinente destacar que, salvo na hipótese de contratação integrada, o autor do anteprojeto, do projeto básico ou do projeto executivo, pessoa física ou jurídica, quando a licitação versar sobre obra, serviços ou fornecimento de bens a ele relacionados, ficará impedido de disputar a licitação ou participar da execução direta ou indireta do contrato, por vedação expressa contida no art. 14, I, da Lei n. 14.133/2021.

5.2.1.8. O projeto básico

O projeto básico é o artefato baseado no ETP (art. 6º, XX, da Lei n. 14.133/2021), formado pelo conjunto de elementos necessários e suficientes, com nível de precisão adequado para definir e dimensionar a obra ou o serviço (ou o complexo de obras ou de serviços) objeto da licitação, que assegure a viabilidade técnica e o adequado tratamento do impacto ambiental do empreendimento e que possibilite a avaliação do custo da obra e a definição dos métodos e do prazo de execução, devendo conter no mínimo os elementos contidos no inciso XXV do art. 6º da Lei n. 14.133/2021, dentre os quais:

a) os levantamentos topográficos e cadastrais, as sondagens e ensaios geotécnicos, os ensaios e análises laboratoriais, os estudos socioambientais e demais dados e levantamentos necessários à execução da solução eleita no ETP;

b) as soluções técnicas globais e localizadas, suficientemente detalhadas, de forma a evitar, por ocasião da elaboração do projeto executivo e da realização das obras e montagem, a necessidade de reformulações ou variantes quanto à qualidade, ao preço e ao prazo inicialmente definidos;

c) a identificação dos tipos de serviços a executar e dos materiais e equipamentos a incorporar à obra, bem como das suas especificações, de modo a assegurar os melhores resultados para o empreendimento e a segurança executiva na utilização do objeto, para os fins a que se destina, considerados os riscos e os perigos identificáveis, sem frustrar o caráter competitivo para a sua execução;

d) as informações que possibilitem o estudo e a definição de métodos construtivos, de instalações provisórias e de condições organizacionais para a obra, sem frustrar o caráter competitivo à sua execução;

e) os subsídios à montagem do plano de licitação e gestão da obra, compreendidos a sua programação, a estratégia de suprimentos, as normas de fiscalização, além de outros dados casuisticamente necessários; e

f) orçamento detalhado do custo global da obra, fundamentado em quantitativos de serviços e fornecimentos propriamente avaliados, obrigatório exclusivamente para os regimes de execução sob empreitada por preço unitário, por preço global e integral, bem como nas hipóteses de contratação por tarefa ou fornecimento e prestação de serviço associado.

Nos casos de **contratação integrada**, em que a elaboração do projeto básico ficará a cargo do contratado, bastará à Administração elaborar o anteprojeto de acordo com metodologia definida em ato do órgão competente, conforme previsão contida no art. 46, § 2º, da Lei n. 14.133/2021.

Assim, nas hipóteses de utilização desse regime de execução, após a elaboração do projeto básico pelo contratado, o conjunto de desenhos, especificações, memoriais e cronograma físico-financeiro deverá ser submetido à aprovação da Administração, na forma do art. 46, § 3º, da Lei n. 14.133/2021, que avaliará sua adequação em relação aos parâmetros definidos no edital e a conformidade com as normas técnicas, vedadas alterações que reduzam a qualidade ou a vida útil do empreendimento e mantida a responsabilidade integral do contratado pelos riscos associados ao projeto básico.

Quando utilizado o regime de execução de **contratação semi-integrada**, mediante prévia autorização da Administração, o projeto básico poderá ser alterado[47], desde que demonstrada a superioridade das inovações propostas pelo contratado em termos de redução de custos, de aumento da qualidade, de redução do prazo de execução ou de facilidade de manutenção ou operação[48], hipótese em que esse assumirá a responsabilidade integral pelos riscos associados às modificações, na forma do art. 46, § 5º, da Lei n. 14.133/2021.

Ressalta-se que, assim como o autor do anteprojeto, o do projeto básico, pessoa física ou jurídica, quando a licitação versar sobre obra, serviços ou fornecimento de bens a ele relacionados, não poderá disputar licitação ou participar da execução direta ou indireta do contrato, conforme vedação expressa do art. 14, I, da Lei n. 14.133/2021[49].

A critério da Administração e exclusivamente a seu serviço, o autor do projeto básico e do projeto executivo, seja pessoa física ou jurídica, poderá participar no apoio das atividades de planejamento da contratação, de execu-

---

[47] É necessário observar que, nas hipóteses de contratação semi-integrada, o projeto básico foi elaborado pela Administração ou por terceiro contratado e não pela contratada que elaborará o projeto executivo e executará o objeto.

[48] Nas hipóteses em que for adotada a contratação semi-integrada, como regra, é vedada a alteração dos valores contratuais. Uma das exceções é a prevista no art. 133, III, da Lei n. 14.133/2021, por essa necessidade de alteração do projeto.

[49] Essa vedação, por força do inciso II, estende-se à "empresa, isoladamente ou em consórcio, responsável pela elaboração do projeto básico ou do projeto executivo, ou empresa da qual o autor do projeto seja dirigente, gerente, controlador, acionista ou detentor de mais de 5% (cinco por cento) do capital com direito a voto, responsável técnico ou subcontratado, quando a licitação versar sobre obra, serviços ou fornecimento de bens a ela necessários", equiparando-se aos autores do projeto as empresas integrantes do mesmo grupo econômico (art. 14, § 3º, da Lei n. 14.133/2021).

ção da licitação ou de gestão do contrato, desde que sob supervisão exclusiva de agentes públicos do órgão ou entidade, em conformidade com o art. 14, § 2º, da Lei n. 14.133/2021.

Por fim, é importante destacar que eventuais alterações nos contratos de obras e serviços de engenharia decorrentes de falhas de projeto ensejarão apuração de responsabilidade do responsável técnico e adoção das providências necessárias para o ressarcimento dos danos causados à Administração, com fundamento no § 1º, do art. 124, da Lei n. 14.133/2021.

Entendemos que, nessas situações, a responsabilidade civil é subjetiva, devendo-se comprovar o dolo ou erro grosseiro do agente público, por força do art. 28 da LINDB. Essa garantia (responder apenas em caso de dolo ou erro grosseiro), a nosso ver, estende-se ao particular contratado à elaboração dos projetos, uma vez que estará desempenhando atividade idêntica a que seria desenvolvida por um agente da Administração.

5.2.1.9. O projeto executivo

O projeto executivo, conforme a definição conferida pelo art. 6º, XXVI, c/c art. 46, § 1º, ambos da Lei n. 14.133/2021, constitui o conjunto de elementos necessários e suficientes à **execução completa da obra ou do serviço de engenharia**, com o detalhamento das soluções previstas no projeto básico, a identificação de serviços, de materiais e de equipamentos a serem incorporados a ela, bem como suas especificações técnicas, de acordo com as normas técnicas pertinentes.

Como regra, por força desses dispositivos, é vedada a realização de obras e serviços de engenharia sem o projeto executivo. Entretanto, nos casos de obras e serviços comuns de engenharia, se demonstrada no ETP a inexistência de prejuízo à aferição dos padrões de desempenho e qualidade almejados, a especificação do objeto poderá ser realizada apenas no termo de referência ou no projeto básico, dispensando-se aquele projeto, de acordo com a excepcionalidade prevista no § 3º, do art. 18, da Lei n. 14.133/2021.

Na contratação integrada, o contratado elaborará o projeto básico e o executivo. Na semi-integrada, o contratado é responsável por elaborar e desenvolver o projeto executivo, baseado no projeto básico elaborado por terceiro ou pela Administração.

Por fim, ressalta-se que, assim como o autor do anteprojeto e do projeto básico, aquele que elaborar o projeto executivo, pessoa física ou jurídica, quando a licitação versar sobre obra, serviços ou fornecimento de bens a ele relacionados, não poderá disputar licitação ou participar da execução direta ou indireta do contrato, conforme vedação expressa do art. 14, I, da Lei n. 14.133/2021[50].

---

[50] Essa vedação, por força do inciso II, estende-se à "empresa, isoladamente ou em consór-

A critério da Administração e exclusivamente a seu serviço, o autor do projeto básico e do projeto executivo, seja pessoa física ou jurídica, poderá participar no apoio das atividades de planejamento da contratação, de execução da licitação ou de gestão do contrato, desde que sob supervisão exclusiva de agentes públicos do órgão ou entidade, em conformidade com o art. 14, § 2º, da Lei n. 14.133/2021.

5.2.1.10. O edital de licitação

Elaborados esses artefatos da fase preparatória, se passará à elaboração do edital da licitação[51], o qual deverá conter o objeto da licitação[52] e as regras relativas à convocação, ao julgamento, à habilitação, aos recursos e às penalidades da licitação, à fiscalização e à gestão do contrato, à entrega do objeto e às condições de pagamento, além de seus anexos, dentre os quais a minuta do futuro contrato, em conformidade com o art. 25 da Lei n. 14.133/2021.

Também conhecido como "instrumento convocatório", o Edital é conceituado por Di Pietro como o ato mediante o qual o Poder Público divulga a abertura da licitação, fixa os requisitos para participação dos interessados, define o objeto, bem como as condições básicas do contrato e convida todos os interessados para que apresentem suas propostas[53].

Há de se observar, por ocasião da elaboração do edital, as restrições constantes no art. 9º da Lei n. 14.133/2021, o qual estabelece que é vedado ao agente público designado para atuar na área de licitações e contratos, ressalvados os casos previstos em lei, admitir, prever, incluir ou tolerar, nos atos que praticar, situações que:

a) comprometam, restrinjam ou frustrem o caráter competitivo do processo licitatório, inclusive nos casos de participação de sociedades cooperativas[54];

---

cio, responsável pela elaboração do projeto básico ou do projeto executivo, ou empresa da qual o autor do projeto seja dirigente, gerente, controlador, acionista ou detentor de mais de 5% (cinco por cento) do capital com direito a voto, responsável técnico ou subcontratado, quando a licitação versar sobre obra, serviços ou fornecimento de bens a ela necessários", equiparando-se aos autores do projeto as empresas integrantes do mesmo grupo econômico (art. 14, § 3º, da Lei n. 14.133/2021).

[51] O art. 25, § 1º, da Lei n. 14.133/2021, prevê que, sempre que o objeto permitir, a Administração deverá adotar minutas padronizadas de edital e de contrato com cláusulas uniformes.

[52] "A definição precisa e suficiente do objeto licitado constitui regra indispensável da competição, até mesmo como pressuposto do postulado de igualdade entre os licitantes, do qual é subsidiário o princípio da publicidade, que envolve o conhecimento, pelos concorrentes potenciais das condições básicas da licitação (...)", conforme preconiza a Súmula n. 177 do TCU.

[53] DI PIETRO, Maria Sylvia Zanella. *Direito administrativo*. São Paulo: Atlas, 2014. p. 423.

[54] Nesse sentido, em decisão recente, o STJ proferiu decisão no sentido de que não poderá participar do certame empresa que tenha em seu **quadro** de pessoal servidor público, **licenciado ou não**, bem como **dirigente** do órgão ou entidade contratante ou **responsável** pela licitação, aduzindo que "o fato de estar o servidor licenciado, à época do certame, não

b) estabeleçam preferências ou distinções em razão da naturalidade, da sede ou do domicílio dos licitantes; ou

c) sejam impertinentes ou irrelevantes para o objeto específico do contrato.

Ademais, é defeso estabelecer tratamento diferenciado de natureza comercial, legal, trabalhista, previdenciária ou qualquer outra entre empresas brasileiras e estrangeiras, inclusive no que se refere à moeda, modalidade e local de pagamento, mesmo quando envolvido financiamento de agência internacional.

Além dessas disposições, é necessário atentar ao estabelecido na Súmula n. 272 do TCU, a qual veda a "inclusão de exigências de habilitação e de quesitos de pontuação técnica para cujo atendimento os licitantes tenham de incorrer em custos que não sejam necessários anteriormente à celebração do contrato".

5.2.1.10.1. Cláusula sobre programa de integridade

Além dessas disposições gerais, o edital de licitação poderá contemplar especificidades, como a obrigatoriedade de implantação de programa de integridade pelo licitante vencedor, no prazo de 6 meses, contado da celebração do contrato, nas contratações de obras, serviços e fornecimentos de grande vulto[55], conforme previsão especial contida no art. 25, § 4º, da Lei n. 14.133/2021.

5.2.1.10.2. Cláusula de reajustamento de preço

Independentemente do prazo de duração do contrato, será obrigatória, por força do art. 25, § 7º, da Lei n. 14.133/2021, a previsão no edital da licitação, de índice de reajustamento de preço, com data-base vinculada à data do orçamento estimado e com a possibilidade de ser estabelecido mais de um índice específico ou setorial, em conformidade com a realidade de mercado dos respectivos insumos[56].

---

ilide a aplicação do referido preceito legal, eis que não deixa de ser funcionário o servidor em gozo de licença". Conf. BRASIL. Superior Tribunal de Justiça. Recurso Especial. REsp n. 1.607.715/AL. Rel. Min. Herman Benjamin. Segunda Turma. *DJE*, 20 abr. 2017. No mesmo sentido: BRASIL. Superior Tribunal de Justiça. Recurso Especial. REsp n. 254.115/SP. Rel. Min. Garcia Vieira. Primeira Turma. *DJ*, 20 jun. 2000.

[55] O regulamento de cada Ente Federativo deverá tratar das medidas a serem adotadas, a forma de comprovação e as penalidades pelo seu descumprimento.

[56] Nas licitações de serviços contínuos, em conformidade com o art. 25, § 8º, da Lei n. 14.133/2021, observado o interregno mínimo de 1 ano, o critério de reajustamento será por: reajustamento em sentido estrito, quando não houver regime de dedicação exclusiva de mão de obra ou predominância de mão de obra, mediante previsão de índices específicos ou setoriais; ou repactuação, quando houver regime de dedicação exclusiva de mão de obra ou predominância de mão de obra, mediante demonstração analítica da variação dos custos.

5.2.1.10.3. Cláusula sobre licenciamento ambiental e desapropriação

Ao elaborar o edital, a Administração poderá prever a responsabilidade do contratado pela obtenção do licenciamento ambiental e pela realização da desapropriação autorizada pelo Poder Público[57].

5.2.1.10.4. Cláusula para o aproveitamento local e desenvolvimento social

A Lei n. 14.133/2021, especificamente nos §§ 2º e 9º do art. 25, bem como no art. 26, possibilita que a Administração estabeleça algumas reservas, a fim de promover o desenvolvimento local e social, como as que serão demonstradas abaixo.

Desde que a Administração demonstre no ETP que não haverá prejuízos à competitividade e à eficiência na execução contratual, o edital poderá prever a utilização de mão de obra, materiais, tecnologias e matérias-primas existentes no local da execução, conservação e operação do bem, serviço ou obra, de modo a incentivar o desenvolvimento local.

Com o propósito de incentivar o desenvolvimento social, o edital poderá exigir que percentual mínimo da mão de obra responsável pela execução do objeto da contratação seja constituído por mulheres vítimas de violência doméstica[58] e pessoas oriundas ou egressas do sistema prisional.

5.2.1.10.5. Cláusula para o desenvolvimento nacional sustentável mediante margem de preferência

O desenvolvimento nacional sustentável é um dos princípios estabelecidos no art. 5º da Lei n. 14.133/2021. Com o fim de concretizá-lo, seu art. 26 estabelece que o edital poderá prever margem de preferência **para bens manufaturados e serviços nacionais que atendam a normas técnicas brasileiras**[59] e **bens reciclados, recicláveis ou biodegradáveis**, conforme regulamento de cada Ente Federativo[60].

---

[57] O art. 25, § 6º, da Lei n. 14.133/2021 determina que os licenciamentos ambientais de obras e serviços de engenharia licitados e contratados terão prioridade de tramitação nos órgãos e entidades integrantes do Sistema Nacional do Meio Ambiente (Sisnama) e deverão ser orientados pelos princípios da celeridade, da cooperação, da economicidade e da eficiência.

[58] A reserva de percentual mínimo para as mulheres vítimas de violência doméstica, no âmbito federal, é regulamentada pelo Decreto n. 11.430, de 8 de março de 2023.

[59] O art. 26, § 1º, da Lei n. 14.133/2021, prevê que a margem de preferência, para esse objeto, deverá ser definida em decisão fundamentada do Poder Executivo federal, podendo ser estendida a bens manufaturados e serviços originários de Estados Partes do Mercado Comum do Sul (Mercosul), desde que haja reciprocidade com o País prevista em acordo internacional aprovado pelo Congresso Nacional e ratificado pelo Presidente da República, na forma exigida pelo art. 26, § 1º, III, dessa lei.

[60] Será divulgada, em sítio eletrônico oficial, a cada exercício financeiro, a relação de empresas favorecidas em decorrência dessa margem de preferência, com indicação do volume de recursos destinados a cada uma delas, conforme determinado pelo art. 27 da Lei n. 14.133/2021.

Essa margem não poderá exceder 10% sobre o preço dos bens e serviços que não se enquadrem nas duas hipóteses acima, conforme limite expresso no art. 26, § 1º, II, da Lei n. 14.133/2021. Não obstante, o § 2º desse dispositivo permite que, para os bens manufaturados nacionais e serviços nacionais **resultantes de desenvolvimento e inovação tecnológica no País**, definidos conforme regulamento do Poder Executivo federal, a margem de preferência seja de até 20%.

A margem de preferência não será aplicada, conforme vedação constante no art. 26, § 5º, da Lei n. 14.133/2021, aos bens manufaturados nacionais e aos serviços nacionais **se a capacidade de produção** desses bens ou de prestação desses serviços no País **for inferior** à quantidade a ser adquirida ou contratada ou **for inferior** aos quantitativos fixados em razão do parcelamento do objeto, quando for o caso.

Nas contratações destinadas à implantação, à manutenção e ao aperfeiçoamento dos sistemas de tecnologia de informação e comunicação considerados estratégicos em ato do Poder Executivo federal, o edital poderá, com fulcro no art. 26, § 7º, da Lei n. 14.133/2021, prever que a licitação será restrita a bens e serviços com tecnologia desenvolvida no País, produzidos de acordo com o processo produtivo básico tratado pela Lei n. 10.176/2001.

5.2.1.10.6. Cláusula com medidas de compensação

Os editais de licitação para a contratação de bens, serviços e obras poderão, mediante prévia justificativa da autoridade competente, exigir que o contratado promova, com fundamento no art. 26, § 6º, da Lei n. 14.133/2021, em favor de órgão ou entidade integrante da Administração Pública ou daqueles por ela indicados a partir de processo isonômico, medidas de compensação comercial, industrial ou tecnológica ou acesso a condições vantajosas de financiamento, cumulativamente ou não, na forma estabelecida pelo Poder Executivo federal.

5.2.1.11. O parecer jurídico

Ao final da fase preparatória, o processo licitatório seguirá para o órgão de assessoramento jurídico da Administração, que realizará controle prévio de legalidade mediante análise jurídica da contratação. Na elaboração do parecer, este órgão deverá **apreciar** o processo licitatório conforme critérios objetivos prévios de atribuição de prioridade e **redigir** sua manifestação em linguagem simples e compreensível e de forma clara e objetiva, com apreciação de todos os elementos indispensáveis à contratação e com exposição dos pressupostos de fato e de direito levados em consideração na análise jurídica.

Embora o Presidente da República tenha vetado o § 2º, do art. 53, da Lei n. 14.133/2021, o parecer jurídico continua sendo obrigatório e não vinculante, uma vez que, desaprovando a continuidade da contratação, no todo ou em parte, poderá ser motivadamente rejeitado pela autoridade máxima do órgão ou entidade[61]. Entretanto, na hipótese de discordância com os termos do parecer, incumbe ao agente público expor as razões de fato e de direito que a fundamentam, consoante preceitua o art. 50 da Lei n. 9.784/1999[62].

O agente público do órgão ou entidade tem o direito de rejeitar, mediante justificativa, o parecer jurídico que desaconselha a continuidade total ou parcial da contratação. No entanto, ao fazê-lo, assume pessoalmente a responsabilidade exclusiva por quaisquer irregularidades que possam ser atribuídas à sua decisão.

Nesse sentido, importante ressaltar o julgado do Superior Tribunal de Justiça com o entendimento de que se pode presumir um erro de conduta por parte do agente público quando ele age de forma contrária às recomendações dos órgãos técnicos, pareceres jurídicos ou do Tribunal de Contas. No entanto, não é razoável presumir esse erro quando o agente age de acordo com essas orientações, ou quando não revisa os atos praticados conforme essas orientações, especialmente se não há dúvida sobre a integridade dos pareceres ou a competência de quem os emitiu. Nestes casos, em que não há imprudência, imperícia ou negligência, não há culpa nem improbidade, caso houver ilegitimidade no ato, será objeto de sanção de natureza diferente, que não se relaciona com a ação de improbidade[63].

Não se presume má conduta por parte do agente público ao acatar uma opinião jurídica, uma vez que essa orientação é fornecida por um profissional com formação em Direito, esperando-se dele um conhecimento adequado em sua área de atuação, conferindo-lhe qualificação e competência técnica para se manifestar sobre questões legais.

Quando há questionamento, é legítimo que o agente público busque representação ou patrocínio, desde que haja fundamentos plausíveis para rejeitar o parecer jurídico emitido e não haja fatos que desacreditem a presunção de sua boa-fé na decisão. A diversidade de opiniões é um valor constitucional que permite considerar até mesmo opiniões minoritárias ou contrárias à maioria, desde que estejam fundamentadas e sejam compatíveis com o interesse público.

---

[61] Há, nesse sentido, remansosa jurisprudência do Tribunal de Contas da União: Acórdão n. 7.249/2016 – Segunda Câmara, Rel. Min. Ana Arraes, Processo n. 026.884/2010-0; Acórdão n. 6.165/2015 – Primeira Câmara, Rel. Min. Augusto Sherman Cavalcanti, Processo n. 022.495/2013-4; e Acórdão n. 521/2013 – Plenário, Rel. Min. Augusto Sherman Cavalcanti, Processo n. 009.570/2012-8, bem como do Supremo Tribunal Federal: HC 155020 AgR/DF, Rel. Min. Celso de Mello, DJe 05/11/2018; e MS 29.137/DF, Rel. Min. Cármen Lúcia, DJe de 28/02/2013) e do Superior Tribunal de Justiça (REsp n. 827.445-SP, Rel. Min. Humberto Martins, DJe de 5/8/2010; e RHC 46102, Rel. Min. Rogerio Schietti Cruz, DJe 24/09/2015).
[62] Lei n. 9.784/1999: Art. 50. "Os atos administrativos deverão ser motivados, com indicação dos fatos e dos fundamentos jurídicos, quando: [...] VII – deixem de aplicar jurisprudência firmada sobre a questão ou discrepem de pareceres, laudos, propostas e relatórios oficiais; [...]".
[63] Conf. REsp n. 827.445-SP, Rel. Min. Humberto Martins, DJe de 05/08/2010.

Essa perspectiva também está em conformidade com a Portaria n. 428, de 28 de agosto de 2019, da Advocacia-Geral da União, que estabelece a legitimidade da representação judicial quando há uma motivação plausível para rejeitar o parecer jurídico, exceto se houver uma fundamentação jurídica razoável e legítima diferente.

O órgão de assessoramento jurídico da Administração também é responsável por realizar um controle prévio de legalidade de diversos tipos de contratos e acordos, conforme previsto no art. 53, § 4º, da Lei n. 14.133/2021.

Será dispensável a análise jurídica nas hipóteses previamente definidas em ato da autoridade jurídica máxima competente, que deverá considerar o baixo valor, a baixa complexidade da contratação, a entrega imediata do bem ou a utilização de minutas de editais e instrumentos de contrato, convênio ou outros ajustes previamente padronizados pelo órgão de assessoramento jurídico[64].

Segundo defende Justen Filho[65], ausência de parecer da assessoria jurídica não constitui motivo suficiente para justificar de *per si* a invalidação de um edital de licitação ou subsequente contratação. Di Pietro[66], assente com tal entendimento, leciona que: "independentemente da manifestação do órgão jurídico, seria irrazoável decretar-se a sua invalidade, já que a inobservância da formalidade nenhum prejuízo causou aos objetivos da licitação".

Importante ressaltar, no entanto, a existência de decisões que entendem pela imprescindibilidade do parecer, exaradas pelo Tribunal de Contas da União[67]. Mencione-se, ainda, que o TCU vem incentivando *checklists* ou listas de verificação a serem utilizadas quando da análise jurídica de contratações, a fim de incrementar a eficiência de tais análises, evitando-se a repetição de erros e proporcionando maior segurança aos agentes envolvidos[68].

---

[64] Nesse sentido, a Orientação Normativa n. 69/2021 – da Advocacia-Geral da União estabeleceu que: "Não é obrigatória a manifestação jurídica nas contratações diretas de pequeno valor com fundamento no art. 75, I ou II, e § 3º da Lei n. 14.133, de 1º de abril de 2021, salvo se houver celebração de contrato administrativo e este não for padronizado pelo órgão de assessoramento jurídico, ou nas hipóteses em que o administrador tenha suscitado dúvidas a respeito da legalidade da dispensa de licitação. Aplica-se o mesmo entendimento às contratações diretas fundadas no art. 74, da Lei n. 14.133, de 2021, desde que seus valores não ultrapassem os limites estabelecidos nos incisos I e II do art. 75, da Lei n. 14.133, de 2021".

[65] JUSTEN FILHO, Marçal. *Comentários à lei de licitações e contratos administrativos*. São Paulo: Revista dos Tribunais, 2014. p. 678-680.

[66] DI PIETRO, Maria Sylvia. *Temas polêmicos sobre licitações e contratos*. 5. ed. São Paulo: Malheiros, 2001. p. 166.

[67] BRASIL, Tribunal de Contas da União. *Acórdão n. 2.004/2007* – Plenário, Rel. Benjamin Zymler.

[68] BRASIL, Tribunal de Contas da União. *Acórdão n. 2622/2015* – TCU – Plenário, item 9.2.2.8, recomendou que os controles sugeridos no documento Riscos e Controles nas Aquisições – RCA, dentre os quais a utilização de *checklists* pelas consultorias jurídicas, fossem incluídos no modelo de processo de aquisições para toda a Administração Pública federal.

5.2.2. A fase de divulgação do edital de licitação

O **edital de licitação** é o ato administrativo unilateral por meio do qual é dada publicidade das decisões tomadas na fase preparatória das licitações, mediante a divulgação das principais características do objeto e das condições que irão reger o futuro contrato, e convidam-se os interessados em participarem do certame licitatório à formulação de suas propostas.

Bandeira de Mello[69] define o **edital** como o ato por meio do qual "a Administração faz público seu propósito de licitar um objeto determinado, estabelece os requisitos exigidos dos proponentes e das propostas, regula os termos segundo os quais os avaliará e fixa as cláusulas do eventual contrato a ser travado". Para o autor, o edital desempenha importantes **funções**, como: a) torna pública a licitação; b) identifica o objeto a ser licitado e define o escopo das propostas; c) limita o número de proponentes; d) estabelece os critérios para avaliação das propostas e dos proponentes; e) regulamenta os atos e os termos processuais do procedimento; e f) define as cláusulas do contrato futuro.

Portanto, o edital deve incluir todos os elementos necessários para a participação no certame, como formalidades, requisitos de habilitação, forma de apresentação de propostas, critérios de julgamento, modos de disputa e critérios de adjudicação. Além disso, deve detalhar as principais características do contrato futuro, como objeto, forma de execução, riscos, garantias e prazos. Uma vez disponibilizado, a Administração está obrigada a seguir as condições estabelecidas durante todo o processo licitatório.

Nos termos do art. 5º da LLC, dentre os princípios que regem as licitações e contratações da Administração Pública, encontram-se os **princípios da publicidade e da transparência**, os quais estabelecem a mais ampla divulgação dos procedimentos licitatórios. Dessa forma, aprovado o edital pelo órgão de assessoramento jurídico e pela autoridade competente (ordenador de despesas), será dada publicidade ao edital de licitação, que inaugura a fase externa ou competitiva do certame, conforme os meios de divulgação abaixo.

5.2.2.1. Meios de divulgação do edital

Na condução dos procedimentos de contratação pública, que têm natureza jurídico-administrativa, é fundamental assegurar a máxima publicidade aos atos, exceto em casos excepcionais previstos explicitamente em lei. Isso não apenas promove uma maior transparência na gestão administrativa, mas também fomenta uma competição ampla entre potenciais licitantes.

Nesse sentido, a publicidade do edital se dará mediante divulgação e

---

[69] MELLO, Celso Antônio Bandeira de. *Curso de direito administrativo*. 12. ed. São Paulo: Malheiros, 2000. p. 502.

manutenção de **inteiro teor do edital e anexos**[70] no Portal Nacional de Contratações Públicas (PNCP), por parte da Administração direta, autárquica e fundacional de todos os Entes Federativos, conforme determina o art. 54 da Lei n. 14.133/2021[71].

Além da publicação do inteiro teor do edital e seus anexos no PNCP, é obrigatória a publicação de **extrato do edital** no **Diário Oficial da União**, do Estado, do Distrito Federal ou do Município, ou, no caso de consórcio público, do ente de maior nível entre eles, bem como em **jornal diário de grande circulação**, na dicção do § 1º do dispositivo, que tinha sido objeto de veto presidencial, que acabou por ser derrubado pelo Congresso Nacional, pelo que ficou preservada tal obrigatoriedade[72].

Entendemos que, no caso dos consórcios envolvendo União ou Estados, a publicação em *Diário Oficial* poderá ser apenas um destes (o de maior nível). Nas situações de consórcio intermunicipal (compostos apenas por Municípios) ou interestadual (compostos apenas por Estados) a publicação deverá ocorrer no *Diário Oficial* de todos.

Além da divulgação do **inteiro teor do edital e de seus anexos no PNCP** e do **extrato do edital no Diário Oficial e em Jornal de grande circulação, é facultada**, nos termos do art. 54, § 2º, da Lei n. 14.133/2021, a **do edital e de seus anexos em sítio eletrônico oficial** do Ente Federativo do órgão ou entidade responsável pela licitação ou, no caso de consórcio públi-

---

[70] Os arquivos a serem inseridos no PNCP e nos sítios oficiais devem atentar ao estabelecido pelo TCU no Acórdão n. 328/2023 – Plenário, no sentido de que a inserção "de documento de licitação em formato não editável, que não permite a pesquisa de conteúdo nos arquivos, infringe, além do princípio da transparência, a regra estabelecida no art. 8º, § 3º, III, da Lei 12.527/2011 (Lei de Acesso à Informação)".

[71] A Instrução Normativa SEGES (IN SEGES) n. 73/22 dispõe que: Art. 14. A fase externa da licitação, na forma eletrônica, será iniciada com a convocação dos interessados por meio da publicação do inteiro teor do edital de licitação e de seus anexos no PNCP. Parágrafo único. Sem prejuízo do disposto no caput, é obrigatória a publicação de extrato do edital no *Diário Oficial da União*, do Estado, do Distrito Federal ou do Município, ou, no caso de consórcio público, do ente de maior nível entre eles, bem como em jornal diário de grande circulação. Modificação do edital de licitação. Art. 15. Eventuais modificações no edital de licitação implicarão nova divulgação na mesma forma de sua divulgação inicial, além do cumprimento dos mesmos prazos dos atos e procedimentos originais, exceto se, inquestionavelmente, a alteração não comprometer a formulação das propostas, resguardado o tratamento isonômico aos licitantes.

[72] Razões do veto presidencial: "Todavia, e embora se reconheça o mérito da proposta, a determinação de publicação em jornal de grande circulação contraria o interesse público por ser uma medida desnecessária e antieconômica, tendo em vista que a divulgação em 'sítio eletrônico oficial' atende ao princípio constitucional da publicidade. Além disso, tem-se que o princípio da publicidade, disposto no art. 37, *caput*, da Constituição da República, já seria devidamente observado com a previsão contida no *caput* do art. 54, que prevê a divulgação dos instrumentos de contratação no Portal Nacional de Contratações Públicas (PNCP), o qual passará a centralizar a publicidade dos atos relativos às contratações públicas".

co, do Ente de maior nível entre eles (se forem entes de mesmo nível federativo, no sítio oficial de todos), admitida, ainda, a divulgação direta a interessados devidamente cadastrados para essa finalidade.

O art. 25, § 3º, da Lei n. 14.133/2021, **determina que todos os elementos do edital**, incluídos minuta de contrato, termos de referência, anteprojeto, projetos e outros anexos[73], **deverão ser divulgados em sítio eletrônico oficial** na mesma data de divulgação do edital, sem necessidade de registro ou de identificação para acesso.

Assim, entendemos que, embora haja uma antinomia entre o art. 25, § 3º, e o art. 54, § 2º, a publicação em sítio eletrônico oficial **deverá ser obrigatória**, em máxima primazia ao princípio da publicidade.

Por fim, é necessário dizer que, após a homologação do processo licitatório, devem ser disponibilizados, obrigatoriamente, no PNCP e, se o órgão ou entidade responsável pela licitação entender cabível, também no respectivo sítio eletrônico, os documentos elaborados na fase preparatória que porventura não tenham integrado o edital e seus anexos, conforme determinação expressa do art. 54, § 3º, da Lei n. 14.133/2021.

5.2.2.2. Prazos mínimos de divulgação

Os prazos mínimos entre a divulgação do edital e a data da sessão pública de apresentação de propostas e lances deve respeitar o interstício mínimo previsto no art. 55 da Lei n. 14.133/2021, que são os seguintes:

1) para aquisição de bens: a) 8 dias úteis, quando adotados os critérios de julgamento de menor preço ou de maior desconto; e b) 15 dias úteis, nas hipóteses não abrangidas pela letra "a)".

2) para serviços e obras: a) 10 dias úteis, quando adotados os critérios de julgamento de menor preço ou de maior desconto, no caso de serviços comuns e de obras e serviços comuns de engenharia; b) 25 dias úteis, quando adotados os critérios de julgamento de menor preço ou de maior desconto, no caso de serviços especiais e de obras e serviços especiais de engenharia; c) 60 dias úteis, quando o regime de execução for de contratação integrada; e d) 35 dias úteis, quando o regime de execução for o de contratação semi-integrada ou nas hipóteses não abrangidas pelas letras "a)", "b)" e "c)".

3) para licitação em que se adote o critério de julgamento de maior lance: 15 dias úteis.

4) para licitação em que se adote o critério de julgamento de técnica e preço ou de melhor técnica ou conteúdo artístico: 35 dias úteis.

Esses prazos poderão, mediante decisão fundamentada, ser reduzidos até a metade nas licitações realizadas pelo Ministério da Saúde, no âmbito do

---

[73] O TCU compreendeu que inclusive o Estudo Técnico Preliminar deve ser publicado juntamente com o edital. Acórdão n. 488/2019 – Plenário.

Sistema Único de Saúde (SUS), conforme exceção prevista pelo legislador no art. 55, § 2º, da Lei n. 14.133/2021.

Ressalta-se, ainda, que eventuais modificações no edital implicarão nova divulgação na mesma forma de sua divulgação inicial, além do cumprimento dos mesmos prazos dos atos e procedimentos originais, exceto quando a alteração não comprometer a formulação das propostas, sob pena de violar o princípio da publicidade, da vinculação ao instrumento convocatório e da isonomia[74].

5.2.3. A fase de solicitação de esclarecimentos e impugnação ao edital

Na forma do art. 164 da Lei n. 14.133/2021, qualquer cidadão é parte legítima para **solicitar esclarecimento** sobre os seus termos ou **impugná-los**, devendo protocolar o pedido até 3 (três) dias úteis antes da data de abertura do certame. Entende-se que o termo "cidadão" utilizado aqui na LLC designa "qualquer pessoa" e não somente aquele que, no sentido estritamente jurídico, encontra-se no gozo de seus direitos políticos.

Os esclarecimentos prestados pela Administração possuem natureza vinculante, não sendo possível admitir, quando da análise das propostas, interpretação distinta, sob pena de violação ao instrumento convocatório, conforme o entendimento já consolidado do TCU, a exemplo do manifestado no Acórdão n. 179/2021– Plenário.

Embora o pedido de esclarecimentos não seja pressuposto à impugnação do edital, pensamos que, primeiramente, se houver tempestividade, o interessado deve tentar sanar eventual dúvida com a solicitação. Caso não advenha resposta favorável, poderá impugnar o edital.

Diferentemente do que é estabelecido nos §§ 1º e 2º do art. 41 da Lei n. 8.666/93, que define prazos distintos para as impugnações feitas por licitantes e não licitantes, assim como para a resposta da Administração Pública, o novo Estatuto de Licitações e Contratos Administrativos unifica os prazos para a apresentação de impugnações, solicitações de esclarecimentos e respostas. Isso proporciona uma maior clareza e transparência ao processo licitatório[75]. Dessa forma, tanto a resposta à impugnação quanto ao pedido de esclarecimento, **serão divulgadas em sítio eletrônico oficial**, no prazo de **até 3 dias úteis**, limitado ao último dia útil anterior à data da abertura do certame.

---

[74] A republicação além de atender ao previsto no art. 55, § 1º, da Lei n. 14.133/2021, atende ao Acórdão do TCU n. 2032/2021 – Plenário.

[75] Na Lei n. 8.666/93, o art. 41, §§ 1º e 2º, confere legitimidade a qualquer "cidadão" para impugnar edital que apresente desconformidade com a lei, devendo protocolizar o pedido até 5 (cinco) dias úteis antes da data fixada para a abertura dos envelopes de habilitação, hipótese na qual a Administração Pública terá o prazo de 3 (três) dias úteis para julgar e responder à impugnação. Os licitantes, por sua vez, têm prazo até o segundo dia útil para fazê-lo. Em todos os casos, é também assegurada a prerrogativa de representação perante o tribunal de contas ou aos órgãos integrantes do sistema de controle interno.

Além da possibilidade de contestação do edital, o § 4º do art. 170 estipula que qualquer licitante, contratado, pessoa física ou jurídica tem o direito de encaminhar reclamações sobre possíveis irregularidades na aplicação do novo Estatuto de Licitações e Contratos Administrativos aos órgãos de controle interno ou ao tribunal de contas competente. Enquanto as respostas às impugnações e aos pedidos de esclarecimentos são de responsabilidade do próprio órgão ou entidade que realiza a licitação, a representação deve ser direcionada a um órgão externo.

O TCU tem recomendado que, antes de acioná-lo, os interessados apresentem pedido de esclarecimentos ou impugnação ao edital, fixando uma espécie de pressuposto para sua atuação, assemelhado à "pretensão resistida". O Tribunal entendeu que "considerando o princípio da eficiência insculpido no art. 37 da Constituição Federal e as disposições previstas no art. 169 da Lei 14.133/2021, a representante deve acionar inicialmente a primeira e a segunda linhas de defesa[76], no âmbito do próprio órgão/entidade", sob pena de poder acarretar duplos esforços de apuração desnecessariamente, em desfavor do erário e do interesse público[77].

5.2.4. A fase de apresentação das propostas e lances

No dia e hora designados para a abertura da sessão pública de apresentação de propostas e lances (quando for o caso), os licitantes comparecerão munidos da proposta e dos documentos que o habilitem como representante da licitante.

De acordo com a determinação expressa do art. 17, § 2º, da Lei n. 14.133/2021, "As licitações serão realizadas preferencialmente sob a forma eletrônica, admitida a utilização da forma presencial, desde que motivada, devendo a sessão pública ser registrada em ata e gravada em áudio e vídeo".

Ocorrendo na forma eletrônica, os licitantes poderão cadastrar no respetivo portal de compras a sua proposta e a documentação de habilitação no prazo de divulgação do edital até o momento da sessão pública.

Para esta fase, poderão ser utilizados os modos de disputa previstos no art. 56 da Lei n. 14.133/2021 de modo isolado ou conjunto[78], sendo eles, o

---

[76] O art. 169 da Lei n. 14.133/2021 estabelece que as contratações públicas sujeitar-se-ão às seguintes linhas de defesa: a) primeira linha de defesa, integrada por servidores e empregados públicos, agentes de licitação e autoridades que atuam na estrutura de governança do órgão ou entidade; b) segunda linha de defesa, integrada pelas unidades de assessoramento jurídico e de controle interno do próprio órgão ou entidade; e c) terceira linha de defesa, integrada pelo órgão central de controle interno da Administração e pelo tribunal de contas.

[77] Acórdão n. 1123/2022 – Plenário. Rel. Min. Aroldo Cedraz. Julgado em: 25 mai. 2022.

[78] BRASIL. Tribunal de Contas da União. Desestatização (DES). Processo n. 002.695/1999-5. *Acórdão n. 234/2002* – Plenário. Rel. Min. Benjamin Zymler. Data da sessão: 20 mar. 2002. Ressalte-se a utilização de forma combinada dos modos de disputa fechado e aberto no leilão para alienação do controle acionário do Banco do Estado de São Paulo S.A. – Banespa,

aberto, hipótese em que os licitantes apresentarão suas propostas por meio de lances públicos e sucessivos, crescentes ou decrescentes e o **fechado**, hipótese em que as propostas permanecerão em sigilo até a data e hora designadas para sua divulgação.

É **vedada**, no entanto, a utilização isolada do modo de disputa **fechado**, quando utilizados os critérios de julgamento de menor preço ou de maior desconto, assim como é defesa a utilização do modo de disputa **aberto**, quando adotado o critério de julgamento de técnica e preço.

O edital poderá estabelecer o intervalo mínimo de diferença de valores entre os lances, que incidirá tanto em relação aos lances intermediários quanto em relação à proposta que cobrir a melhor oferta.

É importante destacar que, para a plataforma Compras.gov.br, as Instruções Normativas Seges/ME 67/2021 e 73/2022 introduziram a implementação do "robô público de lances". Essa ferramenta permite que os licitantes configurem seus valores finais mínimos, bem como percentuais máximos de desconto finais, de forma que seus lances sejam automaticamente enviados pelo sistema, obedecendo aos valores estabelecidos por eles, assim como ao intervalo mínimo de diferença entre os lances. O propósito dessa ferramenta é promover uma maior equidade no procedimento.

Ademais, ainda sobre a etapa de lances, a previsão do § 4º do art. 56 da Lei n. 14.133/2021 estabelece que, caso sejam adotados os modos de disputa aberto ou fechado e aberto, após a definição da melhor proposta, se a diferença em relação à proposta classificada em segundo lugar for igual ou superior a 5%, a Administração poderá admitir o reinício da disputa aberta para a definição das demais colocações.

O dispositivo tenciona mitigar a prática de fornecedores conhecidos como "coelhos", mencionada no Acórdão n. 754/2015 – TCU – Plenário: "Configura comportamento fraudulento conhecido como coelho, ensejando declaração de inidoneidade para participar de licitação da Administração Pública Federal", proposta de licitante muito baixa em pregão, com o intuito de induzir outros licitantes a desistirem de competir; em conluio com outra licitante que oferece o segundo melhor lance e que, com a desclassificação proposital da primeira, é contratada por um valor superior ao que seria obtido em ambiente de ampla concorrência, sem influência do "coelho".

Assim, se o eventual fornecedor "coelho" venha a ser desclassificado ou inabilitado, a disputa entre os demais licitantes far-se-á possível, evitando-se prejuízos à competitividade da licitação.

---

cuja Cláusula 4.7 estabelecia a entrega de envelope fechado por cada participante, que deveria conter o lance – o que configura o modo fechado. Somente após conhecido o maior lance, e respeitado o preço mínimo, "havendo lance(s) igual(is) ou superior(es) a 80% (oitenta por cento) do valor do maior lance", o leilão teria continuidade, por lances sucessivos efetuados a viva voz, constituindo o modo aberto.

Por fim, ressalta-se que, na forma do art. 58 da Lei n. 14.133/2021, poderá ser exigida a denominada **garantia de proposta**, consistente na comprovação do recolhimento de quantia prevista no edital, como requisito de pré-habilitação, que deverá ser apresentada juntamente com a proposta.

A garantia de proposta não poderá ser superior a 1% do valor estimado para a contratação e será devolvida aos licitantes no prazo de 10 dias úteis, contado da assinatura do contrato ou da data em que for declarada fracassada a licitação.

Caberá ao licitante, na forma do § 1º do art. 96 da Lei n. 14.133/2021, a escolha da modalidade de garantia, dentre a possibilidade de **caução em dinheiro ou em títulos da dívida pública** emitidos sob a forma escritural, mediante registro em sistema centralizado de liquidação e de custódia autorizado pelo Banco Central do Brasil, e avaliados por seus valores econômicos, conforme definido pelo Ministério da Economia; **seguro-garantia**; **fiança bancária** emitida por banco ou instituição financeira devidamente autorizada a operar no País pelo Banco Central do Brasil; ou **título de capitalização** custeado por pagamento único, com resgate pelo valor total.

Implicará na execução do valor integral da garantia de proposta a recusa em assinar o contrato ou a não apresentação dos documentos para a contratação.

5.2.5. A fase de julgamento das propostas

Após a conclusão da etapa de apresentação de propostas e lances, resultando na classificação inicial das ofertas, procede-se à fase de julgamento da licitação. Sobre a fase de Julgamento, leciona Hely Lopes Meirelles[79] que, é o ato no qual as propostas são confrontadas, os proponentes são classificados e o vencedor é escolhido para a adjudicação do objeto da licitação, visando ao subsequente contrato com a Administração. Depreende-se que a decisão sobre o vencedor do certame não se reveste de discricionariedade. Pelo contrário, é vinculado ao critério estabelecido pela Administração, levando em consideração os fatores relevantes para o serviço público, como "**qualidade, rendimento, preço, condições de pagamento, prazos e outros pertinentes à licitação, indicados no edital ou no convite**. É o que se denomina **julgamento objetivo**".

Trata-se de momento essencial no procedimento da licitação, no qual se analisa, à luz de aspectos objetivos fixados no instrumento convocatório, as propostas apresentadas. Mas é importante ressaltar que o julgamento não gera direito subjetivo do vencedor à adjudicação do objeto da licitação.

As propostas serão julgadas conforme os critérios objetivos de julgamento definidos no edital, levando-se em consideração sua conformidade material com o exigido no edital.

---

[79] MEIRELLES, Hely Lopes. *Licitação e contrato administrativo*. 12. ed. São Paulo: Malheiros, 1999. p. 134-135.

5.2.5.1. Critérios objetivos de julgamento das propostas

Os critérios objetivos de julgamentos das propostas, previstos na Lei n. 14.133/2021, podem ser menor preço ou maior desconto, melhor técnica ou conteúdo artístico, técnica e preço, maior lance (no caso do leilão) ou maior retorno econômico, os quais não poderão ser combinados.

5.2.5.1.1. Critérios de julgamento menor preço ou maior desconto

O julgamento por **menor preço ou maior desconto** e, quando couber, por técnica e preço considerará o **menor dispêndio para a Administração**, atendidos os parâmetros mínimos de qualidade definidos no edital de licitação[80].

Por conseguinte, na forma do art. 34, § 1º, da Lei n. 14.133/2021, "Os custos indiretos, relacionados com as despesas de manutenção, utilização, reposição, depreciação e impacto ambiental do objeto licitado, entre outros fatores vinculados ao seu ciclo de vida, poderão ser considerados para a **definição do menor dispêndio**, sempre que objetivamente mensuráveis, conforme disposto em regulamento" do Ente Federativo.

Sobre os custos com manutenção, Freitas[81] defende que "[...] a preferência por materiais precários, sob o pretexto de menores custos imediatos, não raro acarreta acréscimos injustificáveis de dispêndio". Aduz, ainda, quanto ao tema que "a sagaz intelecção do ciclo de vida de bens e serviços – até a disposição final ou o descarte – reivindica mirada intertemporal consistente que utilize o monitoramento em tempo real dos materiais".

É importante observar a Súmula n. 247 do TCU, a qual preconiza que, nos editais de licitação para obras, serviços, compras e alienações, cujo objeto seja divisível, "é obrigatória a admissão da adjudicação **por item** e **não por preço global**". Isso busca garantir a ampla participação de licitantes, mesmo que não disponham da capacidade para executar, fornecer ou adquirir a totalidade do objeto. No entanto, essa obrigação não deve prejudicar o conjunto ou complexo da contratação nem resultar em perda de economia de escala.

Nessa linha, o critério de julgamento de menor preço por grupo de itens somente poderá ser adotado quando for demonstrada a inviabilidade de se promover a adjudicação por item e for evidenciada a sua vantagem técnica e econômica, e o critério de aceitabilidade de preços unitários máximos deverá ser indicado no edital, nos termos do art. 82, § 1º. Ademais, de acordo com o § 2º do art. 82, na hipótese de que trata o § 1º, observados os parâmetros estabelecidos nos §§ 1º, 2º e 3º do art. 23 da Lei, a contratação posterior de item específico constante de grupo de itens demandará prévia pesquisa de mercado e demonstração de sua vantajosidade.

---

[80] No âmbito federal, os critérios de julgamento por menor preço ou maior desconto encontram-se regulamentados pela IN SEGES n. 73, de 30 de setembro de 2022.

[81] FREITAS, Juarez. Nova Lei de licitações e o ciclo de vida do objeto. *Revista de Direito Administrativo*, Rio de Janeiro, v. 281, n. 2, p. 91-106, mai./ago. 2022.

O julgamento por **maior desconto** terá como referência o preço global fixado no edital de licitação, utilizando-se tabela de preços, e o desconto será estendido aos eventuais termos aditivos.

É possível vislumbrarmos três situações às quais já se utilizava esse critério de julgamento. Primeiramente, poderá ser utilizada nos casos em que o preço do objeto é constantemente mutável, sofrendo frequentes impactos da variação do mercado, o que impede que se tenha uma contratação com preço fixo. Como exemplo, é possível mencionar o mercado de combustíveis, que sofre inúmeras variações no tempo e no local de abastecimento[82].

Embora defendamos a possibilidade de credenciamento para esse tipo de mercado, com fundamento no art. 79, III, da Lei n. 14.133/2021, conforme explicado no tópico próprio desse procedimento auxiliar, vislumbramos a possibilidade do órgão ou entidade **estimar o quantitativo anual** do objeto (a exemplo dos combustíveis) e utilizar o maior desconto sobre a tabela referencial (a exemplo da tabela da ANP – Agência Nacional do Petróleo)[83].

Na segunda hipótese, o órgão ou entidade **não consegue estimar o quantitativo**, diante da imprevisibilidade das demandas, mas conhece o valor de mercado e este possui certa estabilidade, a exemplo dos serviços de manutenção veicular[84]. Assim, a Administração utiliza o maior desconto sobre o valor de referência por ela fixado, através da pesquisa de preços.

Na terceira situação, o órgão ou entidade **conhece os quantitativos e os valores estimados**, empregando o maior desconto com o propósito de evitar o "jogo de planilha"[85] ou "jogo de cronograma"[86] nas licitações para obras. Assim, emprega o denominado fator "k", o qual consiste em um percentual de desconto linear aplicado aos serviços do orçamento base e aos demais que eventualmente venham a ser acrescidos por aditivo contratual.

---

[82] BRASIL. Tribunal de Contas da União. *Licitações & Contratos:* orientações e jurisprudência do TCU. 5. ed. Brasília: TCU, 2023. p. 169.

[83] BRASIL. Tribunal de Contas da União. *Licitações & Contratos:* orientações e jurisprudência do TCU. 5. ed. Brasília: TCU, 2023. p. 169.

[84] BRASIL. Tribunal de Contas da União. *Licitações & Contratos:* orientações e jurisprudência do TCU. 5. ed. Brasília: TCU, 2023. p. 169.

[85] O jogo de planilha ocorre quando a licitante "indica preços abaixo dos de mercado para itens que estão superestimados na planilha orçamentária (que ele sabe que não serão muito utilizados na execução do contrato); e cota com sobrepreço os itens que estão subestimados, a fim de ganhar a licitação pelo aspecto global, mas, na execução dos serviços, faz prevalecer os itens mais dispendiosos, majorando o seu lucro por meio dos aditivos contratuais" (BRASIL. Tribunal de Contas da União, 2023, p. 170).

[86] Já o jogo de cronograma fica caracterizado quando "os serviços com maior sobrepreço unitário ou menor desconto estão concentrados no início da obra, e, por consequência, diminui as chances de a contratada abandonar a obra depois da execução desses serviços, nos quais se concentram as maiores vantagens pecuniárias para a executante" (BRASIL. Tribunal de Contas da União, 2023, p. 170).

Com isso, não haverá liberdade para que a licitante apresente descontos diferenciados para preços unitários dos diferentes serviços da planilha[87].

5.2.5.1.2. Critérios de julgamento melhor técnica ou conteúdo artístico e técnica e preço

Por sua vez, o julgamento por **melhor técnica ou conteúdo artístico** considerará exclusivamente as propostas técnicas ou artísticas apresentadas pelos licitantes, e o edital deverá definir o prêmio ou a remuneração que será atribuída aos vencedores, podendo ser utilizado para a contratação de projetos e trabalhos de natureza técnica, científica ou artística, seguindo-se o procedimento previsto nos arts. 37 e 38 da Lei n. 14.133/2021[88].

Quando empregado o julgamento por **técnica e preço**, será considerada a maior pontuação obtida a partir da ponderação, segundo fatores objetivos previstos no edital, das notas atribuídas aos aspectos de técnica e de preço da proposta[89], na forma detalhada nos arts. 36, 37 e 38 da Lei n. 14.133/2021.

5.2.5.1.3. Critério de julgamento maior retorno econômico

O julgamento por **maior retorno econômico** é previsto no art. 39 da Lei n. 14.133/2021, sendo "utilizado **exclusivamente para a celebração de contrato de eficiência**, considerará a maior economia para a Administração, e a remuneração deverá ser fixada em percentual que incidirá de forma proporcional à economia efetivamente obtida na execução do contrato".

Quando empregado esse critério de julgamento, os licitantes apresentarão **sua proposta de trabalho**, que deverá contemplar: **a)** as obras, os serviços ou os bens, com os respectivos prazos de realização ou fornecimento; e **b)** a economia que se estima gerar, expressa em unidade de medida associada à obra, ao bem ou ao serviço e em unidade monetária; e a **sua proposta de preço**, que corresponderá a percentual sobre a economia que se estima gerar durante determinado período, expressa em unidade monetária.

O retorno econômico será o resultado da economia que se estima gerar com a execução da proposta de trabalho, deduzida a proposta de preço. Para tanto, o edital deverá prever parâmetros objetivos de mensuração da econo-

---

[87] BRASIL. Tribunal de Contas da União. *Licitações & Contratos:* orientações e jurisprudência do TCU. 5. ed. Brasília: TCU, 2023. p. 170.

[88] No âmbito federal, o critério de julgamento por melhor técnica ou conteúdo artístico encontra-se regulamentado pela IN SEGES n. 12, de 31 de março de 2023.

[89] É importante reforçar que, conforme o Acórdão TCU n. 1257/2023 – Plenário, no critério de julgamento por técnica e preço, a Administração deve fundamentar adequadamente as avaliações das propostas técnicas, deixando-as consignadas em relatório circunstanciado nos autos do processo, não se limitando a meramente expressar as notas ou os conceitos. Para reduzir o grau de subjetividade nas pontuações atribuídas a essas propostas, os critérios de julgamento devem estar suficientemente detalhados no edital do certame, sob pena de violação ao princípio do julgamento objetivo.

mia gerada com a execução do contrato, que servirá de base de cálculo para a remuneração devida ao contratado.

Nos casos em que não for gerada a economia prevista no contrato de eficiência, o contratado sofrerá as consequências previstas no art. 39, § 4º, da Lei n. 14.133/2021, consistente no desconto da remuneração do contratado equivalente à diferença entre a economia contratada e a efetivamente obtida e, se a diferença entre a economia contratada e a efetivamente obtida for superior ao limite máximo estabelecido no contrato, o contratado sujeitar-se-á, ainda, a outras sanções cabíveis.

5.2.5.1.4. Critério de julgamento maior lance

O critério de julgamento maior lance é utilizado exclusivamente no leilão, conforme previsto no art. 6º, XL, e no art. 33, V, consistindo na apresentação de lances crescentes e sucessivos. A Lei n. 14.133/2021 não permite sua utilização para outras modalidades de licitação.

5.2.5.2. Critérios para desclassificação das propostas

Assim, utilizando-se dos critérios de julgamento acima, a Administração poderá promover a desclassificação das propostas, nas hipóteses previstas no art. 59 da Lei n. 14.133/2021, quais sejam aquelas que: contiverem vícios insanáveis; não obedecerem às especificações técnicas pormenorizadas no edital; apresentarem preços inexequíveis ou permanecerem acima do orçamento estimado para a contratação; não tiverem sua exequibilidade demonstrada, quando exigido pela Administração; apresentarem desconformidade com quaisquer outras exigências do edital, desde que insanável[90].

A Administração deve atuar de forma a preservar a participação de licitantes que apresentem propostas ou documentos contendo vícios ou irregularidades sanáveis, de forma a prestigiar o princípio do formalismo moderado e a máxima competitividade do certame[91]. Neste sentido, cabe observar

---

[90] Recomendamos atenção ao entendimento do TCU manifestado no Acórdão n. 1217/2023 – Plenário, no sentido de que é "irregular a desclassificação de proposta vantajosa à Administração por erros formais ou vícios sanáveis por meio de diligência, em face dos princípios do formalismo moderado e da supremacia do interesse público, que permeiam os processos licitatórios".

[91] Nesse mesmo sentido, o Superior Tribunal de Justiça tem entendido que "rigorismos formais extremos e exigências inúteis não podem conduzir a interpretação contrária à finalidade da lei, notadamente em se tratando de concorrência pública, do tipo menor preço, na qual a existência de vários interessados é benéfica, na exata medida em que facilita a escolha da proposta efetivamente mais vantajosa" (BRASIL. Superior Tribunal de Justiça. Recurso Especial. REsp n. 797.170/MT. Rel. Min. Denise Arruda. Primeira Turma. DJ, 7 nov. 2006). Na mesma linha, entende o STJ que "as regras do procedimento licitatório devem ser interpretadas de modo que, sem causar qualquer prejuízo à administração e aos interessados no certame, possibilitem a participação do maior número de concorrentes, a fim de que seja possibilitado se encontrar, entre várias propostas, a mais vantajosa" (BRASIL. Superior Tribunal de Justiça. Recurso Especial. REsp n. 512.179/PR. Rel. Min. Franciulli Neto. Segunda

que a **manutenção** de propostas contendo vícios sanáveis adentrou o ordenamento jurídico brasileiro, por inspiração no Direito Europeu das Contratações Públicas, mediante o art. 24 da Lei n. 12.462/2011 – Regime Diferenciado de Contratações Públicas[92].

Acerca do assunto, defende Adilson Abreu Dallari[93] que há evidentes posicionamentos na doutrina e jurisprudência que defendem que na fase de habilitação não deve haver rigidez excessiva. O foco deve ser na finalidade dessa etapa, ou seja, verificar se o proponente possui a idoneidade necessária. Defeitos mínimos, irrelevantes para essa comprovação, não devem ser motivo de exclusão do licitante. É necessário "haver uma certa elasticidade em função do objetivo, da razão de ser da fase de habilitação; convém ao interesse público, que haja o maior número possível de participantes".

A verificação da conformidade (aceitação) das propostas poderá ser feita exclusivamente em relação à proposta mais bem classificada, o que colabora para a celeridade processual.

É recomendável à Administração que, antes de desclassificar eventual proposta por inexequibilidade, promova diligências necessárias para aferi-la, cabendo à licitante interessada a sua demonstração. O TCU possui o entendimento sumulado (Súmula n. 262), que o critério de desclassificação por inexequibilidade constitui "uma presunção relativa de inexequibilidade de preços, devendo a Administração dar à licitante a oportunidade de demonstrar a exequibilidade da sua proposta"[94].

Com efeito, quanto ao tema, há julgado do TCU em que se abordam exemplos de estratégias comerciais passíveis de motivar o licitante a reduzir consideravelmente o seu lucro, ou mesmo retirar por completo sua margem de lucro, tais como: quebrar barreiras impostas pelos concorrentes no mercado; incrementar o seu portfólio; formar um novo fluxo de caixa advindo do contrato e que pode contribuir com outros tipos de ganho, dentre outros[95].

Turma. *DJ*, 28 out. 2003). No mesmo sentido, cf.: BRASIL. Superior Tribunal de Justiça. Mandado de Segurança. *MS n. 5.606/DF*. Rel. Min. José Delgado. Primeira Seção. *DJ*, 10 ago. 1998.

[92] O § 3º do art. 56 da Diretiva do Parlamento Europeu e do Conselho n. 24, de 26 de fevereiro de 2014, que dispõem sobre as regras aplicáveis aos procedimentos de contratações públicas no denominado "setor ordinário", estabelece que "quando a informação ou documentação a apresentar pelos operadores económicos for ou parecer incompleta ou incorreta, ou quando faltarem documentos específicos, as autoridades adjudicantes podem, salvo disposição em contrário da legislação nacional que der execução à presente diretiva, solicitar aos operadores económicos em causa que apresentem, acrescentem, clarifiquem ou completem a informação ou documentação pertinentes num prazo adequado, desde que tal seja solicitado no respeito integral dos princípios da igualdade de tratamento e da transparência".

[93] DALLARI, Adilson Abreu. *Aspectos jurídicos da licitação*. São Paulo: Saraiva, 2003. p. 137.

[94] Nesse sentido, o Enunciado n. 11 do Instituto Nacional da Contratação Pública (INCP) dispõe que: "O art. 59, § 4º, da Lei n. 14.133/2021, contempla presunção relativa de inexequibilidade às propostas de obras e serviços de engenharia, situação em que a Administração deverá realizar as diligências previstas no inciso IV e no § 2º, ambos daquele artigo".

[95] Relatório do Acórdão n. 325/2007, item 9.6; voto do Acórdão n. 3092/2014, parágrafo 18, ambos do Plenário do TCU.

No caso de obras e serviços de engenharia e arquitetura, para efeito de avaliação da exequibilidade e de sobrepreço, serão considerados o preço global, os quantitativos e os preços unitários tidos como relevantes, observado o critério de aceitabilidade de preços unitário e global a ser fixado no edital, conforme as especificidades do mercado correspondente.

Embora o art. 59, § 4º, da Lei n. 14.133/2021, estabeleça que, "No caso de obras e serviços de engenharia, serão consideradas inexequíveis as propostas cujos valores forem inferiores a 75% (setenta e cinco por cento) do valor orçado pela Administração", é recomendável que a Administração abra diligência e oportunize à licitante demonstrar a exequibilidade.

Recentemente, o Superior Tribunal de Justiça (STJ), ao analisar um recurso repetitivo, pronunciou-se contra a legalidade de uma cláusula no edital que estabelecia uma taxa de administração mínima de 1%, com o propósito de evitar propostas potencialmente inexequíveis. De acordo com o Tribunal, uma vez que o objetivo da licitação é escolher a proposta mais vantajosa para a Administração, "a fixação de um preço mínimo atenta contra esse objetivo, especialmente considerando que um determinado valor pode ser inexequível para um licitante, porém exequível para outro". Sendo assim, a Administração deve, então, "buscar a proposta mais vantajosa; em caso de dúvida sobre a exequibilidade, ouvir o respectivo licitante; e, sendo o caso, exigir-lhe a prestação de garantia"[96].

O legislador, ao abordar o dispositivo mencionado, demonstrou preocupação em estabelecer critérios objetivos para identificar propostas que seriam consideradas manifestamente inexequíveis em contratos de obras e serviços de engenharia e arquitetura. Além desses casos, mesmo sem um valor percentual especificamente designado para essa finalidade, há entendimentos que aponta que a Administração Pública deve também rejeitar tais propostas em contratos de serviços continuados, vez que, de forma similar às obras públicas, se a execução do contrato se estender ao longo do tempo, a inexequibilidade poderia resultar na interrupção do serviço contratado, o que seria prejudicial ao interesse público, conforme defende Sundfeld[97], segundo o qual "a proposta de valor mais baixo nem sempre é exequível pelo licitante" o que constituiria, nos contratos de duração continuada, prejuízos de grande monta para os interesses coletivos. Com efeito, caso um contrato de duração continuada, como, por exemplo, manutenção de equipamentos médico-hospitalares em instituição pública, não puder ser cumprido pelo contratado, nas palavras do autor, duas alternativas restarão: "das duas uma,

---

[96] BRASIL. Superior Tribunal de Justiça. Recurso Especial. REsp n. 1.840.113/CE. Rel. Min. OG Fernandes. Tema/ Repetitivo n. 1.038. Segunda Turma. *DJE*, 23 out. 2020.

[97] SUNDFELD, Carlos Ari. *Licitação e contrato administrativo*. São Paulo: Malheiros, 1994. p. 149.

ou paralisará a execução, desatendendo o interesse público a meio do caminho, ou, por via de influências indevidas, buscará compensar a perda inicial com vantagens de outra ordem".

Entretanto, outro é o posicionamento adotado pelo TCU, caso se trate de contrato de escopo, sem o estabelecimento de obrigações futuras. Já que em tais avenças o ajuste se exaure com a entrega do objeto e o recebimento da contraprestação, a Administração só deve recusar propostas com preços muito baixos quando vislumbrar atos que importem em violação à livre iniciativa, vez que tais valores podem decorrer de outras possibilidades, tais como estratégia comercial ou proximidade de encerramento de atividades empresariais[98].

5.2.5.2.1. A possibilidade de desclassificação da proposta por não atendimento de marca ou modelo

O art. 41 da Lei n. 14.133/2021 prevê que, excepcionalmente, no caso de licitação que envolva o fornecimento de bens, a Administração **poderá indicar uma ou mais marcas ou modelos**, desde que formalmente justificado, em decorrência da **necessidade de padronização do objeto**[99]; da imprescindibilidade de **manter a compatibilidade com plataformas e padrões já adotados pela Administração** ou quando determinada **marca ou modelo** comercializados por **mais de um fornecedor** forem os **únicos** capazes de atender às necessidades do contratante.

Assim, entendemos que, nessas situações, caso a proposta apresentada esteja em desconformidade com a marca indicada pela Administração, esta poderá ser desclassificada, **mediante decisão fundamentada** que exponha, com base no art. 41, no edital e nas justificativas técnicas, **as razões de fato e de direito**.

A nosso ver, a desclassificação não poderá ocorrer na hipótese de indicação de marca como parâmetro, prevista no art. 41, I, *d*, da Lei n. 14.133/2021, quando servirá apenas para que a descrição do objeto a ser licitado puder ser melhor compreendida pela referência indicada (situações em que a Administração colocará a expressão "similar a").

---

[98] BRASIL. Tribunal de Contas da União. Representação (REPR). *Processo n. 020.363/2014-1. Acórdão n. 3.092/2014* – Plenário. Rel. Min. Bruno Dantas. Data da sessão: 12 nov. 2014; BRASIL. Tribunal de Contas da União. Representação (REPR). *Processo n. 046.588/2012-4. Acórdão n. 1.092/2013* – Plenário. Rel. Min. Raimundo Carreiro. Data da sessão: 8 mai. 2013; BRASIL. Tribunal de Contas da União. Representação (REPR). *Processo n. 015.709/2011-6. Acórdão n. 2.068/2011* – Plenário. Rel. Min. Augusto Nardes. Data da sessão: 10 ago. 2011; entre outros.

[99] O TCU já possuía o entendimento sumulado (Súmula n. 270), no sentido de que "Em licitações referentes a compras, inclusive de softwares, é possível a indicação de marca, desde que seja estritamente necessária para atender a exigências de padronização e que haja prévia justificação".

A proposta poderá ser desclassificada, ainda, quando expressamente prevista no edital a vedação à determinada marca ou produto, na forma do art. 41, III, da Lei n. 14.133/2021. Para tanto, a Administração deverá ter comprovado previamente, mediante processo administrativo, que produtos adquiridos e utilizados anteriormente, não atendem a requisitos indispensáveis ao pleno adimplemento da obrigação contratual[100].

5.2.5.2.2. A possibilidade de diligência para verificação da compatibilidade do objeto licitado com a proposta apresentada

O art. 17, § 3º, da Lei n. 14.133/2021, estabelece que, **desde que previsto no edital**, na fase de julgamento das propostas, o órgão ou entidade licitante poderá, **em relação ao licitante provisoriamente vencedor**[101], realizar análise e avaliação da conformidade da proposta, mediante homologação de **amostras**[102], exame de conformidade e prova de conceito[103], entre outros testes de interesse da Administração, de modo a comprovar sua aderência às especificações definidas no termo de referência ou no projeto básico.

Essa previsão no edital deve decorrer de justificativa a ser apresentada na fase preparatória, no mapa de riscos relacionados à contratação, conforme exige a parte *in fini* do inciso II do art. 41 da Lei n. 14.133/2021. A exigência é, portanto, um meio importante à mitigação de riscos relacionados à futura execução contratual.

---

[100] Torna-se importante destacar o Enunciado n. 4 do Instituto Nacional da Contratação Pública, o qual estabelece que: "Nos termos do inciso III, art. 41 da Lei n. 14.133/2021, para que a Administração Pública proceda à vedação de modelo e marca, deve-se observar: (i) a incidência da vedação recai sobre o objeto, não sobre a empresa contratada; (ii) a vedação deve se referir a objetos já adquiridos e utilizados pela Administração; (iii) a vedação deve se pautar em critérios objetivamente identificáveis e aferíveis; (iv) a vedação deve decorrer de prévio processo administrativo que garanta o contraditório e a ampla defesa; (v) a vedação deve ser consequência lógica das conclusões obtidas no processo administrativo; (vi) os impactos da vedação nas licitações em curso e nos contratos já em execução; (vii) os recursos cabíveis contra a decisão de vedação; (viii) o tempo de duração da vedação; e (ix) as hipóteses de reabilitação da marca perante a Administração".

[101] Além da previsão legal, o TCU já consolidou entendimento de que essa exigência só pode ser realizada do licitante provisoriamente declarado vencedor. Acórdão n. 2763/2013 – Plenário. Rel. Min. Weder de Oliveira. Julg. em: 9 out. 2013.

[102] O art. 42, § 3º, da Lei n. 14.133/2021, prevê que, na fase de julgamento das propostas, a Administração, em sede de diligências, poderá encaminhar essas amostras para exame a ser realizado por instituição com reputação ético-profissional na especialidade do objeto, previamente indicada no edital.

[103] BRASIL, Tribunal de Contas da União, Acórdão n. 1285/2014 – TCU – Segunda Câmara, itens 9.2.1 a 9.2.4; Acórdão n. 346/2002 – TCU – Plenário, item 8.6, alínea *c*. Conforme entendimento do TCU, o edital de licitação deve contemplar as condições de entrega da amostra ou de realização da prova de conceito (data, horário e local), os procedimentos para o exame da amostra (roteiro detalhado da avaliação), bem como os critérios objetivos para a aceitação.

Quando indicada marca como referência, na forma exposta na seção anterior, o art. 42 da Lei n. 14.133/2021 prevê que a prova de qualidade do produto apresentado como similar será admitida por qualquer um dos seguintes meios:

a) comprovação de que o produto está de acordo com as normas técnicas determinadas pelos órgãos oficiais competentes, pela Associação Brasileira de Normas Técnicas (ABNT) ou por outra entidade credenciada pelo Inmetro;

b) declaração de atendimento satisfatório emitida por outro órgão ou entidade de nível federativo equivalente ou superior que tenha adquirido o produto; ou

c) certificação, certificado, laudo laboratorial ou documento similar que possibilite a aferição da qualidade e da conformidade do produto ou do processo de fabricação, inclusive sob o aspecto ambiental, emitido por instituição oficial competente ou por entidade credenciada.

Além disso, o art. 42, § 1º, permite que a Administração insira, no edital, como condição de aceitabilidade da proposta, a apresentação de certificação de qualidade do produto por instituição credenciada pelo Conselho Nacional de Metrologia, Normalização e Qualidade Industrial (Conmetro).

Na exigência de certificação como condição de aceitabilidade, a Administração deve observar a máxima cautela, visto que pode importar em prazos e custos capazes de comprometer a competitividade da licitação, inviabilizando a participação de várias empresas.

Por fim, ressaltamos que a aceitação de objeto diferente daquele constante da proposta e com características técnicas inferiores às definidas no termo de referência ou projeto básico afronta o princípio da vinculação ao instrumento convocatório e da isonomia, diante da possibilidade de as diferenças técnicas influenciarem não só no valor das propostas, mas também na intenção de participação de potenciais licitantes[104].

5.2.5.3. Critérios para o desempate das propostas

Havendo empate entre duas ou mais propostas, após a utilização do critério de desempate real ou ficto previsto na Lei Complementar n. 123/2006, aplicável às Micro e Pequenas Empresas, conforme explicado em seção própria neste capítulo da obra, serão utilizados os critérios de desempate previstos no art. 60 da Lei n. 14.133/2021, nesta ordem:

Primeiro: disputa final, hipótese em que os licitantes empatados poderão apresentar nova proposta em ato contínuo à classificação;

Segundo: avaliação do desempenho contratual prévio dos licitantes, para a qual deverão preferencialmente ser utilizados registros cadastrais para efeito de atesto de cumprimento de obrigações previstos na Lei n. 14.133/2021;

---

[104] Acórdão do TCU n. 1033/2019 – Plenário. Rel. Min. Aroldo Cedraz. Julgado em: 8 mai. 2019.

Terceiro: desenvolvimento pelo licitante de ações de equidade entre homens e mulheres no ambiente de trabalho, conforme regulamento de cada Ente Federativo (no caso da União, este critério está regulamentado no Decreto n. 11.430/2023, podendo ser utilizado pelos Estados e Municípios, como todos os outros regulamentos federais, conforme previsão do art. 187 da Lei n. 14.133/2021); e

Quarto: desenvolvimento pelo licitante de programa de integridade (*compliance* anticorrupção), conforme orientações dos órgãos de controle.

Após a aplicação sucessiva desses critérios, e persistindo o empate, em igualdade de condições, será assegurada preferência, sucessivamente, aos bens e serviços produzidos ou prestados por:

Primeiro: empresas estabelecidas no território do Estado ou do Distrito Federal do órgão ou entidade da Administração Pública estadual ou distrital licitante ou, no caso de licitação realizada por órgão ou entidade de Município, no território do Estado em que este se localize;

Segundo: empresas brasileiras;

Terceiro: empresas que invistam em pesquisa e no desenvolvimento de tecnologia no País; e

Quarto: empresas que comprovem a prática de mitigação de impactos sobre o meio ambiente, consistente nas mudanças e substituições tecnológicas que reduzam o uso de recursos e as emissões por unidade de produção, bem como a implementação de medidas que reduzam as emissões de gases de efeito estufa e aumentem os sumidouros.

Por fim, "Em que pese não haver previsão legal, o sorteio poderá ser utilizado como critério de desempate, quando todos os critérios previstos nos incisos do art. 60 e § 1º da Lei 14.133/2021 forem utilizados sem sucesso"[105].

5.2.5.4. A negociação da proposta

Por fim, destaca-se que, definido o resultado do julgamento, o agente ou a comissão de contratação poderá negociar condições mais vantajosas com o primeiro colocado, na forma do art. 61 da Lei n. 14.133/2021, o que também poderá ser feito com os demais licitantes, segundo a ordem de classificação, quando o primeiro colocado, mesmo após a negociação, for desclassificado em razão de sua proposta permanecer acima do preço máximo definido pela Administração. Depois de concluída, a negociação terá seu resultado divulgado a todos os licitantes e anexado aos autos do processo licitatório.

Quanto ao tema, o art. 30 da IN – Seges/ME n. 73/2022, que dispõe sobre licitação pelo critério de julgamento por menor preço ou maior desconto, estabelece que a negociação só será cabível se a proposta estiver acima do

---

[105] Enunciado n. 10 do Instituto Nacional da Contratação Pública.

valor estimado. O escopo do dispositivo é evitar negociações apenas para cumprir formalidades, vez que dificilmente o fornecedor negociará valores quando sua proposta já está em patamares mais baixos do que o orçado pela Administração.

No caso de o orçamento ser sigiloso, será cabível a negociação se o valor estiver acima do valor cotado pela Administração. Dessa forma, a IN – SEGES/ME n. 73/2022 (art. 12, § 1º) admitiu de forma implícita a publicização do orçamento na etapa anterior à negociação, após conhecimento da proposta mais vantajosa, de forma a evitar uma contratação fracassada.

A negociação será realizada por um agente de contratação, comissão de contratação ou pregoeiro, conforme estipulado no regulamento. Após sua conclusão, o resultado será comunicado a todos os licitantes e incluído nos documentos do processo licitatório.

5.2.6. A fase de habilitação das licitantes

A habilitação é a fase da licitação prevista no art. 62 e s. da Lei n. 14.133/2021, em que se verifica o conjunto de informações e documentos necessários e suficientes para demonstrar a capacidade do licitante de realizar o objeto da licitação, dividindo-se na **habilitação jurídica; técnica; fiscal, social e trabalhista**; bem como **econômico-financeira**.

Essa fase é de extrema importância no processo de contratação, pois é comum a inclusão em editais de requisitos que são desnecessários e, às vezes, até mesmo ilegais para a participação dos licitantes. Isso se torna uma das principais razões para impugnações nos processos de licitação, além de ser um motivo frequente para as determinações do Tribunal de Contas da União (TCU) para correções ou até mesmo anulações das licitações.

Torna-se importante mencionar que a Súmula n. 272 do TCU veda "[...] a inclusão de exigências de habilitação e de quesitos de pontuação técnica para cujo atendimento os licitantes tenham de incorrer em custos que não sejam necessários anteriormente à celebração do contrato".

5.2.6.1. A habilitação jurídica

A **habilitação jurídica** visa a demonstrar a capacidade de o licitante exercer direitos e assumir obrigações, e a documentação a ser apresentada por ele limita-se à comprovação de existência jurídica da pessoa e, quando cabível, de autorização para o exercício da atividade a ser contratada.

5.2.6.2. A habilitação técnica

A **qualificação técnico-profissional (do corpo técnico) e técnico-operacional (da licitante)** consistirá na apresentação da documentação, conforme art. 67 da Lei n. 14.133/2021, relativamente a:

a) apresentação de profissional, devidamente registrado no conselho profissional competente, quando for o caso, detentor de atestado de responsabilidade técnica (ART) por execução de obra ou serviço de características semelhantes, para fins de contratação[106];

b) certidões ou atestados[107], regularmente emitidos pelo conselho profissional competente[108], quando for o caso, que demonstrem capacidade operacional na execução de serviços similares de complexidade tecnológica e operacional equivalente ou superior[109], bem como os atestados emitidos pela própria Administração Pública (documento comprobatório da avaliação realizada, com menção ao seu desempenho na execução contratual, baseado em indicadores objetivamente definidos e aferidos)[110];

c) indicação do pessoal técnico, das instalações e do aparelhamento adequados e disponíveis para a realização do objeto da licitação, bem como da qualificação de cada membro da equipe técnica que se responsabilizará pelos trabalhos[111];

---

[106] O profissional indicado pelo licitante deverá participar da obra ou serviço objeto da licitação e será admitida a sua substituição por profissional de experiência equivalente ou superior, desde que aprovada pela Administração, na forma do § 6º do art. 67 da Lei n. 14.133/2021.

[107] Salvo na contratação de obras e serviços de engenharia, tanto o ART como os Atestados de Capacidade Técnica emitidos pelo respectivo Conselho poderão ser substituídos, a critério da Administração, por outra prova de que o profissional ou a empresa possui conhecimento técnico e experiência prática na execução de serviço de características semelhantes, hipótese em que as provas alternativas aceitáveis deverão ser previstas em regulamento, conforme hipótese de flexibilização contida no art. 67, § 3º.

[108] Serão aceitos atestados ou outros documentos hábeis emitidos por entidades estrangeiras quando acompanhados de tradução para o português, salvo se comprovada a inidoneidade da entidade emissora, na forma exigida pelo § 4º do art. 67 da Lei n. 14.133/2021.

[109] A Súmula n. 263 do TCU já previa que "Para a comprovação da capacidade técnico-operacional dos licitantes, e desde que limitada, simultaneamente, às parcelas de maior relevância e valor significativo do objeto a ser contratado, é legal a exigência de comprovação da execução de quantitativos mínimos em obras ou serviços com características semelhantes, devendo essa exigência guardar proporção com a dimensão e a complexidade do objeto a ser executado".

[110] O art. 67, § 1º, da Lei n. 14.133/2021, fixa que: "A exigência de atestados será restrita às parcelas de maior relevância ou valor significativo do objeto da licitação, assim consideradas as que tenham valor individual igual ou superior a 4% do valor total estimado da contratação". Já no que tange à compatibilidade da experiência anterior com o objeto licitado, o § 2º desse artigo prevê que é possível a Administração exigir atestados com quantidades mínimas de até 50% dessas parcelas, **vedadas limitações de tempo e de locais específicos** relativas aos atestados. Não obstante, em se tratando de serviços contínuos, o edital poderá exigir certidão ou atestado que demonstre que o licitante tenha executado serviços similares ao objeto da licitação, em períodos sucessivos ou não, **por um prazo mínimo, que não poderá ser superior a 3 anos**, conforme autorização contida no § 5º desse artigo.

[111] Os profissionais indicados pelo licitante deverão participar da obra ou serviço objeto da licitação e será admitida a sua substituição por profissionais de experiência equivalente ou superior, desde que aprovada pela Administração, na forma do § 6º do art. 67 da Lei n. 14.133/2021.

d) prova do atendimento de requisitos previstos em lei especial, bem como registro ou inscrição na entidade profissional competente[112], quando for o caso;

e) declaração de que o licitante tomou conhecimento de todas as informações e das condições locais para o cumprimento das obrigações objeto da licitação.

O edital poderá prever, conforme autorização contida no § 9º do art. 67, da Lei n. 14.133/2021, para aspectos técnicos específicos, que a qualificação técnica seja demonstrada por meio de atestados relativos a potencial subcontratado, limitado a 25% do objeto a ser licitado, hipótese em que mais de um licitante poderá apresentar atestado relativo ao mesmo potencial subcontratado.

Também é possível a apresentação de atestado de desempenho anterior emitido em favor de consórcio do qual a licitante tenha feito parte. Assim, caso o atestado ou o contrato de constituição do consórcio não identificar a atividade desempenhada por cada consorciado individualmente, serão adotados os seguintes critérios na avaliação de sua qualificação técnica:

a) caso o atestado tenha sido emitido em favor de consórcio homogêneo, as experiências atestadas deverão ser reconhecidas para cada empresa consorciada na proporção quantitativa de sua participação no consórcio[113], salvo nas licitações para contratação de serviços técnicos especializados de natureza predominantemente intelectual, em que todas as experiências atestadas deverão ser reconhecidas para cada uma das empresas consorciadas;

b) caso o atestado tenha sido emitido em favor de consórcio heterogêneo, as experiências atestadas deverão ser reconhecidas para cada consorciado de acordo com os respectivos campos de atuação, inclusive nas licitações para contratação de serviços técnicos especializados de natureza predominantemente intelectual.

Por fim, enfatizamos que é necessário atentar ao Acórdão do TCU n. 917/2022-Plenário, o qual estabelece que "a apresentação de atestado de capacidade técnica com conteúdo falso, à evidência de conluio entre as empresas envolvidas, fere os princípios da moralidade, da isonomia e da competitividade e conduz à declaração de inidoneidade", da empresa que emitiu o atestado e daquela que o apresentou, "para participar de licitação na Administração Pública".

---

[112] As sociedades empresárias estrangeiras atenderão à exigência por meio da apresentação, no momento da assinatura do contrato, da solicitação de registro perante a entidade profissional competente no Brasil, conforme garantido pelo § 7º do art. 67 da Lei n. 14.133/2021.

[113] Nessa hipótese, para fins de comprovação do percentual de participação do consorciado, caso este não conste expressamente do atestado ou da certidão, deverá ser juntada ao atestado ou à certidão cópia do instrumento de constituição do consórcio, na forma do § 11 do art. 67 da Lei n. 14.133/2021.

5.2.6.3. As habilitações fiscal, social e trabalhista

Por sua vez, as **habilitações fiscal, social e trabalhista** serão aferidas mediante: a verificação da inscrição no CPF ou no CNPJ; a inscrição no cadastro de contribuintes estadual e/ou municipal, se houver, relativo ao domicílio ou sede do licitante, pertinente ao seu ramo de atividade e compatível com o objeto contratual; a regularidade perante a Fazenda federal, estadual e/ou municipal do domicílio ou sede do licitante, ou outra equivalente, na forma da lei; a regularidade relativa à Seguridade Social e ao FGTS, que demonstre cumprimento dos encargos sociais instituídos por lei; a regularidade perante a Justiça do Trabalho; e o cumprimento do disposto no inciso XXXIII do art. 7º da Constituição Federal, demonstrado por declaração do licitante.

Essa documentação poderá ser substituída ou suprida, no todo ou em parte, por outros meios hábeis a comprovar a regularidade do licitante, inclusive por meio eletrônico.

O art. 63, III, da Lei n. 14.133/2021, determina que a documentação relativa à regularidade fiscal somente será exigida em momento posterior ao julgamento das propostas, mesmo na hipótese de inversão de fases, e apenas do licitante mais bem classificado.

Por fim, salienta-se que a Administração não deve exigir dos licitantes a apresentação de **certidão de quitação de obrigações fiscais**, mas prova de sua **regularidade fiscal**, conforme entendimento já pacificado no âmbito do TCU, constante no enunciado da Súmula n. 283.

5.2.6.4. A habilitação econômico-financeira

A habilitação econômico-financeira visa a demonstrar a aptidão econômica do licitante para cumprir as obrigações decorrentes do futuro contrato, devendo ser comprovada de forma objetiva, por coeficientes e índices econômicos previstos no edital e em conformidade com o art. 69 da Lei n. 14.133/2021, devidamente justificados no processo licitatório[114].

Para tanto, poderá ser exigida estritamente a documentação relativa à apresentação de **certidão negativa de feitos sobre falência** expedida pelo distribuidor da sede do licitante e ao **balanço patrimonial**, com a demonstração de resultado de exercício e demais demonstrações contábeis dos 2 últimos exercícios sociais (caso a pessoa jurídica tiver sido constituída há menos de 2 anos, esses documentos limitar-se-ão ao último exercício).

Defendemos a possibilidade de participação em licitação ou a contratação direta de empresa em recuperação judicial ou extrajudicial, diante da au-

---

[114] Assim, "Para fins de qualificação econômico-financeira, a Administração pode exigir das licitantes, **de forma não cumulativa**, capital social mínimo, patrimônio líquido mínimo ou garantias que assegurem o adimplemento do contrato a ser celebrado, no caso de compras para entrega futura e de execução de obras e serviços", nos termos da Súmula n. 275 do TCU.

sência de vedação expressa na Lei n. 14.133/2021, a qual veda estritamente a participação de empresas em processo de falência[115].

Caso as empresas tenham sido criadas no exercício financeiro da licitação, deverão atender a todas as exigências da habilitação e ficarão autorizadas pelo art. 65, § 1º, da Lei n. 14.133/2021, a substituir os demonstrativos contábeis pelo balanço de abertura.

A critério da Administração, também poderá ser exigida declaração, assinada por profissional habilitado da área contábil, que ateste o atendimento pelo licitante dos índices econômicos previstos no edital, bem como a relação dos compromissos assumidos pelo licitante que importem em diminuição de sua capacidade econômico-financeira, excluídas parcelas já executadas de contratos firmados.

É vedada à Administração, para fins de habilitação econômico-financeira, exigir valores mínimos de faturamento anterior e/ou de índices de rentabilidade ou lucratividade, bem como índices e valores não usualmente adotados para a avaliação de situação econômico-financeira suficiente para o cumprimento das obrigações decorrentes da licitação[116].

Por fim, destaca-se que a Administração, nas compras para entrega futura e na execução de obras e serviços, poderá estabelecer no edital a exigência de capital mínimo ou de patrimônio líquido mínimo equivalente a até 10% (dez por cento) do valor estimado da contratação, em conformidade com o art. 69, § 4º, da Lei n. 14.133/2021 e com a Súmula n. 275 do TCU.

5.2.6.5. Declarações complementares

O art. 63 da Lei n. 14.133/2021 prevê que, na fase de habilitação, poderá ser exigida dos licitantes a **declaração de que atendem aos requisitos de habilitação** e o declarante responderá pela veracidade das informações prestadas, na forma da lei, e a **declaração de que cumpre as exigências de reserva de cargos** para pessoa com deficiência e para reabilitado da Previdência Social, previstas em lei e em outras normas específicas.

Além dessas, é possível que sejam exigidas, desde que constante no edital, as previstas no art. 63, § 1º e § 2º, da Lei n. 14.133/2021, consistentes na **declaração de que suas propostas econômicas compreendem a integralidade dos custos para atendimento integral das verbas trabalhistas** e

---

[115] Nesse sentido também é o Enunciado n. 6 do Instituto Nacional da Contratação Pública.
[116] Essa vedação já era sumulada no âmbito do TCU (Súmula n. 289), cujo enunciado preconiza que: "A exigência de índices contábeis de capacidade financeira, a exemplo dos de liquidez, deve estar justificada no processo da licitação, conter parâmetros atualizados de mercado e atender às características do objeto licitado, sendo vedado o uso de índice cuja fórmula inclua rentabilidade ou lucratividade".

na **declaração de que conhece o local e as condições de realização da obra ou serviço**, assegurado a ele o direito de realização de vistoria prévia[117].

Por fim, é possível exigir, ainda, na forma do art. 4º, § 2º, da Lei n. 14.233/2021, a **declaração de enquadramento como Microempresa ou Empresa de Pequeno Porte**, para fins do gozo do tratamento favorecido da LC n. 123/2006.

5.2.6.6. A comprovação documental na habilitação

Conforme preceitua o art. 70 da NLCC, a documentação relativa à habilitação poderá ser comprovada mediante a apresentação em original, por cópia ou por qualquer outro meio expressamente admitido pela Administração, bem como substituída por registro cadastral emitido por órgão ou entidade pública, desde que previsto no edital e que o registro tenha sido feito em obediência ao disposto na Lei n. 14.133/2021.

As empresas estrangeiras que não funcionem no País deverão apresentar documentos equivalentes, na forma de regulamento emitido pelo Poder Executivo federal.

Por fim, há de se destacar que o art. 63, II, da Lei n. 14.133/2021, estabelece que será exigida a apresentação dos documentos de habilitação apenas pelo licitante vencedor, exceto quando a fase de habilitação anteceder a de julgamento.

5.2.6.7. As hipóteses de dispensa da documentação de habilitação

O art. 70 da Lei n. 14.133/2021, em seu inciso III, prevê a possibilidade de dispensa total ou parcial da documentação de habilitação, **1)** nas contratações para entrega imediata, **2)** nas contratações em valores inferiores a 1/4 do limite para dispensa de licitação para compras em geral, e **3)** nas contratações de produto para pesquisa e desenvolvimento até o valor de R$ 300.000,00 (atualizados anualmente por Decreto do Presidente da República, conforme determinado pelo art. 182 também dessa lei).

Não obstante, entendemos que o mencionado dispositivo estabelece uma hipótese em que o administrador não está obrigado a motivar as razões pelas quais dispensará total ou parcialmente a documentação de habilitação. Entretanto, a nosso ver, não são apenas essas as hipóteses em que o administrador poderá dispensar total ou parcialmente os requisitos habilitatórios,

---

[117] Salientamos que o TCU possui o entendimento de que a visita técnica deve ser individual, uma vez que, para o Tribunal, "a visita técnica coletiva ao local de execução dos serviços contraria os princípios da moralidade e da probidade administrativa, pois permite ao gestor público ter prévio conhecimento dos licitantes, bem como às próprias empresas terem ciência do universo de concorrentes, criando condições favoráveis à prática de conluio" (Acórdão n. 7982/2017 – Segunda Câmara. Rel. Min. Ana Arraes. Julg. em 29 ago. 2017).

desde que devidamente justificado na fase preparatória da licitação, considerando-se parâmetros de necessidade, adequação e proporcionalidade em sentido estrito.

Isso porque a Lei n. 14.133/2021 deve ser interpretada em conformidade com a Constituição, a qual prevê, em seu art. 37, XXI, que o processo de licitação "[...] somente permitirá as exigências de qualificação técnica e econômica **indispensáveis à garantia do cumprimento das obrigações**". Portanto, no caso concreto, fora das hipóteses do art. 70, III, o administrador pode dispensar a documentação, de modo motivado, a fim de atender o comando constitucional.

5.2.6.8. Hipóteses de substituição da documentação

O art. 64 da Lei n. 14.133/2021 estabelece que, após a entrega dos documentos para habilitação, não será permitida a substituição ou a apresentação de novos documentos, salvo em sede de diligência, para complementação de informações acerca dos documentos já apresentados pelos licitantes e desde que necessária para apurar fatos existentes à época da abertura do certame ou atualização de documentos cuja validade tenha expirado após a data de recebimento das propostas.

O § 1º desse artigo prevê que, na análise dos documentos de habilitação, o agente ou a comissão de contratação poderá sanar erros ou falhas que não alterem a substância dos documentos e sua validade jurídica, mediante despacho fundamentado registrado e acessível a todos, atribuindo-lhes eficácia para fins de habilitação e classificação.

Diante disso, o TCU, ao proferir o Acórdão n. 1211/2021 – Plenário, compreendeu que a vedação à inclusão de novo documento, prevista no art. 64 da Lei 14.133/2021, não alcança documento ausente, comprobatório de condição atendida pelo licitante quando apresentou sua proposta, que não foi juntado com os demais comprovantes de habilitação e da proposta, por equívoco ou falha, o qual deverá ser solicitado e avaliado pelo agente ou comissão de contratação, que poderá deferir a juntada desse documento.

Com efeito, há reiterada jurisprudência da Corte de Contas no sentido da aplicação do formalismo moderado e da razoabilidade quando da habilitação, de forma a não prejudicar o fim (obter a proposta apta a gerar o resultado de contratação mais vantajosa) e fazer prevalecer o meio (exigências de habilitação). Dessa forma, a orientação do TCU é que se evite proceder-se a inabilitações de licitantes sem que lhe seja oportunizada a correção de eventuais falhas nos documentos de habilitação, desde que sejam sanáveis e atestem condições pré-existentes à abertura do certame[118].

---

[118] BRASIL, Tribunal de Contas da União. *Acórdão n. 988/2022* – Plenário. Enunciado: a falta de documento relativo à fase de habilitação em pregão que consista em mera declaração do licitante sobre fato preexistente ou em simples compromisso por ele firmado, deve o pregoei-

5.2.7. A fase recursal

Dos atos da Administração durante a licitação, são cabíveis recurso, no prazo de 3 dias úteis, contado da data de intimação ou de lavratura da ata, em face do **julgamento das propostas** ou da **habilitação ou inabilitação de licitante**, conforme previsão do art. 165 da Lei n. 14.133/2021.

Nessas situações, a licitante deverá apresentar imediatamente **a intenção de recorrer**, sob pena de preclusão, tão logo tenha a proposta desclassificada e/ou tenha sido inabilitada, bem como não concorde com a classificação de outra proposta ou com a habilitação de outra empresa.

As razões recursais deverão ser dirigidas ao agente ou comissão de contratação que tiver classificado/desclassificado a proposta ou habilitado/inabilitado a empresa, no prazo de 3 dias úteis, que será iniciado na data de intimação ou de lavratura da ata de habilitação ou inabilitação (ainda que o recurso seja contra o julgamento das propostas) à semelhança de como era no Pregão da Lei n. 10.520/2002, dando-se a apreciação em fase única[119].

Recebidas as razões recursais, o agente ou comissão de contratação abrirá o mesmo prazo de três dias úteis, contado da data de intimação pessoal ou da divulgação da interposição do recurso, para que as demais licitantes apresentem suas contrarrazões. Para tanto, será também assegurado às demais licitantes vista dos elementos indispensáveis à defesa de seus interesses.

Decorrido esse prazo, o agente ou comissão de contratação fará a apreciação das razões e eventuais contrarrazões apresentadas, proferindo decisão de reconsideração no prazo de 3 dias úteis. Se não reconsiderar, encaminhará o recurso com a sua motivação à autoridade superior, a qual deverá proferir sua decisão no prazo máximo de 10 dias úteis, contado do recebimento dos autos.

O recurso terá efeito suspensivo do ato ou da decisão recorrida até que sobrevenha decisão final da autoridade competente, conforme expressamente previsto no art. 168 da Lei n. 14.133/2021 e seu acolhimento implicará invalidação apenas de ato insuscetível de aproveitamento.

Na elaboração da decisão, tanto o agente ou comissão de contratação quanto a autoridade superior possuem a garantia prevista no art. 168, parágrafo único, da Lei n. 14.133/2021, de serem auxiliados pelo órgão de assessoramento jurídico, que deverá dirimir dúvidas e subsidiá-los com as informações necessárias.

---

ro conceder-lhe prazo razoável para o saneamento da falha, em respeito aos princípios do formalismo moderado e da razoabilidade, bem como ao art. 2º, *caput*, da Lei n. 9.784/1999.

[119] A respeito da fase recursal em caso de inversão de fases, ou seja, quando a habilitação anteceder a fase de julgamento das propostas, ver o seguinte capítulo de livro: ALVES, Felipe Dalenogare. O dever de cautela administrativa aplicado ao processo licitatório em que houver inversão de fases à luz da Nova Lei de Licitações e Contratos. In: MATOS, Marilene Carneiro; ALVES, Felipe Dalenogare; AMORIM, Rafael Amorim de (Orgs.). *Nova Lei de licitações e contratos – Lei n. 14.133/2021*: debates, perspectivas e desafios. Brasília: Edições Câmara, 2023.

5.2.8. A fase de encerramento

Encerradas as fases de julgamento e habilitação, e exauridos os recursos administrativos, o processo licitatório será encaminhado à autoridade superior, que poderá promover despacho saneador, adjudicar e homologar a licitação, revogá-la ou anulá-la.

5.2.8.1. O despacho saneador

O despacho saneador decorre do princípio da autotutela e é previsto no art. 71, I, da Lei n. 14.133/2021 e consiste na determinação de retorno dos autos ao agente ou comissão de contratação para o saneamento de irregularidades (correção de vícios sanáveis).

O despacho saneador deve ser promovido sempre que verificada a existência de vícios sanáveis, uma vez que a anulação só deverá ocorrer se atendidos os requisitos do art. 71, III, e art. 147, ambos da Lei n. 14.133/2021.

5.2.8.2. A adjudicação e a homologação da licitação

A homologação refere-se à aprovação do processo de licitação, que ocorre após o julgamento dos recursos eventualmente interpostos em relação à habilitação e à classificação. Para que a homologação seja realizada, o responsável ou a comissão encaminha os atos que compõem o processo para análise da autoridade competente conforme estabelecido na legislação de cada ente federativo.

Normalmente, essa autoridade é a mesma que ordenou a abertura da licitação. Ela pode tomar diversas decisões, como determinar o retorno dos documentos para correção de irregularidades ou sua validação, conforme mencionado no Acórdão TCU n. 701/2007, Min. Benjamin Zymler, que estabelece que "atos administrativos contendo defeitos sanáveis que não tenham acarretado lesão ao interesse público nem prejuízo a terceiros poderão ser convalidados pela Administração"[120]; cancelar a licitação por conveniência e oportunidade, desde que haja um motivo superveniente comprovado; anular a licitação, por iniciativa própria ou mediante solicitação de terceiros, sempre que houver uma ilegalidade irreparável; e adjudicar o objeto e homologar a licitação.

Ou seja, homologação significa uma espécie de "filtro" de exame pela autoridade competente, atestando que não há vícios na licitação ou que, se detectadas, as falhas foram sanadas.

O princípio da adjudicação compulsória não obriga a administração a contratar o objeto da licitação, uma vez que poderão ocorrer fatos supervenientes que impeçam a contratação. Nessa situação, **não poderá ocorrer a revogação da licitação, uma vez que essa já exauriu seus efeitos**. Apenas a administração irá realizar decisão circunstanciada, motivando as razões

---

[120] BRASIL. Tribunal de Contas da União. *Acórdão n. 701/2007*. Rel. Min Benjamin Zymler.

pelas quais deixa de convocar o licitante vencedor para a assinatura do contrato, aplicando-se os efeitos da decadência do direito de contratar à Administração, nos termos do art. 90, *caput*, e § 3º, da Lei n. 14.133/2021.

Caso se demonstre fraude na atuação da Administração ou o surgimento da necessidade do objeto licitado, **nasce o direito subjetivo à contratação da licitante vencedora da licitação.**

5.2.8.3. A revogação e a anulação da licitação

Caso na verificação da conformidade da licitação, a autoridade competente verifique que a licitação se tornou inconveniente e inoportuna para o atendimento do interesse público, poderá **revogá-la**. Por força expressa do art. 71, § 2º, da Lei n. 14.133/2021, o motivo determinante à revogação deverá ser resultante de fato superveniente devidamente comprovado[121].

A revogação da licitação pode ocorrer até sua homologação. Após a homologação, **não é possível revogá-la**, uma vez que já houve o exaurimento de seus efeitos. Assim, caso haja a superveniência de ato impeditivo à contratação, no período entre a homologação e a assinatura do contrato, a administração deve motivar as razões pelas quais não convocará o licitante vencedor, sem, todavia, revogar a licitação já homologada. Serão aplicados os efeitos da decadência à Administração, previstos no art. 90, *caput*, e § 3º, da Lei n. 14.133/2021.

Caso a superveniência impeditiva ocorra após a assinatura do contrato, não é a licitação que deverá ser revogada, mas o contrato rescindido, com base em caso fortuito ou força maior, regularmente comprovados, impeditivos da execução do contrato ou razões de interesse público, justificadas pela autoridade máxima do órgão ou da entidade contratante, hipóteses previstas no art. 137, V e VIII, da Lei n. 14.133/2021, o que não desonerará a Administração de indenizar o contratado por todos os prejuízos comprovados e aqueles legalmente previstos.

Por sua vez, **a anulação da licitação** ocorrerá se a autoridade, ao verificar a conformidade do processo ou por provação de terceiros, como uma decisão judicial ou de um órgão de controle, constatar a presença de ilegalidade insanável[122]. Para tanto, deverá realizar a análise de todos os pressupostos do art. 147 da Lei n. 14.133/2021.

Ao pronunciar a nulidade, a autoridade indicará expressamente os atos com vícios insanáveis, tornando sem efeito todos os subsequentes que deles

---

[121] Os fatos devem ser supervenientes à instauração do processo licitatório. Essa exigência já foi objeto de análise do TCU no Acórdão n. 3066/2020 – Plenário, de relatoria do Min. Benjamin Zymler, julgado em 8 nov. 2020.

[122] O TCU possui o entendimento de que a Administração se sujeita ao prazo decadencial de 5 anos para a anulação da licitação (ou de atos do processo licitatório), tendo como termo inicial a data do respectivo ato, salvo nos casos de interposição de recurso administrativo, situação que o início do prazo passará a ser a data da decisão final sobre esse recurso. Acórdão n. 1803/2016 – Plenário. Rel. Min. Bruno Dantas. Julg. em: 13 jul. 2016.

dependam, e dará ensejo à apuração de responsabilidade de quem lhes tenha dado causa.

Tanto a revogação quanto a anulação devem ser precedidas de possibilidade de manifestação do interessado, ou seja, de oportunização de ampla defesa, na forma do art. 71, § 3º, da Lei n. 14.133/2021, o que também se aplica aos casos de contratação direta e procedimentos auxiliares.

No entanto, compreendemos que a ampla defesa e o contraditório nas situações de revogação e anulação só serão devidas se os fatos forem, direta ou indiretamente, imputáveis à licitante[123].

Além dessa manifestação defensiva, antes da decisão que concluir pela revogação ou anulação, caberá recurso administrativo, o qual deverá ser interposto no prazo de 3 dias úteis, contado da data de intimação da decisão, conforme o art. 165, I, *d*, da Lei n. 14.133/2021.

O recurso será dirigido à autoridade que tiver proferido a decisão recorrida, que, se não a reconsiderar no prazo de 3 (três) dias úteis, o encaminhará, com sua motivação, à autoridade superior, a qual deverá proferir sua decisão no prazo máximo de 10 (dez) dias úteis, contado do recebimento dos autos.

Caso a decisão de anulação ou revogação já tenha sido tomada pela última autoridade superior do órgão ou entidade, a exemplo de um Prefeito, o recurso terá caráter único de reconsideração de ato, na forma do art. 165, II, da Lei n. 14.133/2021.

5.3. Licitações para compras

O art. 40 da Lei n. 14.133/2021 determina à Administração que o planejamento de compras deverá considerar a expectativa de consumo anual e observar: as condições de aquisição e pagamento semelhantes às do setor privado; o processamento por meio de sistema de registro de preços, quando pertinente; a determinação de unidades e quantidades[124] a serem adquiridas em função de consumo e utilização prováveis, cuja estimativa será obtida, sempre que possível, mediante adequadas técnicas quantitativas, admitido o fornecimento contínuo; e as condições de guarda e armazenamento que não permitam a deterioração do material.

A Administração deve, também, por força do art. 44, quando houver a possibilidade de **compra** ou de **locação de bens**, demonstrar no Estudo Técnico preliminar a análise dos custos e os benefícios de cada opção, com indicação da alternativa mais vantajosa (entre comprar ou locar).

---

[123] Corrobora nosso entendimento o Acórdão do TCU n. 2656/2019 – Plenário, de relatoria da Min. Ana Arraes, julgado em 30 out. 2019.

[124] "A definição precisa e suficiente do objeto licitado constitui regra indispensável da competição, até mesmo como pressuposto do postulado de igualdade entre os licitantes, do qual é subsidiário o princípio da publicidade, que envolve o conhecimento, pelos concorrentes potenciais das condições básicas da licitação, constituindo, na hipótese particular da licitação para compra, a quantidade demandada, uma das especificações mínimas e essenciais à definição do objeto do pregão", conforme o enunciado da Súmula n. 177 do TCU.

As compras ainda devem obedecer aos **princípios** elencados no inciso V desse art. 40, quais sejam o **da padronização**, considerada a compatibilidade de especificações estéticas, técnicas ou de desempenho; **do parcelamento**, quando for tecnicamente viável e economicamente vantajoso; e **da responsabilidade fiscal**, mediante a comparação da despesa estimada com a prevista no orçamento.

Para o atendimento **ao princípio da padronização**, a Administração deverá instaurar processo administrativo de padronização, na forma do art. 43 da Lei n. 14.133/2021, o qual deverá conter, no mínimo, um parecer técnico sobre o produto (considerados especificações técnicas e estéticas, desempenho, análise de contratações anteriores, custo e condições de manutenção e garantia), uma síntese da justificativa e descrição sucinta do padrão definido, divulgadas em sítio eletrônico oficial e o despacho motivado da autoridade superior, com a adoção do padrão adotado pela Administração.

O legislador autorizou, no § 1º desse artigo, que a padronização ocorra com base em processo de outro órgão ou entidade de nível federativo igual ou superior ao do órgão adquirente, devendo o ato que decidir pela adesão a outra padronização ser devidamente motivado e divulgado em sítio eletrônico oficial, com indicação da necessidade da Administração e dos riscos decorrentes dessa decisão.

Para o cumprimento do **princípio do parcelamento**, o art. 40, § 2º, estabelece que a Administração deve considerar a (in)viabilidade da divisão do objeto em lotes, o aproveitamento das peculiaridades do mercado local, com vistas à economicidade (sempre que possível e desde que atendidos os parâmetros de qualidade), bem como o dever de buscar a ampliação da competição e de evitar a concentração de mercado.

Em consequência dessa determinação, de acordo com o § 3º do referido art. 40, o parcelamento não será adotado quando: a economia de escala, a redução de custos de gestão de contratos ou a maior vantagem à contratação recomendar a compra do item do mesmo fornecedor; o objeto a ser contratado configurar sistema único e integrado e houver a possibilidade de risco ao conjunto do objeto pretendido, bem como nas situações em que o processo de padronização ou de escolha de marca levar a fornecedor exclusivo.

5.4. Licitações para obras e serviços de engenharia

Por força do art. 45 da Lei n. 14.133/2021, as licitações de obras e serviços de engenharia devem respeitar, especialmente, parâmetros como: a destinação final ambientalmente adequada dos resíduos sólidos gerados; a mitigação por condicionantes e compensação ambiental, que devem ser definidas no procedimento de licenciamento ambiental; a utilização de produtos, de equipamentos e de serviços que, comprovadamente, favoreçam a redução do consumo de energia e de recursos naturais; a avaliação de impacto de vizinhança, na forma da legislação urbanística (Estatuto das Cidades e Plano

Diretor); a proteção do patrimônio histórico, cultural, arqueológico e imaterial, inclusive por meio da avaliação do impacto direto ou indireto causado pelas obras contratadas; e a acessibilidade às pessoas com deficiência ou com mobilidade reduzida.

5.4.1. Regimes de execução das obras e serviços de engenharia

Na execução indireta de obras e serviços de engenharia, são admitidos os regimes de execução previstos no art. 46 da Lei n. 14.133/2021, quais sejam: a **empreitada por preço unitário**; a **empreitada por preço global**; a **empreitada integral**; a **contratação por tarefa**; a **contratação integrada**; a **contratação semi-integrada**; ou o **fornecimento e prestação de serviço associado**.

Excetuando-se o **regime de execução por preço unitário e o regime de fornecimento e prestação de serviço associado**, os demais serão licitados por **preço global** e adotarão sistemática de **medição e pagamento** associada à **execução de etapas** do cronograma físico-financeiro vinculadas ao cumprimento de metas de resultado, vedada a adoção de sistemática de remuneração orientada por preços unitários ou referenciada pela execução de quantidades de itens unitários.

No processo licitatório **para contratação de obras e serviços de engenharia**, independentemente do regime de execução, o valor estimado, acrescido do percentual de Benefícios e Despesas Indiretas (BDI) de referência e dos Encargos Sociais (ES) cabíveis, será definido por meio da utilização de parâmetros na seguinte ordem:

1º) composição de custos unitários menores ou iguais à mediana do item correspondente do Sistema de Custos Referenciais de Obras (Sicro), para serviços e obras de infraestrutura de transportes, ou do Sistema Nacional de Pesquisa de Custos e Índices de Construção Civil (Sinapi), para as demais obras e serviços de engenharia;

2º) utilização de dados de pesquisa publicada em mídia especializada, de tabela de referência formalmente aprovada pelo Poder Executivo federal e de sítios eletrônicos especializados ou de domínio amplo, desde que contenham a data e a hora de acesso;

3º) contratações similares feitas pela Administração Pública, em execução ou concluídas no período de 1 (um) ano anterior à data da pesquisa de preços, observado o índice de atualização de preços correspondente; e

4º) pesquisa na base nacional de notas fiscais eletrônicas, na forma de regulamento.

No processo licitatório para contratação de obras e serviços de engenharia, por **contratação integrada ou semi-integrada**, esse **valor estimado**, acrescido do percentual de BDI de referência e dos ES cabíveis, será definido por meio da utilização de parâmetros na ordem colocada acima, e **deverá conter (ou não) a parcela referente à remuneração do risco**[125-126].

Sempre que necessário e o anteprojeto o permitir, **a estimativa de preço** será embasada em orçamento sintético, balizado em sistema de custo baseado no 1º critério descrito acima, devendo a utilização de metodologia expedita ou paramétrica e de avaliação aproximada assentada em outras contratações similares ser reservada às frações do empreendimento não suficientemente detalhadas no anteprojeto.

Após o julgamento da proposta na licitação, o licitante vencedor deverá **reelaborar e apresentar à Administração**, por meio eletrônico, as **planilhas com indicação dos quantitativos e dos custos unitários**, bem como com detalhamento das BDI e dos ES, com os respectivos valores adequados ao valor final da proposta vencedora, **admitida a utilização dos preços unitários**, no caso de empreitada por preço global, empreitada integral, contratação semi-integrada e contratação integrada, **exclusivamente para eventuais adequações indispensáveis** no cronograma físico-financeiro e para **balizar excepcional aditamento posterior do contrato**, conforme excepcionalidade prevista no art. 56, § 5º, da Lei n. 14.133/2021.

5.4.1.1. *Empreitada por preço unitário e por preço global*

O art. 6º, XXVIII, da Lei n. 14.133/2021, define a empreitada por preço unitário, como a contratação da execução da obra ou do serviço por **preço certo de unidades determinadas**.

---

[125] Inicialmente, é necessário destacar que, quando forem adotados os regimes de **contratação integrada e semi-integrada**, o edital **obrigatoriamente** contemplará matriz de alocação de riscos entre o contratante e o contratado, conforme determinado pelo art. 22, § 3º, da Lei n. 14.133/2021. Além da previsão obrigatória, o § 4º desse artigo determina que os riscos decorrentes de fatos supervenientes à contratação associados à escolha da solução de projeto básico pelo contratado deverão ser alocados como de sua responsabilidade na matriz de riscos.

[126] É importante destacar que desde 2013, o Tribunal de Contas da União (TCU) já havia se posicionado sobre a necessidade de estabelecer, nos casos de contratação de obras e serviços de engenharia através do regime de contratação integrada, a elaboração de um anteprojeto de engenharia que incluísse uma distribuição de riscos entre a Administração Pública e o contratado. Esse anteprojeto deveria considerar uma avaliação de riscos compatível com o escopo da licitação e as contingências atribuídas ao contratado, seguindo uma metodologia previamente definida pela entidade contratante. Nesse sentido: BRASIL. Tribunal de Contas da União. Relatório de Auditoria (RA). *Processo n. 045.034/2012-5. Acórdão n. 1.310/2013* – Plenário. Rel. Min. Walton Alencar Rodrigues. Data da sessão: 29 mai. 2013. No mesmo sentido: BRASIL. Tribunal de Contas da União. Representação (REPR). *Processo n. 003.242/2013-7* – TCU. *Acórdão n. 1.456/2013* – Plenário. Rel. Min. José Jorge. Data da sessão: 12 jun. 2013.

Por sua vez, o art. 6º, XXIX, da Lei n. 14.133/2021, define a empreitada por preço global como a contratação da **execução da obra ou do serviço por preço certo e total**.

O TCU possui o entendimento sumulado (Súmula n. 247), que é obrigatória a admissão da adjudicação **por item** e não por preço global, nas obras cujo objeto seja divisível, desde que não haja prejuízo para o conjunto ou complexo ou perda de economia de escala, tendo em vista o objetivo de propiciar a ampla participação de licitantes que, embora não dispondo de capacidade para a execução, fornecimento ou aquisição da totalidade do objeto, possam fazê-lo com relação a itens ou unidades autônomas, devendo as exigências de habilitação adequar-se a essa divisibilidade.

Por fim, aspecto relevante sobre as empreitadas por preço unitário refere-se à necessidade ou não de celebração de termo aditivo sobre as pequenas alterações quantitativas na planilha orçamentária, durante a execução contratual. Sobre o assunto, o Plenário do TCU, no dia 14 de agosto de 2024, exarou o Acórdão n. 1643/2024, de relatoria do Min. Benjamin Zymler, no qual fixou entendimento no sentido de a dispensa de aditivação ao contrato, desde que atendidas as seguintes condicionantes, *in verbis*:

1) o pagamento seja formalizado por meio do apostilamento da diferença de quantidades (art. 136 da Lei n. 14.133/2021), a ser realizado previamente ao pagamento ou, em casos de justificada necessidade de antecipação de seus efeitos, com a formalização do apostilamento no prazo máximo de 1 (um) mês, em consonância com o disposto no art. 132 da Lei n. 14.133/2021;

2) as alterações de quantitativos não configurem a transfiguração do objeto licitado, nos termos do art. 126 da Lei n. 14.133/2021;

3) não se refiram a erro ou alteração de projeto, decorrendo de imprecisões intrínsecas próprias da natureza dos serviços executados, impassíveis de serem estimadas *a priori* na concepção do orçamento;

4) não haja a inclusão de novos serviços (modificação qualitativa) ou quantitativa relativa às dimensões globais do objeto licitado;

5) seja especificado, no instrumento convocatório, de forma razoável, o que vier a ser definido como "pequenas alterações de quantitativos";

6) a diferença percentual entre o valor global do contrato e o preço global de referência não seja reduzida em favor do contratado (art. 128 da Lei n. 14.133/2021);

7) não haja elevação do valor contratual[127];

---

[127] Referente a esta exigência, pensamos que, na prática, a maior parte das alterações ensejarão a celebração de termo aditivo, uma vez que é praticamente impossível se pensar em alteração quantitativa que não enseja a correspondente alocação de custos ao contrato, com a elevação do valor originariamente pactuado.

8) exista motivação, acompanhada de memória circunstanciada de cálculo, das supressões e acréscimos realizados; e

9) as supressões e os acréscimos sejam computados no limite legal de 25% (ou 50%) de aditamento contratual, vedando-se a compensação entre eles.

5.4.1.2. Empreitada integral

O art. 6º, XXX, da Lei n. 14.133/2021, define a empreitada integral como a contratação de empreendimento em sua integralidade, compreendida a totalidade das etapas de obras, serviços e instalações necessárias, sob inteira responsabilidade do contratado até sua entrega ao contratante em condições de entrada em operação, com características adequadas às finalidades para as quais foi contratado e atendidos os requisitos técnicos e legais para sua utilização com segurança estrutural e operacional.

5.4.1.3. Contratação por tarefa

O art. 6º, XXXI, da Lei n. 14.133/2021, define a contratação por tarefa como o regime de contratação de mão de obra para pequenos trabalhos por preço certo, com ou sem fornecimento de materiais.

5.4.1.4. Contratação integrada e semi-integrada

O art. 6º, XXXII, da Lei n. 14.133/2021, define a **contratação integrada** como o regime de contratação de obras e serviços de engenharia em que o contratado é responsável por elaborar e desenvolver **os projetos básico e executivo**, executar obras e serviços de engenharia, fornecer bens ou prestar serviços especiais e realizar montagem, teste, pré-operação e as demais operações necessárias e suficientes para a entrega final do objeto[128].

Por sua vez, o art. 6º, XXXIII, da Lei n. 14.133/2021, define a contratação semi-integrada como o regime de contratação de obras e serviços de engenharia em que o contratado é responsável por elaborar e **desenvolver o projeto executivo**, executar obras e serviços de engenharia, fornecer bens ou prestar serviços especiais e realizar montagem, teste, pré-operação e as demais operações necessárias e suficientes para a entrega final do objeto.

Na **contratação integrada**, após a elaboração do **projeto básico pelo contratado**, o conjunto de desenhos, especificações, memoriais e cronograma físico-financeiro deverá ser submetido à aprovação da Administração, que avaliará sua adequação em relação aos parâmetros definidos no edital e conformidade com as normas técnicas, vedadas alterações que reduzam a qualidade ou a vida útil do empreendimento e mantida a responsabilidade

---

[128] Tanto na **contratação integrada** como na **semi-integrada**, a execução de cada etapa será obrigatoriamente precedida da conclusão e da aprovação, pela autoridade competente, dos trabalhos relativos às etapas anteriores, conforme determinado pelo art. 46, § 6º, da Lei n. 14.133/2021.

integral do contratado pelos riscos associados ao projeto básico, conforme expressamente determinado pelo § 3º do art. 46 da Lei n. 14.133/2021. Mediante prévia autorização da Administração, na contratação **semi-integrada, o projeto básico poderá ser alterado**, com fundamento no § 5º desse art. 46, desde que demonstrada a superioridade das inovações propostas pelo contratado em termos de redução de custos, de aumento da qualidade, de redução do prazo de execução ou de facilidade de manutenção ou operação, assumindo o contratado a responsabilidade integral pelos riscos associados à alteração do projeto básico.

Ainda, o § 4º do mesmo art. 46 determina que, tanto no regime de **contratação integrada** quanto no de **contratação semi-integrada**, o edital e o contrato, sempre que for o caso, deverão prever as providências necessárias para a efetivação de **desapropriação autorizada pelo Poder Público**, bem como o responsável por cada fase do procedimento expropriatório; a responsabilidade pelo pagamento das indenizações devidas; a estimativa do valor a ser pago a título de indenização pelos bens expropriados, inclusive de custos correlatos; a distribuição objetiva de riscos entre as partes, incluído o risco pela diferença entre o custo da desapropriação e a estimativa de valor e pelos eventuais danos e prejuízos ocasionados por atraso na disponibilização dos bens expropriados; e em nome de quem deverá ser promovido o registro de imissão provisória na posse e o registro de propriedade dos bens a serem desapropriados.

Ressalta-se que, nas hipóteses de contratação integrada ou semi-integrada, por vedação expressa do art. 133 da Lei n. 14.133/2021, é vedada a alteração dos valores contratuais, exceto para restabelecimento do equilíbrio econômico-financeiro decorrente de caso fortuito ou força maior; por necessidade de alteração do projeto ou das especificações para melhor adequação técnica aos objetivos da contratação, a pedido da Administração, desde que não decorrente de erros ou omissões por parte do contratado, observados os limites estabelecidos no art. 125 (em regra, de 25%); por necessidade de alteração do projeto nas **contratações semi-integradas**, nos termos do § 5º do art. 46 (já trabalhado acima); ou por ocorrência de evento superveniente alocado na matriz de riscos como de responsabilidade da Administração.

Não obstante, é pertinente enfatizar que, embora haja possibilidade dessas alterações no projeto, a Súmula n. 261 do TCU considera "prática ilegal a revisão de projeto básico ou a elaboração de projeto executivo que transfigurem o objeto originalmente contratado em outro de natureza e propósito diversos".

5.4.1.5. *Fornecimento e prestação de serviço associado*

O art. 6º, XXXIV, da Lei n. 14.133/2021, define o fornecimento e prestação de serviço associado como o regime de contratação em que, além do fornecimento do objeto, o contratado responsabiliza-se por sua operação, manutenção ou ambas, por tempo determinado.

O contrato firmado sob o regime de fornecimento e prestação de serviço associado terá sua vigência máxima definida pela soma do prazo relativo ao fornecimento inicial ou à entrega da obra com o prazo relativo ao serviço de operação e manutenção, este limitado a 5 anos contados da data de recebimento do objeto inicial, autorizadas as sucessivas prorrogações até o limite de 10 anos, conforme previsão expressa do art. 113 da Lei n. 14.133/2021.

5.5. Licitações para serviços em geral

Assim como as licitações para compras, aquelas destinadas à contratação de serviços em gerais, por determinação do art. 47 da Lei n. 14.133/2021, deverão observar o **princípio da padronização**, considerada a compatibilidade de especificações estéticas, técnicas ou de desempenho e o **princípio do parcelamento**, quando for tecnicamente viável e economicamente vantajoso[129].

Não obstante, ao aplicar esse último princípio, a Administração deverá considerar a responsabilidade técnica, o custo de vários contratos frente às vantagens da redução de custos (com a divisão do objeto em itens) e o dever de buscar a ampla competitividade, a fim de evitar a concentração de mercado[130].

A Administração poderá, conforme autorização contida no art. 49 da Lei n. 14.133/2021, mediante justificativa expressa, contratar mais de uma empresa ou instituição para executar o mesmo serviço[131], desde que essa contratação não implique perda de economia de escala, quando o objeto da contratação puder ser executado de forma concorrente e simultânea por mais de um contratado, bem como a múltipla execução seja conveniente para atender à Administração.

Por fim, a Lei n. 14.133/2021, no art. 47, § 2º, assegura à Administração que, nos serviços de manutenção e assistência técnica, o edital possa definir o local de realização dos serviços, admitida a exigência de deslocamento de técnico ao local da repartição ou a exigência de que o contratado tenha unidade de prestação de serviços em distância compatível com as necessidades da Administração.

---

[129] Incumbe ao gestor demonstrar que a ausência de parcelamento do objeto da licitação não restringe indevidamente a competitividade do certame, bem como promove ganhos para a Administração Pública, conforme já assentado pelo TCU no Acórdão n. 2529/2021 – Plenário.

[130] Referente ao parcelamento, a Súmula n. 247 do TCU determina que "É obrigatória a admissão da adjudicação por item e não por preço global, nos editais das licitações para a contratação de obras, serviços, compras e alienações, cujo objeto seja divisível, desde que não haja prejuízo para o conjunto ou complexo ou perda de economia de escala, tendo em vista o objetivo de propiciar a ampla participação de licitantes que, embora não dispondo de capacidade para a execução, fornecimento ou aquisição da totalidade do objeto, possam fazê-lo com relação a itens ou unidades autônomas, devendo as exigências de habilitação adequar-se a essa divisibilidade".

[131] Nessas situações, o parágrafo único do art. 49 determina que a Administração mantenha o controle individualizado da execução do objeto contratual relativamente a cada um dos contratados.

5.6. Licitações para serviços de dedicação exclusiva ou predominante de mão de obra

O art. 48 da Lei n. 14.133/2021 prevê que poderão ser objeto de execução por terceiros as atividades materiais acessórias, instrumentais ou complementares aos assuntos que constituam área de competência legal do órgão ou da entidade, vedado à Administração ou a seus agentes, na contratação do serviço terceirizado:

a) indicar pessoas expressamente nominadas para executar direta ou indiretamente o objeto contratado[132];

b) fixar salário inferior ao definido em lei ou em ato normativo a ser pago pelo contratado;

c) estabelecer vínculo de subordinação com funcionário de empresa prestadora de serviço terceirizado;

d) definir forma de pagamento mediante exclusivo reembolso dos salários pagos;

e) demandar a funcionário de empresa prestadora de serviço terceirizado a execução de tarefas fora do escopo do objeto da contratação; e

f) prever em edital exigências que constituam intervenção indevida da Administração na gestão interna do contratado.

Para tanto, a Administração poderá realizar licitação em que o objeto seja a **dedicação predominante** ou **exclusiva** de mão de obra. No primeiro, ocorre a prestação contínua de mão de obra, com o fornecimento de insumos, a exemplo do serviço de limpeza, em que o contratado fornece a mão de obra e todos os materiais necessários a execução contratual. No segundo, ocorre a prestação contínua exclusivamente da mão de obra, a exemplo de contratação de técnicos administrativos.

A Lei n. 14.133/2021, no art. 6º, XVI, elenca alguns requisitos ao contrato de dedicação exclusiva de mão de obra, dentre os quais que os empregados do contratado fiquem à disposição nas dependências do contratante para a prestação dos serviços; que o contratado não compartilhe os recursos humanos e materiais disponíveis de uma contratação para execução simultânea de outros contratos; e que o contratado possibilite a fiscalização pelo contratante quanto à distribuição, controle e supervisão dos recursos humanos alocados aos seus contratos.

Para tanto, o edital da licitação deve prever essas disposições, assim como o contrato dela resultante. Além disso, é relevante que o edital preveja,

---

[132] Ainda, o parágrafo único do art. 48 **veda** que, durante a vigência do contrato, o contratado **contrate** cônjuge, companheiro ou parente em linha reta, colateral ou por afinidade, até o terceiro grau, de dirigente do órgão ou entidade contratante ou de agente público que desempenhe função na licitação ou atue na fiscalização ou na gestão do contrato, **devendo essa proibição constar expressamente do edital de licitação.**

com fundamento no art. 50 da Lei n. 14.133/2021, que nessa espécie de contratação o contratado deverá apresentar, quando solicitado pela Administração, sob pena de multa, a comprovação do cumprimento das obrigações trabalhistas e com o FGTS em relação aos empregados diretamente envolvidos na execução do contrato, em especial quanto ao registro de ponto; recibo de pagamento de salários, adicionais, horas extras, repouso semanal remunerado e décimo terceiro salário; comprovante de depósito do FGTS; recibo de concessão e pagamento de férias e do respectivo adicional; recibo de quitação de obrigações trabalhistas e previdenciárias dos empregados dispensados até a data da extinção do contrato; e recibo de pagamento de vale-transporte e vale-alimentação, na forma prevista em norma coletiva.

Nesta obra, na seção referente à responsabilização trabalhista e previdenciária da contratada, elencamos outras providências específicas à fiscalização desses contratos.

5.7. Licitações para serviços de tecnologia de informação

Nas licitações para a contratação de "prestação de serviços de tecnologia da informação, a remuneração deve estar vinculada a resultados ou ao atendimento de níveis de serviço, admitindo-se o pagamento por hora trabalhada ou por posto de serviço somente quando as características do objeto não o permitirem, hipótese em que a excepcionalidade deve estar prévia e adequadamente justificada nos respectivos processos administrativos", conforme determina a Súmula n. 269 do TCU.

Principais disposições referentes aos contratos administrativos

Nesta seção, serão trabalhadas as principais disposições referentes aos contratos administrativos, como as prerrogativas da Administração, a formalização dos contratos, as garantias, a alocação de riscos, a duração contratual, a execução e fiscalização contratual, a alteração contratual, o recebimento do objeto, o pagamento, a extinção contratual, a anulação contratual e as esferas de responsabilização da contratada.

6.1. As prerrogativas contratuais da Administração

Os contratos administrativos regulam-se pelas suas cláusulas e pelos preceitos de direito público, e a eles serão aplicados, supletivamente, os princípios da teoria geral dos contratos e as disposições de direito privado.

A Administração possui prerrogativas em relação aos contratados, denominadas de cláusulas exorbitantes, as quais, em um contrato de direito privado, seriam consideradas nulas, por desequilibrar a relação contratual.

Assim, em decorrência desse regime jurídico dos contratos administrativos (de direito público), a Lei n. 14.133/2021, em seu art. 104, confere à Administração as prerrogativas de:

a) modificá-los, unilateralmente, para melhor adequação às finalidades de interesse público, respeitados os direitos do contratado, dentre os quais ter o reequilíbrio econômico-financeiro do contrato, para que se mantenha o equilíbrio contratual;

b) extingui-los, unilateralmente, nos casos especificados nesta Lei[1];

c) fiscalizar sua execução;

d) aplicar sanções motivadas pela inexecução total ou parcial do ajuste; e

e) ocupar provisoriamente bens móveis e imóveis e utilizar pessoal e serviços vinculados ao objeto do contrato nas hipóteses de risco à prestação de serviços essenciais ou necessidade de acautelar apuração administrativa de faltas contratuais pelo contratado, inclusive após extinção do contrato.

---

[1] Nesse sentido, a Súmula 205 do TCU estabelece que: "É inadmissível, em princípio, a inclusão, nos contratos administrativos, de cláusula que preveja, para o Poder Público, multa ou indenização, em caso de rescisão".

Tal prerrogativa já era objeto de crítica de Justen Filho, por entender desnecessária, ante a possibilidade de o Poder Público fiscalizar o contrato[2].

6.2. A formalização dos contratos

Como regra geral, os contratos e seus aditamentos terão forma escrita e serão juntados ao processo que tiver dado origem à contratação, divulgados e mantidos à disposição do público em sítio eletrônico oficial, como determina o art. 91 da Lei n. 14.133/2021. Todavia, o § 1º deste artigo admite a manutenção em sigilo de contratos e de termos aditivos quando imprescindível à segurança da sociedade e do Estado, nos termos da Lei de Acesso à Informação.

6.2.1. A excepcionalidade do contrato verbal

A Lei n. 14.133/2021 mantém a possibilidade de realização, excepcional, de contrato verbal, prevendo, no art. 95, § 2º, que é nulo e de nenhum efeito o contrato verbal com a Administração, salvo o de pequenas compras ou prestação de serviços de pronto pagamento, assim entendidos aqueles de valor não superior a R$ 10.000,00 (valor que deve ser atualizado anualmente, em 1º de janeiro, conforme determina o art. 182 da Lei n. 14.133/2021).

A fim de se compreender a natureza jurídica do contrato verbal para despesas de pronto pagamento, previsto no art. 95, § 2º, da Lei n. 14.133/2021, há importante contribuição do Tribunal de Contas do Estado de Santa Catarina, externada na Nota Técnica n. TC-9/2024[3], com a qual coadunamos parcialmente.

Embora a Lei n. 14.133/2021 não tenha contemplado expressamente a vinculação do pronto pagamento ao regime de adiantamento, não há como dissociá-los, uma vez que decorre da necessidade fática de se realizar o pagamento de modo simultâneo à necessidade (não se trata de pagamento adiantado). Assim, em nada se afasta da previsão contida no art. 68 da Lei Geral de Finanças Públicas (Lei n. 4.320/64).

Esse dispositivo prevê que o regime se dará com a entrega de numerário a um servidor, sempre precedido de empenho na dotação própria, para a realização de despesas que não possam ser realizadas pelo processo ordinário de contratação.

O legislador presumiu que essas demandas são aquelas que necessitam de pronto pagamento, em valor de até R$ 10.000,00, com as atualizações anuais determinadas legalmente pela Lei n. 14.133/2021, e **indissociáveis ao instituto do suprimento de fundos**, previsto no art. 74, § 3º, do Decreto-lei n. 200/67 (o qual, embora se aplique à Administração Federal, pode ser utilizado supletivamente pelos Entes subnacionais).

---

[2] JUSTEN FILHO, Marçal. *Comentários à Lei de Licitações e Contratos*. 12. ed. São Paulo: Dialética, 2008. p. 682.

[3] Disponível em: https://www.felipedalenogare.blog/post/tce-sc-emite-nota-t%C3%A9cnica-sobre-despesas-de-pronto-pagamento-previstas-na-nova-lei-de-licita%C3%A7%C3%B5es.

Atualmente, o suprimento de fundos é comumente utilizado por meio do cartão corporativo e destina-se justamente ao atendimento daquelas despesas imediatas, como reparos emergenciais em veículos, pagamento de hospedagem ou alimentação decorrente de situação extraordinária. Não são despesas ordinárias, planejadas, mas eventuais e que decorrem de circunstância fática que impõe ao agente o seu pagamento, sem seguir o rito ordinário de um processo de licitação ou contratação direta.

Assim, nos parece claro que há uma diferença entre a dispensa de licitação em razão do pequeno valor, prevista no art. 75, I e II, da Lei n.14.133/2021 e o pronto pagamento (realizado em regime de adiantamento de numerário) previsto no art. 95, § 2º, dessa mesma lei.

Não há como subordinar o contrato verbal de pronto pagamento (extraordinário) ao processo administrativo ordinário da contratação direta, o qual deverá possuir uma fase preparatória, com Documento de Formalização da Demanda, Estudo Técnico Preliminar (como regra), Pesquisa de Preços, Termo de Referência (como regra), além de uma fase de seleção do fornecedor. Não se tratam, portanto, sob nosso olhar, dos mesmos institutos.

Desse modo, é importante buscar, ainda que como um parâmetro, na regulamentação federal, alguns pontos importantes sobre a utilização do suprimento de fundos, previsto no art. 45 do Decreto n. 93.872/86, que dispõe sobre a unificação dos recursos de caixa do Tesouro Nacional:

> Art. 45. Excepcionalmente, a critério do ordenador de despesa e sob sua inteira responsabilidade, **poderá ser concedido suprimento de fundos a servidor**, sempre **precedido do empenho na dotação própria às despesas a realizar**, e que **não possam subordinar-se ao processo normal de aplicação**, nos seguintes casos (Lei n. 4.320/64, art. 68 e Decreto-lei n. 200/67, § 3º do art. 74):
>
> I – para atender **despesas eventuais, inclusive em viagens e com serviços especiais, que exijam pronto pagamento**;
>
> II – quando a despesa deva ser feita em caráter sigiloso, conforme se classificar em regulamento; e
>
> III – para atender despesas de **pequeno vulto, assim entendidas aquelas cujo valor, em cada caso, não ultrapassar limite estabelecido em Portaria do Ministro da Fazenda.**
>
> [...]
>
> § 2º **O servidor que receber suprimento de fundos, na forma deste artigo, é obrigado a prestar contas de sua aplicação**, procedendo-se, automaticamente, à tomada de contas se não o fizer no prazo assinalado pelo ordenador da despesa, sem prejuízo das providências administrativas para a apuração das responsabilidades e imposição, das penalidades cabíveis (Decreto-lei n. 200/67, parágrafo único do art. 81 e § 3º do art. 80).

Vê-se, portanto, que o contrato verbal resultante das pequenas compras ou de serviços de pronto pagamento não devem se submeter ao processo administrativo similar ao processo de licitação ou de contratação direta, mas ao específico do suprimento de fundos, que dá ênfase à prestação de contas. Nesse sentido, também já se manifestou o plenário do TCU, por ocasião do Acórdão n. 1925/2019, de relatoria do Min. Weder de Oliveira, proferido no dia 21 de agosto de 2019:

> Ou seja, trata-se de **adiantamento de recursos** ao conselheiro **para a realização de despesas eventuais e excepcionais, de pequeno vulto**, que exijam pronto pagamento, e que, portanto, **não podem aguardar o processo normal de execução de despesa**, qual seja: formalização do processo; obtenção de proposta mais vantajosa; celebração de contrato (se for o caso); emissão de empenho; entrega do bem ou prestação do serviço; liquidação; pagamento via ordem bancária; e recolhimento de tributos.

Nesse sentido, para fins exemplificativos e que podem ser utilizados como parâmetro à regulamentação do suprimento de fundos, mencionamos algumas disposições constantes na Instrução Normativa n. 33/2024 do Tribunal de Contas de Santa Catarina, que estabelece critérios à concessão de recursos à realização de despesas em regime de adiantamento, bem como as regras para movimentação dos recursos financeiros e os documentos que compõem a prestação de contas e sua respectiva análise, como os seguintes:

– necessidade de designação formal dos servidores responsáveis pela gestão dos recursos entregues em regime de adiantamento, os quais devem preferencialmente ocupar cargo de provimento efetivo ou emprego público, ao mesmo tempo que não podem ser responsáveis pela guarda ou pela utilização daquilo que será adquirido.

– o servidor não pode receber recursos quando for responsável por 2 (dois) adiantamentos em fase de aplicação e/ou de prestação de contas, bem como quando for omisso no dever de prestar contas, ou ainda quando configurada irregular aplicação de recursos sob sua disponibilidade.

– os recursos devem ser movimentados em conta bancária específica vinculada, principalmente por intermédio de transferência eletrônica identificável, ficando facultada a utilização de cartão corporativo, de acordo com normativo estabelecido por cada ente.

– as despesas realizadas no regime de adiantamento devem ser controladas em sistema informatizado próprio, garantindo a transparência em relação à aplicação e à segurança das informações.

– veda-se a utilização dos valores fora do período de aplicação, bem como para atender despesas distintas das finalidades estabelecidas no ato concessório.

– o servidor que recebe o suprimento de fundos (adiantamento) sempre estará obrigado a prestar contas detalhadas sobre a utilização desses recursos em um prazo estabelecido.

– o prazo para apresentação das contas deve ser estabelecido no regulamento local sobre despesas em regime de adiantamento.

– a falta de prestação de contas ou a identificação de irregularidades na utilização dos recursos pode resultar em sanções administrativas e/ou responsabilização legal do servidor, sujeitando-o às penas administrativas, civis e penais, além do necessário ressarcimento de valores ao Erário.

– a prestação de contas dos recursos do adiantamento deverá ser analisada pelo órgão técnico do concedente, com posterior exame pelo Controle Interno do ente/órgão, o qual se manifestará pela concordância ou não com a conclusão da análise feita pela unidade técnica, e posteriormente endereçada à autoridade administrativa competente para pronunciamento por sua regularidade, regularidade com ressalvas ou irregularidade.

– deve a Administração adotar as medidas necessárias para ressarcimento ao erário, quando for o caso.

Assim, compreendemos que as pequenas compras e serviços de pronto pagamento devem ser regulamentadas no âmbito de cada Ente federativo, observando-se alguns limites e critérios[4], como os seguintes:

1) o valor previsto no § 2º do art. 95, da Lei n. 14.133/2021, com as respectivas atualizações anuais, refere-se a cada despesa gerada e não ao seu somatório, devendo ser apurada, em cada caso, eventual responsabilidade pelo seu fracionamento;

2) o montante dessas despesas não está sujeito aos limites do art. 75, I e II, da Lei n. 14.133/2021, por não se correlacionar à dispensa de pequeno valor e depender de fatos geradores extraordinários (devidamente motivados) que poderão ultrapassar essa limitação anual e, mesmo assim, por sua natureza, não ser passível de contratação pelo processo ordinário de contratação direta ou licitação;

3) o instituto só se destina a situações excepcionais que necessitem de atendimento imediato, assim consideradas aquelas de natureza eventual (não rotineiras), cujas características inviabilizem a realização de planejamento, processo de licitação ou contratação direta; necessidade de pagamento imediato, de modo que a despesa pública não possa ser subordinada ao regime normal de execução (prévio-empenho, liquidação e pagamento);

4) deve ser utilizado o regime de adiantamento (suprimento de fundos), a ser operacionalizado de acordo com a regulamentação de cada ente federativo;

5) é possível a realização de contrato verbal, sem qualquer termo específico;

6) não configura despesa de pronto pagamento os dispêndios com aquisições e serviços que, pela sua necessidade recorrente, devem se submeter ao procedimento ordinário de contratação; e

7) as despesas com obras e serviços de arquitetura e engenharia não são compatíveis com o instituto do pronto pagamento.

---

[4] Os limites e critérios aqui mencionados foram extraídos da Nota Técnica n. 9/2024, do TCE-SC, com algumas adaptações, tendo em vista nossa discordância com sua integralidade.

Esse é nosso entendimento, sobre o instituto do contrato verbal que encontrava previsão na Lei n. 8.666/93 e que se manteve na Lei n. 14.133/2021, como ferramenta essencial e excepcional, para situações esporádicas, não suportadas pelo processo ordinário de contratação.

6.2.2. As cláusulas necessárias do contrato administrativo

Tendo em vista que as partes se vinculam às cláusulas contratuais e à Lei n. 14.133/2021, embora o art. 92 estabeleça um rol de cláusulas necessárias nos contratos administrativos, a ausência de alguma delas não ensejará qualquer nulidade contratual e, sendo possível a autoaplicação da disposição diretamente da lei, poderá ser aplicada à relação contratual, independente de previsão contratual. Assim, integram o rol de cláusulas indispensáveis aos contratos administrativos as seguintes:

a) o objeto e seus elementos característicos;

b) a vinculação ao edital de licitação e à proposta do licitante vencedor ou ao ato que tiver autorizado a contratação direta e à respectiva proposta;

c) a legislação aplicável à execução do contrato, inclusive quanto aos casos omissos;

d) o regime de execução ou a forma de fornecimento;

e) o preço e as condições de pagamento, os critérios, a data-base e a periodicidade do reajustamento de preços e os critérios de atualização monetária entre a data do adimplemento das obrigações e a do efetivo pagamento;

f) os critérios e a periodicidade da medição, quando for o caso, e o prazo para liquidação e para pagamento;

g) os prazos de início das etapas de execução, conclusão, entrega, observação e recebimento definitivo, quando for o caso;

h) o crédito pelo qual correrá a despesa, com a indicação da classificação funcional programática e da categoria econômica;

i) a matriz de risco, quando for o caso;

j) o prazo para resposta ao pedido de repactuação de preços, quando for o caso;

k) o prazo para resposta ao pedido de restabelecimento do equilíbrio econômico-financeiro, quando for o caso;

l) as garantias oferecidas para assegurar sua plena execução, quando exigidas, inclusive as que forem oferecidas pelo contratado no caso de antecipação de valores a título de pagamento;

m) o prazo de garantia mínima do objeto, observados os prazos mínimos estabelecidos na Lei n. 14.133/2021 e nas normas técnicas aplicáveis, e as condições de manutenção e assistência técnica, quando for o caso;

n) os direitos e as responsabilidades das partes, as penalidades cabíveis e os valores das multas e suas bases de cálculo;

o) as condições de importação e a data e a taxa de câmbio para conversão, quando for o caso;

p) a obrigação do contratado de manter, durante toda a execução do contrato, em compatibilidade com as obrigações por ele assumidas, todas as condições exigidas para a habilitação na licitação, ou para a qualificação, na contratação direta;

q) a obrigação de o contratado cumprir as exigências de reserva de cargos prevista em lei, bem como em outras normas específicas, para pessoa com deficiência, para reabilitado da Previdência Social e para aprendiz;

r) o modelo de gestão do contrato, observados os requisitos definidos em regulamento; e

s) os casos de extinção.

6.2.3. A prerrogativa de foro para as controvérsias contratuais

Como regra, por força do art. 92, § 1º, da Lei n. 14.133/2021, os contratos celebrados pela Administração Pública com pessoas físicas ou jurídicas, inclusive as domiciliadas no exterior, deverão conter cláusula que declare competente o foro da sede da Administração para dirimir qualquer questão contratual.

Essa prerrogativa não se aplica entretanto, nas situações de licitação internacional à aquisição de bens e serviços cujo pagamento seja feito com o produto de financiamento concedido por organismo financeiro internacional de que o Brasil faça parte ou por agência estrangeira de cooperação; à contratação com empresa estrangeira para a compra de equipamentos fabricados e entregues no exterior precedida de autorização do Chefe do Poder Executivo; e à aquisição de bens e serviços realizada por unidades administrativas com sede no exterior.

6.2.4. A obrigatoriedade do instrumento contratual

Como regra, nos termos do art. 95 da Lei n. 14.133/2021, o instrumento de contrato é obrigatório. Na dispensa de licitação em razão de valor e nas compras com entrega imediata e integral dos bens adquiridos e dos quais não resultem obrigações futuras, inclusive quanto a assistência técnica, independentemente de seu valor, a Administração pode substituí-lo por outro instrumento hábil, como carta-contrato, nota de empenho de despesa, autorização de compra ou ordem de execução de serviço.

6.2.5. A eficácia do contrato administrativo

A divulgação no PNCP é condição indispensável, prevista no art. 94 da Lei n. 14.133/2021, para a eficácia do contrato e de seus aditamentos e deverá ocorrer em 20 úteis, no caso de licitação, e 10 dias úteis, no caso de contratação direta, contados da data de sua assinatura.

Excepcionalmente, os contratos celebrados em caso de urgência terão eficácia a partir de sua assinatura, devendo, entretanto, ser publicados nos mesmos prazos acima, sob pena de nulidade.

6.3. As garantias contratuais

Para a assinatura do contrato, a critério da autoridade competente, em cada caso, poderá ser exigida, mediante previsão no edital, prestação de garantia nas contratações de obras, serviços e fornecimentos.

Caberá ao contratado optar por uma das seguintes modalidades de garantia previstas no art. 96 da Lei n. 14.133/2021, sendo elas:

a) **caução em dinheiro ou em títulos da dívida pública** emitidos sob a forma escritural, mediante registro em sistema centralizado de liquidação e de custódia autorizado pelo Banco Central do Brasil, e avaliados por seus valores econômicos, conforme definido pelo Ministério da Economia;

b) **seguro-garantia**. O edital fixará prazo mínimo de 1 mês, contado da data de homologação da licitação e anterior à assinatura do contrato, para a prestação da garantia pelo contratado quando optar por esta modalidade de garantia;

c) **fiança bancária** emitida por banco ou instituição financeira devidamente autorizada a operar no País pelo Banco Central do Brasil;

d) **título de capitalização**, custeado por pagamento único, com resgate pelo valor total.

Essas modalidades de garantia são taxativas e não é possível a prestação em outras condições. Diante disso, o TCU, ao proferir o Acórdão n. 597/2023 – Plenário, compreendeu que é irregular a aceitação de cartas de fiança fidejussória, de natureza não bancária, como garantia de contrato administrativo, uma vez que não correspondem ao instrumento de fiança bancária, previsto no art. 96, § 1º, III, da Lei n. 14.133/2021.

Há que se ressaltar, entretanto, que nos casos de contratação de serviço contínuo com dedicação exclusiva de mão de obra, a Administração poderá exigir outras garantias, conforme dicção do § 3º do art. 121 da Lei n. 14.133/2021. Segundo Heinen[5], "a empresa que cede a mão de obra não pode escolher a garantia, como permite a Lei n. 14.133/21, no art. 96. Essa escolha cabe em outras espécies de contrato", concluindo que "quando o con-

---

[5] HEINEN, Juliano. *Comentários à Lei de Licitações e Contratos Administrativos. Lei n. 14.133/21.* 4. ed. rev. atual. e ampl. São Paulo: Editora Juspodium, 2024. p. 894.

trato envolver débito de natureza trabalhista, a garantia será escolhida pelo Poder Público".

6.3.1. O valor da garantia

Nas contratações de obras, serviços e fornecimentos, o art. 98 da Lei n. 14.133/2021 prevê que a garantia poderá ser de até 5% do valor inicial do contrato, autorizada a majoração desse percentual para até 10%, desde que justificada mediante análise da complexidade técnica e dos riscos envolvidos.

Nas contratações de obras e serviços de engenharia de grande vulto (aqueles cujo valor estimado supera R$ 200.000.000,00, atualizado anualmente), poderá ser exigida a prestação de garantia, na modalidade seguro-garantia, com cláusula de retomada (*performance bond*), que será estudado abaixo, em percentual equivalente a até 30% do valor inicial do contrato.

Acerca do tempo, entendem Nobrega e Neto que a Lei n. 14.133/2021 possibilitou certo avanço para garantir a execução das contratações públicas com o seguro garantia, ante a "ampliação do percentual exigível para cobertura do seguro no patamar de até 30%" que, no entender dos autores, "representa uma relativa melhora, pois, adotando como paradigma o modelo norte-americano, é possível observar que o valor do seguro deverá corresponder a patamares entre 50% e 100% do valor inicial do contrato da obra"[6].

Nas contratações de serviços e fornecimentos contínuos com vigência superior a 1 ano, assim como nas subsequentes prorrogações, será utilizado o valor anual do contrato para definição e aplicação dos percentuais previstos no *caput* deste artigo.

Ainda, nas contratações de obras e serviços de engenharia, será exigida **garantia adicional** do licitante vencedor cuja proposta for inferior a 85% do valor orçado pela Administração, equivalente à diferença entre este último e o valor da proposta, sem prejuízo das demais garantias exigíveis, conforme previsão expressa no art. 59, § 5º, da Lei n. 14.133/2021.

Assim, por exemplo, imagine que uma obra tenha sido orçada pela Administração por R$ 1.000.000,00 e a proposta da empresa tenha sido de R$ 800.000,00 (80% do valor orçado). Será exigida uma garantia adicional de R$ 50.000,00, consistente na diferença de 85% para o valor da proposta 80% do valor orçado.

É possível também a exigência de garantia adicional como condição para, excepcionalmente, realizar a antecipação de pagamento prevista no art. 145 da Lei n. 14.133/2021.

---

[6] NÓBREGA, Marcos; OLIVEIRA NETTO, Pedro Dias de. O seguro-garantia na nova Lei de licitação e os problemas de seleção adversa e risco moral. *Revista de Direito Administrativo*, Rio de Janeiro, v. 281, n. 1, p. 185-205, jan./abr. 2022.

De igual modo, o art. 101 da Lei n. 14.133/2021 determina que, nos casos de contratos que impliquem a entrega de bens pela Administração, dos quais o contratado ficará depositário, o valor desses bens deverá ser acrescido ao valor da garantia.

A garantia prestada pelo contratado será liberada ou restituída após a fiel execução do contrato ou após a sua extinção por culpa exclusiva da Administração e, quando em dinheiro, atualizada monetariamente.

6.3.2. O seguro-garantia ordinário

O seguro-garantia tem por objetivo garantir o fiel cumprimento das obrigações assumidas pelo contratado perante à Administração, inclusive as multas, os prejuízos e as indenizações decorrentes de inadimplemento, observadas, de acordo com o art. 97 da Lei n. 14.133/2021, as seguintes regras específicas aplicáveis aos contratos administrativos:

a) o prazo de vigência da apólice será igual ou superior ao prazo estabelecido no contrato principal e deverá acompanhar as modificações referentes à vigência deste mediante a emissão do respectivo endosso pela seguradora; e

b) o seguro-garantia continuará em vigor mesmo se o contratado não tiver pago o prêmio nas datas convencionadas.

Nos contratos de execução continuada ou de fornecimento contínuo de bens e serviços, será permitida a substituição da apólice de seguro-garantia na data de renovação ou de aniversário, desde que mantidas as mesmas condições e coberturas da apólice vigente e desde que nenhum período fique descoberto.

6.3.3. O seguro-garantia com cláusula de retomada (performance bond)

Inicialmente, torna-se relevante ressaltar que o seguro-garantia com cláusula de retomada, surgido nos Estados Unidos durante a crise financeira de 1929 como *performance bond*, é uma ferramenta extremamente importante à eficácia das contratações públicas. Isso porque, como o próprio termo *performance bond* sugere, há uma *garantia de execução* (materialmente, em termos concretos, falando), a partir de uma tríplice relação entre segurado (Administração), segurador (empresa privada do setor) e tomador do serviço (empresa contratada), proporcionando, assim, uma mitigação de riscos à inexecução contratual[7].

---

[7] CHECCUCCI, Gustavo Leite Caribé; MALHEIROS FILHO, Marcos André de Almeida. O seguro-garantia *performance bond* como elemento de eficiência e segurança jurídica na Nova Lei de Licitações e Contratos – Lei n. 14.133/2021. In: MATOS, Marilene Carneiro; ALVES, Felipe Dalenogare; AMORIM, Rafael Amorim de. *Nova Lei de licitações e contratos – Lei n. 14.133/2021*: debates, perspectivas e desafios. Brasília: Edições Câmara, 2023. p. 168-169.

Com efeito, auditoria especial realizada pelo Tribunal de Contas da União, no ano de 2018, que analisou mais de 30 mil obras públicas financiadas com recursos públicos federais, detectou um alto percentual de obras públicas paralisadas ou inacabadas: cerca de 37% (trinta e sete por cento), apontando-se como principais causas: deficiência em projeto básico; insuficiência de recursos financeiros por parte do poder contratante; e dificuldade dos estados e municípios em gerir recursos recebidos da União[8].

Dessa forma, a fim de atenuar os riscos de inexecução contratual, a Lei n. 14.133/2021 previu, no art. 102, a possibilidade de, na contratação de obras e serviços de engenharia, o edital exigir a prestação da garantia na modalidade seguro-garantia e prever a obrigação de a seguradora, em caso de inadimplemento pelo contratado, assumir a execução e concluir o objeto do contrato.

Nessa modalidade de garantia (*performance bond*), a seguradora deverá firmar o contrato, inclusive os aditivos, como interveniente anuente e poderá ter livre acesso às instalações, para que possa acompanhar a execução do contrato principal, ter acesso à auditoria técnica e contábil, além de ter o direito de requerer esclarecimentos ao responsável técnico pela obra ou pelo fornecimento.

A Administração está legalmente autorizada a emitir o empenho em nome da seguradora ou a quem ela indicar para a conclusão do contrato, bastando a demonstração de sua regularidade fiscal ou do terceiro indicado (ela poderá subcontratar a conclusão do contrato, total ou parcialmente).

A operacionalização da execução dessa modalidade de seguro garantia, em caso de inadimplemento da contratada perante à Administração, deve ocorrer do seguinte modo: caso a seguradora execute (ainda que por subcontratação) e conclua o objeto do contrato, estará isenta da obrigação de pagar a importância segurada indicada na apólice; todavia, se não assumir a execução contratual, pagará a integralidade da importância segurada indicada na apólice.

6.4. A alocação de riscos

O contrato poderá identificar os riscos contratuais previstos e presumíveis e prever **matriz de alocação de riscos**, a qual constitui, conforme inciso XXVII do art. 6º da Lei n. 14.133/2021, uma cláusula contratual definidora dos riscos e de responsabilidades entre as partes e caracterizadora do equilíbrio econômico-financeiro inicial do contrato, em termos de ônus financeiro decorrente de eventos supervenientes à contratação, contendo, no mínimo:

---

[8] BRASIL. Tribunal de Contas da União. *Acórdão n. 1079/2019* – Plenário. Relator: Ministro Vital do Rêgo. Sessão de 15/5/2019. Disponível em: https://pesquisa.apps.tcu.gov.br/#/resultado/acordaocompleto/1079%252F2019/%2520/%2520?ts=1625856845973. Acesso em: 25 mar. 2024.

a) a listagem de possíveis eventos supervenientes à assinatura do contrato que possam causar impacto em seu equilíbrio econômico-financeiro e previsão de eventual necessidade de prolação de termo aditivo por ocasião de sua ocorrência;

b) no caso de obrigações de resultado, o estabelecimento das frações do objeto com relação às quais haverá liberdade para os contratados inovarem em soluções metodológicas ou tecnológicas, em termos de modificação das soluções previamente delineadas no anteprojeto ou no projeto básico;

c) no caso de obrigações de meio, o estabelecimento preciso das frações do objeto com relação às quais não haverá liberdade para os contratados inovarem em soluções metodológicas ou tecnológicas, devendo haver obrigação de aderência entre a execução e a solução predefinida no anteprojeto ou no projeto básico, consideradas as características do regime de execução no caso de obras e serviços de engenharia.

Assim, a matriz de riscos deve alocá-los entre contratante e contratado, mediante indicação daqueles a serem assumidos pelo **setor público** ou pelo **setor privado** ou daqueles a serem **compartilhados**.

O art. 103, § 1º, prevê que a alocação de riscos considerará, em compatibilidade com as obrigações e os encargos atribuídos às partes no contrato, **a natureza do risco**, o **beneficiário das prestações** a que se vincula e a **capacidade de cada setor** para melhor gerenciá-lo. Desse modo, os riscos que tenham cobertura oferecida por seguradoras serão preferencialmente transferidos ao contratado.

6.5. A duração contratual

Há uma alteração significativa no que tange à duração dos contratos que, sob a égide da Lei n. 8.666/93, vinculava-se à duração dos créditos orçamentários respectivos, sendo objeto de muitas críticas da doutrina[9]. A matéria passa a ser regulada no art. 105 e s. da Lei n. 14.133/2021. A duração dos contratos será a prevista em edital, e deverão ser observadas, no momento da contratação e a cada exercício financeiro, a disponibilidade de créditos orçamentários, bem como a previsão no plano plurianual, quando ultrapassar um exercício financeiro.

A Administração poderá celebrar contratos com prazo de **até 5 anos** nas hipóteses de **serviços e fornecimentos contínuos**, observadas as seguintes diretrizes mediante o atendimento de condições legalmente impostas.

Dentre essas condições, destacam-se a necessidade da autoridade competente do órgão ou entidade contratante atestar a maior vantagem econômica vislumbrada em razão da contratação plurianual e, atestar também, no início

---

[9] CINTRA DO AMARAL, Antônio Carlos. *Licitação e contrato administrativo*. 2. ed. Belo Horizonte: Fórum, 2009. p. 205; CARVALHO FILHO, José dos Santos. *Manual de direito administrativo*. 30. ed. São Paulo: Atlas, 2016. p. 212.

da contratação e de cada exercício, a existência de créditos orçamentários vinculados à contratação, bem como a vantagem em sua manutenção. Esses requisitos já eram exigidos para as prorrogações contratuais pela Lei n. 8.666/93 (cujos contratos sofriam iguais e sucessivas prorrogações até 60 meses). O que muda, basicamente, é que na Lei n. 8.666/93, a cada sucessivo e igual período, havia a necessidade de aditivar o contrato, pois se tratavam de prorrogações (até 5 anos). Agora, o contrato pode ser único e ininterrupto por até 5 anos, o que não dispensa o atesto nas condições acima.

Deve ser observado, entretanto, que o prazo de duração plurianual gera uma expectativa de direito ao contratado, uma vez que o art. 106, III, da Lei n. 14.133/2021, prevê a possibilidade de a Administração extingui-lo, sem ônus, quando não dispuser de créditos orçamentários para sua continuidade ou quando entender que o contrato não mais lhe oferece vantagem (esta extinção ocorrerá apenas na próxima data de aniversário do contrato e não poderá ocorrer em prazo inferior a 2 meses, contado da referida data).

Esses contratos poderão, ainda, ser prorrogados, sucessivamente, respeitada a vigência máxima *decenal*, desde que haja previsão em edital e que a autoridade competente ateste que as condições e os preços permanecem vantajosos para a Administração, permitida a negociação com o contratado ou a extinção contratual sem ônus para qualquer das partes.

Outro ponto importante é que, diferentemente da vedação que estava contida na Lei n. 8.666/93, o art. 109 da Lei n. 14.133/2021 prevê que a Administração poderá estabelecer a vigência por **prazo indeterminado** nos contratos em que seja usuária de serviço público oferecido em regime de monopólio, desde que comprovada, a cada exercício financeiro, a existência de créditos orçamentários vinculados à contratação.

Por sua vez, conforme preceitua o art. 110 da Lei n. 14.133/2021, na contratação que **gere receita** e no **contrato de eficiência que gere economia** para a Administração, os prazos serão de até 10 anos, nos contratos sem investimento, ou de até 35 anos, nos contratos com investimento, assim considerados aqueles que impliquem a elaboração de benfeitorias permanentes, realizadas exclusivamente por conta do contratado, que serão revertidas ao patrimônio da Administração Pública por ocasião do advento do termo contratual.

6.6. A execução e fiscalização contratual

No que se refere à execução contratual, o art. 115 da Lei n. 14.133/2021 inaugura uma garantia ao contratado, objetivando proteger a segurança jurídica e a proteção à confiança. Consiste na vedação a que a Administração retarde imotivadamente a execução de obra ou serviço, ou de suas parcelas, inclusive na hipótese de posse do respectivo chefe do Poder Executivo ou de novo titular no órgão ou entidade contratante.

Em caso de impedimento, ordem de paralisação ou suspensão do contrato, o cronograma de execução será prorrogado automaticamente pelo tempo correspondente, anotadas tais circunstâncias no contrato mediante simples apostila. Em se tratando de obras, em que o prazo de paralisação seja superior a 1 mês, a Administração deverá divulgar, em sítio eletrônico oficial e em placa de fácil visualização pelos cidadãos afixada no local da obra, aviso público de obra paralisada, com o motivo e o responsável pela inexecução temporária do objeto do contrato, bem como a data prevista para o reinício da sua execução.

Na execução do contrato e sem prejuízo das responsabilidades contratuais e legais, o art. 122 da Lei n. 14.133/2021 permite que o contratado **subcontrate partes** da obra, do serviço ou do fornecimento até o limite autorizado, em cada caso, pela Administração.

Para tanto, condiciona-se que o contratado apresente à Administração documentação que comprove a capacidade técnica do subcontratado, que será avaliada e juntada aos autos do processo correspondente.

O art. 117 trata da **fiscalização contratual**. Nele, há a previsão de que a execução do contrato deverá ser acompanhada e fiscalizada **por um ou mais fiscais do contrato**[10], representantes da Administração especialmente designados ou pelos respectivos substitutos, permitida a contratação de terceiros para **assisti-los e subsidiá-los** com informações pertinentes a essa atribuição.

Esse fiscal do contrato se comunicará com o **preposto** da contratada, o qual deverá ser mantido por ela no local da obra ou serviço, a fim de representá-la na execução contratual, nos termos do art. 118 da Lei n. 14.133/2021. É importante observar que o TCU compreende que "é irregular a exigência de que o contratado instale escritório em localidade específica, sem a devida demonstração de que tal medida seja imprescindível à adequada execução do objeto licitado"[11].

Ao adotar esse entendimento, o tribunal levou em consideração que a Lei exige apenas a presença de um preposto e não escritório, bem como o impacto financeiro que essa exigência causaria ao contratado. Assim, caberá ao gestor "avaliar a sua pertinência frente à materialidade da contratação e

---

[10] Entendemos que o exercício das funções de gestor e fiscal de contratos deve respeitar o princípio da segregação de funções. Assim, esses agentes, a nosso ver, não podem participar das demais etapas do processo licitatório. A título de exemplo, o TCU, ao proferir o Acórdão n. 1375/2015 – Plenário, manifestou que o exercício, pela mesma pessoa, no mesmo processo de contratação, da função de pregoeiro e fiscal de contrato, viola o princípio da segregação das funções.

[11] BRASIL. Tribunal de Contas da União (Plenário). *Acórdão n. 1176/2021*. Rel. Min. Marcos Bemquerer. Julgado em: 19 mai. 2021.

aos impactos no orçamento estimativo e na competitividade do certame, devido ao potencial de restringir o caráter competitivo da licitação, afetar a economicidade do contrato e ferir o princípio da isonomia"[12].

Geralmente, a Administração utiliza o **fiscal técnico** (para a fiscalização da execução do objeto) e o **fiscal administrativo** (para as questões documentais). No âmbito federal, além desses dois, o Decreto n. 11.246/2022 prevê ainda o **fiscal setorial**, aquele que realiza a fiscalização de contratos executados em distintos lugares. Ambos se reportam ao **gestor de contratos**, autoridade responsável pela gestão contratual e pelo acompanhamento do trabalho dos fiscais[13].

O fiscal do contrato será auxiliado pelos órgãos de assessoramento jurídico e de controle interno da Administração, que deverão dirimir dúvidas e subsidiá-lo com informações relevantes para prevenir riscos na execução contratual, o que é recomendável que ocorra por meio de consulta formal.

Havendo a contratação de terceiros para auxiliar o fiscal de contrato, a empresa ou o profissional contratado **assumirá responsabilidade civil objetiva** pela veracidade e pela precisão das informações prestadas, firmará termo de compromisso de confidencialidade e **não poderá exercer atribuição própria e exclusiva de fiscal de contrato**. Por fim, cabe observar que a contratação de terceiros não eximirá de responsabilidade o fiscal do contrato, nos limites das informações recebidas do terceiro contratado.

6.7. A alteração contratual

Os contratos administrativos poderão ser alterados, com as devidas justificativas, nas situações previstas no art. 124 da Lei n. 14.133/2021, **unilateralmente** ou por **acordo entre as partes**.

6.7.1. Alterações unilaterais

As alterações **unilaterais**, ou seja, que independem de anuência do contratado, poderão ser **qualitativas** ou **quantitativas**. As primeiras destinam-se a promover modificação do projeto ou das especificações, para melhor adequação técnica a seus objetivos[14], enquanto as segundas buscam a modi-

---

[12] BRASIL. Tribunal de Contas da União (Plenário). *Acórdão n. 1176/2021*. Rel. Min. Marcos Bemquerer. Julgado em: 19 mai. 2021.

[13] As atividades de gestão de contratos e fiscalização de contratos não podem recair sobre o mesmo agente, sob pena de violação ao princípio da segregação das funções. Nesse sentido, já se manifestou o TCU no Acórdão n. 2296/2014 – Plenário.

[14] O art. 124, § 1º, da Lei n. 14.133/2021, prevê que, se forem decorrentes de falhas de projeto, as alterações de contratos de obras e serviços de engenharia ensejarão apuração de responsabilidade do responsável técnico **(por dolo ou erro grosseiro)** e adoção das providências necessárias para o ressarcimento dos danos causados à Administração.

ficação do valor contratual em decorrência de acréscimo ou diminuição na quantidade de seu objeto.

Essas alterações unilaterais não podem transfigurar o objeto da contratação[15] e limitam-se a 25% (vinte e cinco por cento) do valor inicial atualizado do contrato para os acréscimos e supressões[16] que se fizerem nas obras, nos serviços ou nas compras e, apenas para os acréscimos, até 50% em caso de reforma de edifício ou de equipamento.

Esses limites, que na Lei n. 8.666/93, também se aplicavam às alterações contratuais por acordo entre as partes, na Lei n. 14.133/2021, aplicam-se apenas às alterações unilaterais, não havendo qualquer limite aos ajustes consentidos[17].

6.7.2. Alterações por acordo entre as partes

Por sua vez, as alterações por acordo entre as partes poderá ocorrer quando conveniente a substituição da garantia de execução; quando necessária a modificação do regime de execução da obra ou do serviço, bem como do modo de fornecimento, em face de verificação técnica da inaplicabilidade dos termos contratuais originários; ou quando necessária a modificação da forma de pagamento por imposição de circunstâncias supervenientes, mantido o valor inicial atualizado e vedada a antecipação do pagamento em relação ao cronograma financeiro fixado sem a correspondente contraprestação de fornecimento de bens ou execução de obra ou serviço.

6.7.2.1. Reequilíbrio econômico-financeiro em sentido estrito (revisão)

O reequilíbrio econômico-financeiro é gênero, previsto no art. 37, XXI, da CF/88, do qual origina as seguintes espécies: **reajuste**, **repactuação** e **revisão** (reequilíbrio econômico-financeiro em sentido estrito). Sua incidência decorre do princípio da supremacia da Constituição. Assim, nenhum edi-

---

[15] A Súmula n. 261 do TCU considera "[...] prática ilegal a revisão de projeto básico ou a elaboração de projeto executivo que transfigurem o objeto originalmente contratado em outro de natureza e propósito diversos".

[16] "Nas alterações contratuais para supressão de obras, bens ou serviços, se o contratado já houver adquirido os materiais e os colocado no local dos trabalhos, estes deverão ser pagos pela Administração pelos custos de aquisição regularmente comprovados e monetariamente reajustados, podendo caber indenização por outros danos eventualmente decorrentes da supressão, desde que regularmente comprovados", conforme garantido pelo art. 129 da Lei n. 14.133/2021.

[17] A respeito, ver: HEINEN, Juliano. O reequilíbrio econômico-financeiro na nova Lei de Licitações. In: Consultor Jurídico, edição de 11 de maio de 2021. Disponível em: https://www.conjur.com.br/2021-mai-11/heinen-reequilibrio-economico-financeiro-lei-licitacoes. Acesso em: 20 nov. 2023.

tal, contrato ou até mesmo regulamentação local tem o condão de afastar essa garantia das partes[18].

É possível dizer que o reequilíbrio econômico-financeiro do contrato se relaciona com o princípio da eficiência administrativa. Tal princípio se apresenta sob duas vertentes, a primeira, referente à atuação do agente público, do qual se espera o desempenho adequado; e a segunda atrelada ao modo estrutural da Administração Pública, com vistas a extrair a eficiência do resultado com o melhor aproveitamento econômico da contratação (contratar melhor e pelo menor dispêndio), dentro dos padrões de qualidade estabelecidos.

Por conseguinte, se eventos de álea extraordinária na execução contratual fossem de responsabilidade do particular, se ampliaria o risco empresarial, com o correspondente repasse do custo às propostas. Em decorrência, a contratação pública teria um aumento financeiro significativo, o que seria extremamente oneroso ao Poder Público.

Meirelles preceitua que o equilíbrio financeiro ou equilíbrio econômico do contrato administrativo "é a relação estabelecida inicialmente pelas partes entre os encargos do contratado e a retribuição da Administração para a justa remuneração do objeto do ajuste". O autor reforça que "essa relação encargo-remuneração deve ser mantida durante toda a execução do contrato, a fim de que o contratado não venha a sofrer indevida redução nos lucros normais do empreendimento"[19].

Em outras palavras, a disparidade nessa relação levará, necessariamente, à necessidade do reequilíbrio, o qual "é a garantia de que, quaisquer que sejam as alterações, advindas de determinações da Administração ou de fatores estranhos à relação jurídica estabelecida, mas que tenham um impacto extraordinário sobre esta, levarão sempre ao restabelecimento da equação financeira inicialmente fixada no contrato"[20].

Assim também entende o TCU, o qual conceitua o equilíbrio econômico-financeiro, como a manutenção das condições de pagamento, que foram estabelecidas inicialmente no contrato, de forma que se mantenha estável a relação referente às obrigações do contratado e a justa retribuição da Administração pelo fornecimento do bem, execução de obra ou prestação de serviço[21].

---

[18] O conteúdo desta seção, sobre o reequilíbrio econômico-financeiro, é um aprofundamento dos estudos elaborados, originariamente, por Felipe Dalenogare Alves e Fabiane Barbosa Ferraz, intitulado: "O reequilíbrio econômico-financeiro em contratos de obras públicas na Lei n. 14.133/2021: reflexões sobre os impactos decorrentes de variação cambial", para compor obra (ainda não publicada) em homenagem ao Prof. Dr. André Saddy.
[19] MEIRELLES, Hely Lopes. *Direito Administrativo*. 40. ed. São Paulo: Malheiros, 2014. p. 237.
[20] SADDY, André. *Curso de Direito Administrativo*. 3. v. 3. ed. Rio de Janeiro: CEEJ, 2025, p. 1003.
[21] De modo ilustrativo, destaca-se o Acórdão n. 1.159/2008 – Plenário, de relatoria do Min. Marcos Vinícios Vilaça, julgado em 18 de junho de 2008, o qual trouxe conceitos importantes sobre a necessidade do reequilíbrio econômico-financeiro do contrato: *"Diante de qualquer motivo suficiente para causar esse desequilíbrio, fica a Administração obrigada a reequilibrar*

O restabelecimento do equilíbrio econômico-financeiro das obrigações existentes entre a Administração e a contratada, além de ser uma obrigação prevista constitucionalmente (art. 37, XXI), tem fundamento no art. 124 da Lei n. 14.133/2021 e **independe de previsão editalícia, contratual ou de periodicidade mínima** para sua implementação.

O termo "*equilíbrio econômico-financeiro*" deve ser estudado com ressalva quanto à carga semântica, já que a expressão para o ordenamento jurídico não deve indicar a igualdade econômica em sentido absoluto. Ou seja, não é qualquer alteração econômica que justifica a concessão da revisão, e de outro lado, não é necessário que a empresa venha a ter prejuízo (em sentido estrito) para ter sua garantia concedida, mas a inviabilidade da execução como pactuado originalmente[22].

Necessariamente, à luz do ordenamento brasileiro, ocorrerá o desequilíbrio, quando comprovadamente estiver inviabilizada a execução do contrato tal como pactuado, em decorrência de situação superveniente, motivada por evento que resulte de caso fortuito ou força maior, de fatos imprevisíveis ou previsíveis de consequências incalculáveis (**teoria da imprevisão**), ou de **fato do príncipe**[23].

Também deverá ser promovido o reequilíbrio econômico-financeiro às contratações de obras e serviços de engenharia, quando a execução for obstada pelo atraso na conclusão de procedimentos de desapropriação, desocupação, servidão administrativa ou licenciamento ambiental, por circunstâncias alheias ao contratado (**fato da Administração**)[24], conforme garantido expressamente pelo art. 124, § 2º, da Lei n. 14.133/2021.

A quebra do equilíbrio é um fenômeno essencialmente econômico, podendo ser reconhecida mediante comparação entre duas realidades distintas: o cenário do momento da apresentação da proposta com a realidade na ocasião da execução do contrato, após a ocorrência de fato decorrente de álea econômica extraordinária e extracontratual[25].

Os encargos e a contraprestação da contratação são definidos previamente, no curso da licitação. As licitantes analisam o instrumento convoca-

---

o contrato, quer seja para diminuir ou aumentar o valor pago, através dos seguintes institutos: **a) revisão:** *tem lugar sempre que circunstância extraordinária e imprevisível, ou previsível de efeitos incalculáveis,* **comprometer o equilíbrio do contrato administrativo, para adequá-lo à realidade, mediante a recomposição dos interesses pactuados.** *Aplica-se aqui a teoria da imprevisão, buscando-se fora do contrato soluções que devolvam o equilíbrio entre as obrigações das partes. É desvinculada de quaisquer índices de variação inflacionária".*
[22] JUSTEN FILHO, Marçal. *Comentários à Lei de Licitações e Contratações Administrativas.* São Paulo: Revista dos Tribunais, 2021. p. 1373.
[23] ALVES, Felipe Dalenogare. *Manual de Direito Administrativo.* São Paulo: Saraiva, 2024. p. 190.
[24] ALVES, Felipe Dalenogare. *Manual de Direito Administrativo.* São Paulo: Saraiva, 2024. p. 190.
[25] JUSTEN FILHO, Marçal. *Curso de Direito Administrativo.* 4. ed. São Paulo: Saraiva, 2009. p. 457-458.

tório, avaliam custos e encargos da contratação, calculando o preço da proposta, a fim de que haja lucro. Assim o equilíbrio econômico-financeiro é firmado na apresentação das propostas, devendo ser mantido durante toda a vigência contratual.

A equação econômico-financeira dos contratos administrativos constitui, como vimos, uma garantia constitucional. No entanto, mesmo constituindo direito subjetivo dos contraentes, necessita da anuência de ambos para ser formalizada[26]. Assim, havendo negativa da Administração, só restará ao particular a via judicial (se não houver sido estabelecida cláusula arbitral).

A LLC trouxe expressa ressalva à repartição objetiva de riscos estabelecida no contrato. A norma atual traz a importância da matriz de riscos, cláusula contratual que tem o intuito de alocar os riscos e as responsabilidades às partes, definindo previamente o ônus financeiro em razão de eventuais ocorrências posteriores à formalização da contratação[27].

O art. 22 da Lei n. 14.133/2021 estabelece que o edital poderá contemplar matriz de riscos, refletindo a alocação no contrato. Entendemos que, embora o dispositivo conduza a uma ação discricionária, como regra[28], sua dispensa deve ser motivada com as razões de fato e de direito que levaram o gestor a não a adotar, dentre elas a baixa complexidade e valor econômico do objeto. Essa justificativa, a nosso ver, deverá ser realizada na fase preparatória da licitação.

Demonstrando-se ela necessária, se torna cláusula editalícia necessária, conforme previsto no art. 92, IX, da LLC, passando a ser determinante para a definição do equilíbrio econômico-financeiro inicial do contrato em relação a eventos supervenientes e devendo ser observada na solução de eventuais pleitos de reequilíbrio econômico-financeiro, conforme determinado expressamente pelo art. 103 dessa lei.

---

[26] ALVES, Felipe Dalenogare. *Manual de Direito Administrativo*. São Paulo: Saraiva, 2024. p. 190.

[27] Segundo o art. 6º, XXVII, a matriz de riscos deve conter, no mínimo, as seguintes informações: a) listagem de possíveis eventos supervenientes à assinatura do contrato que possam causar impacto em seu equilíbrio econômico-financeiro e previsão de eventual necessidade de prolação de termo aditivo por ocasião de sua ocorrência; b) no caso de obrigações de resultado, estabelecimento das frações do objeto com relação às quais haverá liberdade para os contratados inovarem em soluções metodológicas ou tecnológicas, em termos de modificação das soluções previamente delineadas no anteprojeto ou no projeto básico; e c) no caso de obrigações de meio, estabelecimento preciso das frações do objeto com relação às quais não haverá liberdade para os contratados inovarem em soluções metodológicas ou tecnológicas, devendo haver obrigação de aderência entre a execução e a solução predefinida no anteprojeto ou no projeto básico, consideradas as características do regime de execução no caso de obras e serviços de engenharia.

[28] É necessário observar que, nas situações em que a contratação se referir a obras e serviços de grande vulto ou forem adotados os regimes de contratação integrada e semi-integrada, o edital obrigatoriamente contemplará matriz de alocação de riscos entre o contratante e o contratado, conforme previsão expressa do § 3º do art. 22 da Lei n. 14.133/2021.

Destarte, em tese, não estará configurada a necessidade do reequilíbrio econômico-financeiro nos casos em que o evento suscitado foi alocado à respectiva parte. Com o advento da Lei n. 14.133/2021, questões envolvendo a revisão de preços com fundamento no art. 124, II, *d*, deverão ser resolvidas a partir da análise dessa matriz.

A redação dessa alínea menciona que haverá o restabelecimento do equilíbrio econômico-financeiro em qualquer dos casos (rol exemplificativo), quando demonstrada a inviabilidade da execução do contrato, conforme pactuado. Compreendemos que não incide, em favor de uma das partes, qualquer presunção de inviabilidade, sendo sua incumbência comprovar objetivamente, perante a outra, o ônus suportado.

Entendemos que, primeiramente, deve haver a incidência dos pressupostos necessários para autorizar o reequilíbrio econômico-financeiro dos contratos administrativos, quais sejam: a) imprevisibilidade do evento e seus efeitos; b) inimputabilidade do evento às partes; c) grave modificação das condições pactuadas; d) ausência de impedimento absoluto à execução contratual[29].

Ocorrências ordinárias são eventos e riscos considerados previsíveis, comuns, inerentes à atuação da empresa, portanto, devem ser suportadas pelo contratado. Logo, "variações de preços que se tornaram comuns e previsíveis na economia moderna e que afetam cotidianamente o contrato administrativo" devem fazer parte do rol de alocação de riscos à contratada, que deve levar em conta a atuação do mercado na apresentação da proposta[30].

A própria Lei n. 14.133/2021, ao tratar da alocação de riscos, estabelece, nos §§ 1º e 2º do art. 103, que essa considerará a natureza do risco, o beneficiário das prestações a que se vincula e a capacidade de cada setor para melhor gerenciá-lo, transferindo-se, preferencialmente ao contratado, aqueles que tenham cobertura oferecida por seguradoras.

Por sua vez, compreendemos que à Administração devem ser transferidos os riscos extraordinários, principalmente aqueles decorrentes da **teoria da imprevisão, fato da Administração** e **do príncipe**. A revisão de preços pressupõe um estado de crise, um acontecimento imprevisível e inevitável ou, se previsível, de consequências incalculáveis, que interfira no equilíbrio econômico-financeiro do contrato. Dessa forma, tem-se que ela não é algo que ocorre periodicamente e não se relaciona com a inflação ordinária, diferindo-se do reajustamento em sentido estrito, devendo ser comprovada pela parte requerente[31].

---

[29] JUSTEN FILHO, Marçal. *Curso de Direito Administrativo*. 4. ed. São Paulo: Saraiva, 2009. p. 1380.
[30] SUNDFELD, Carlos Ari. *Licitação e contrato administrativo*. 2. ed. São Paulo: Malheiros, 1995. p. 237.
[31] Cardoso (2024, p. 303) ensina que, na prática, a Administração deverá: a) verificar se o pedido acompanha memória de cálculo que demonstre o impacto sofrido, relatando, inclusive, a ocorrência de fato superveniente ensejador do equilíbrio; b) comparar a memória de cálculo apresentada à revisão com todos os custos originariamente previstos à contratação,

A revisão contratual pode ser solicitada por ambas as partes. Para Justen Filho, a ocorrência do fato que gera a onerosidade excessiva à contratada não necessariamente deve vir acompanhada da comprovação de efetivo prejuízo (em sentido estrito) na contratação[32]. Para ele, a demonstração de que a contratada vem tendo prejuízo na contratação é uma exigência que foge da legalidade[33]. Concordamos com o autor. Pensamos que isso superaria a norma atual, principalmente diante da expressão prevista no art. 124, II, *d*, da Lei n. 14.133/2021 ("inviabilizem a execução do contrato tal como pactuado"). Assim, se houver a comprovação da ocorrência de uma das circunstâncias apontadas acima (teoria da imprevisão, fato da Administração ou do príncipe), com a demonstração analítica da redução da margem de lucro (como apresentada na proposta), se está diante de uma hipótese que inviabiliza a execução contratual como avençado originalmente.

Segundo Di Pietro, a **teoria da imprevisão** caracteriza-se por qualquer acontecimento externo ao contrato, alheio à vontade das partes, imprevisível e inevitável, que causa um desequilíbrio incomum ao contrato, o que torna excessivamente oneroso para uma das partes[34].

A autora menciona que se relacionam à aplicação da teoria da imprevisão, além das situações de caso fortuito ou força maior, as denominadas sujeições imprevistas ou fatos imprevistos, os quais constituem "fatos de ordem material, que podiam já existir no momento da celebração do contrato, mas que eram desconhecidos pelos contratantes"[35]. Como exemplo, cita "o caso de empreiteiro de obra pública que, no curso da execução do contrato, esbarra em terreno de natureza imprevista que onera ou torna impossível a execução do contrato"[36].

O **fato da administração**, conforme ensina Saddy, é um ato de violação contratual, consistente em uma conduta que retarde ou impeça a execução do contrato, provocando seu desequilíbrio econômico-financeiro. Assim, o descumprimento da avença conforme pactuada ocorre pela Administração, ocasionando prejuízos que não deverão ser suportados pelo contratado, mas por aquele que deu causa.

---

em especial na formulação da proposta (item a item); c) constatar a onerosidade quanto aos custos ao longo da execução contratual; d) comparar o que foi requerido e o valor efetivamente apurado; e) apresentar as diferenças apuradas ao contratado, se houver; e f) após o fechamentos dos cálculos, proceder à celebração de termo aditivo ao contrato.

[32] JUSTEN FILHO, Marçal. *Comentários à Lei de Licitações e Contratações Administrativas.* Revista dos Tribunais, 2021. p. 1373.
[33] JUSTEN FILHO, Marçal. *Comentários à Lei de Licitações e Contratações Administrativas.* Revista dos Tribunais, 2021. p. 1373.
[34] DI PIETRO, Maria Sylvia Zanella. *Direito Administrativo.* 37. ed. São Paulo: Atlas, 2024. p. 289.
[35] DI PIETRO, Maria Sylvia Zanella. *Direito Administrativo.* 37. ed. São Paulo: Atlas, 2024. p. 291.
[36] DI PIETRO, Maria Sylvia Zanella. *Direito Administrativo.* 37. ed. São Paulo: Atlas, 2024. p. 291.

Como exemplo, podemos mencionar o atraso na liberação da área para a execução de uma obra, decorrente de atraso na conclusão de procedimentos de desapropriação, desocupação, servidão administrativa ou licenciamento ambiental (quando de incumbência da Administração).

Para definir o **fato do príncipe**, por sua vez, também buscamos em Saddy os ensinamentos, no sentido de que é a determinação estatal, positiva ou negativa, geral e imprevisível, que onera substancialmente a execução do contrato administrativo. Significa, portanto, uma situação que ultraja a relação contratual estrita, mas decorrente de um ato do Poder Público.

A nosso ver, independe se o ato é proveniente da mesma esfera federativa a que pertence o órgão ou entidade contratante. A título exemplificativo, mencionamos os atos restritivos emanados por autoridades federais ou estaduais que proibiram ou limitaram a aglomeração de pessoas, que afetou contratos de obras celebrados por municípios (por redução ou até paralisação da mão de obra atuante na construção civil). O fato ensejador da revisão, nesse caso, é o do príncipe.

A formalização do termo aditivo é condição para a execução, pelo contratado, das prestações determinadas pela Administração no curso da execução do contrato, salvo nos casos de justificada necessidade de antecipação de seus efeitos, hipótese em que a formalização deverá ocorrer no prazo máximo de 1 mês.

No entanto, desde que o pedido de restabelecimento do equilíbrio econômico-financeiro tenha sido formulado durante a vigência do contrato e antes de eventual prorrogação, a extinção contratual não configurará óbice para seu reconhecimento, hipótese em que será concedida indenização por meio de termo indenizatório.

Realizado este estudo inicial, sobre o reequilíbrio econômico-financeiro dos contratos, principalmente com a aplicação da teoria da imprevisão, fato da Administração e do príncipe, abordaremos, na seção a seguir, o reajustamento e a repactuação.

6.7.2.2. Reajustamento e repactuação

O art. 6º, LVIII, da Lei n. 14.133/2021, define o **reajustamento em sentido estrito**, como forma de manutenção do equilíbrio econômico-financeiro de contrato consistente na aplicação do índice de correção monetária previsto no contrato, que deve retratar a variação efetiva do custo de produção, admitida a adoção de índices específicos ou setoriais.

Destaca-se que o art. 25, § 7º, por sua vez, prevê que: "Independentemente do prazo de duração do contrato, será obrigatória a previsão no edital de índice de reajustamento de preço, **com data-base vinculada à data do orçamento estimado** e com a possibilidade de ser estabelecido mais de um índice específico ou setorial, em conformidade com a realidade de mercado dos respectivos insumos". Defendemos, por conseguinte, que **a data do orça-**

mento estimado deve ser informada expressamente no edital, a fim de que os licitantes possam formular suas propostas em igualdade de condições. Por sua vez, o art. 6º, LIX, da Lei n. 14.133/2021, conceitua a **repactuação** como a forma de manutenção do equilíbrio econômico-financeiro de contrato utilizada para **serviços contínuos com regime de dedicação exclusiva de mão de obra ou predominância de mão de obra**, por meio da **análise da variação dos custos contratuais**, devendo estar prevista no edital com data vinculada à apresentação das propostas, para os **custos decorrentes do mercado**, e com data vinculada ao acordo, à convenção coletiva ou ao dissídio coletivo ao qual o orçamento esteja vinculado, para os **custos decorrentes da mão de obra**.

Assim, quando se tratar de **serviços contínuos**, conforme assegurado pelo art. 25, § 8º, da Lei n. 14.133/2021, observado o interregno mínimo de 1 (um) ano, o critério de reajustamento será por: **a) reajustamento em sentido estrito**, quando não houver regime de dedicação exclusiva de mão de obra ou predominância de mão de obra, mediante previsão de índices específicos ou setoriais; ou **b) repactuação**, quando houver regime de dedicação exclusiva de mão de obra ou predominância de mão de obra, mediante demonstração analítica da variação dos custos.

Desse modo, diferente do que era usual antes da Lei n. 14.133/2021, em que, nos contratos com predominância de mão de obra, se utilizava o reajustamento para os insumos e a repactuação exclusivamente para a mão de obra, agora, nesses contratos (com predominância), o instituto para o reequilíbrio será a **repactuação (tanto para os insumos quanto para a mão de obra)**.

Dito isso, é necessário estabelecer o marco para que haja esse reequilíbrio econômico-financeiro contratual. Para tanto, o art. 135 da Lei n. 14.133/2021 prevê que os preços dos contratos para **serviços contínuos com regime de dedicação exclusiva de mão de obra ou com predominância de mão de obra** serão **repactuados (sempre observado o interregno de 1 ano)**, mediante demonstração analítica da variação dos custos contratuais, com data vinculada à da **apresentação da proposta**, para **custos decorrentes do mercado** e ao **acordo**, à **convenção coletiva** ou ao **dissídio coletivo** ao qual a proposta esteja vinculada, para os **custos de mão de obra**.

No entanto, é vedado à Administração se vincular às disposições contidas em acordos, convenções ou dissídios coletivos de trabalho que tratem de matéria não trabalhista, de pagamento de participação dos trabalhadores nos lucros ou resultados do contratado, ou que estabeleçam direitos não previstos em lei, como valores ou índices obrigatórios de encargos sociais ou previdenciários, bem como de preços para os insumos relacionados ao exercício da atividade, bem como aqueles que tratem de obrigações e direitos que **somente se aplicam aos contratos com a Administração Pública**.

A repactuação deverá ser precedida de solicitação do contratado, acompanhada de demonstração analítica da variação dos custos, por meio de **apresentação da planilha de custos e formação de preços**, ou do **novo acordo, convenção ou sentença normativa que a fundamenta**, podendo ser dividida em tantas parcelas quantas forem necessárias, observado o princípio da anualidade, inclusive em momentos distintos, para discutir a variação de custos que tenham sua anualidade resultante em datas diferenciadas, como os decorrentes de mão de obra e os decorrentes dos insumos necessários à execução dos serviços.

6.7.2.3. Vedação à alteração contratual na contratação integrada ou semi-integrada

A **contratação integrada** é aquela em que o contratado é responsável por elaborar e desenvolver **os projetos básico e executivo**, executar obras e serviços de engenharia, fornecer bens ou prestar serviços especiais e realizar montagem, teste, pré-operação e as demais operações necessárias e suficientes para a entrega final do objeto (art. 6º, XXXII, da Lei n. 14.133/2021).

Na **contratação semi-integrada**, o contratado é responsável por elaborar e desenvolver **o projeto executivo**, executar obras e serviços de engenharia, fornecer bens ou prestar serviços especiais e realizar montagem, teste, pré-operação e as demais operações necessárias e suficientes para a entrega final do objeto (art. 6º, XXXIII, da Lei n. 14.133/2021).

Assim, como os projetos são elaborados pela própria contratada, o art. 133 da Lei n. 14.133/2021 veda, como regra, a alteração dos contratos nessas hipóteses, exceto para as seguintes situações:

a) reestabelecer o equilíbrio econômico-financeiro decorrente de **caso fortuito** ou **força maior**;

b) por necessidade de alteração do projeto ou das especificações para melhor adequação técnica aos objetivos da contratação, a pedido da Administração, **desde que não decorrente de erros ou omissões por parte do contratado**;

c) por necessidade de alteração do projeto básico nas contratações semi-integradas, desde que demonstrada a superioridade das inovações propostas pelo contratado em termos de redução de custos, de aumento da qualidade, de redução do prazo de execução ou de facilidade de manutenção ou operação, assumindo o contratado a responsabilidade integral pelos riscos associados à alteração do projeto básico; e

d) por ocorrência de evento superveniente alocado na matriz de riscos como de responsabilidade da Administração.

6.8. O recebimento provisório e definitivo do objeto contratual

Concluída a execução do objeto, este será recebido, em se tratando de **obras e serviços, provisoriamente**, pelo responsável por seu acompanhamento e fiscalização, mediante termo detalhado, quando verificado o cumprimento das exigências de caráter técnico e, **definitivamente**, por servidor ou comissão designada pela autoridade competente, mediante termo detalhado que comprove o atendimento das exigências contratuais.

Quando se tratar de **compras**, será recebido, **provisoriamente**, de forma sumária, pelo responsável por seu acompanhamento e fiscalização, com verificação posterior da conformidade do material com as exigências contratuais e, **definitivamente**, por servidor ou comissão designada pela autoridade competente[37], mediante termo detalhado que comprove o atendimento das exigências contratuais[38].

O objeto do contrato poderá ser rejeitado, no todo ou em parte, quando estiver em desacordo com o contrato, sendo possível que os ensaios, os testes e as demais provas para aferição da boa execução do objeto do contrato exigidos por normas técnicas oficiais corram por conta do contratado.

O recebimento provisório ou definitivo **não excluirá** a responsabilidade civil pela solidez e pela segurança da obra ou serviço nem a responsabilidade ético-profissional pela perfeita execução do contrato, nos limites estabelecidos pela lei ou pelo contrato. Em se tratando **de projeto de obra**, o recebimento definitivo pela Administração não eximirá o projetista ou o consultor da responsabilidade objetiva por todos os danos causados por falha de projeto.

Por sua vez, **em se tratando de obra**, o recebimento definitivo não eximirá o contratado, **pelo prazo mínimo de 5 (cinco) anos**, admitida a previsão de prazo de garantia superior no edital e no contrato, da responsabilidade objetiva pela solidez e pela segurança dos materiais e dos serviços executados e pela funcionalidade da construção, da reforma, da recuperação ou da ampliação do bem imóvel, e, em caso de vício, defeito ou incorreção identificados, o contratado ficará responsável pela reparação, pela correção, pela reconstrução ou pela substituição necessárias.

---

[37] No âmbito federal, o art. 25 do Decreto n. 11.246/2022 atribui ao gestor do contrato a atribuição de realizar o recebimento definitivo do objeto. Compreendemos que essa incumbência ao gestor viola o princípio da segregação de funções, colocando o mesmo agente para desempenhar etapas suscetíveis a riscos, contrariando o § 1º do art. 7º da Lei n. 14.133/2021. Isso porque aumenta-se o risco de fraudes na gestão do contrato e no recebimento do objeto (a exemplo de uma execução fantasma), o que seria mitigado se fossem dois agentes diferentes.

[38] É importante destacar que o recebimento do objeto deve resguardar o princípio da segregação de funções. A título exemplificativo, o mesmo agente que atesta o recebimento ou compõe a comissão responsável por tal não pode ser o que ordena seu pagamento, como já decidiu o TCU ao proferir o Acórdão n. 18587/2021 – Primeira Câmara.

6.9. O pagamento contratual

No dever de pagamento pela Administração, será observada a ordem cronológica para cada fonte diferenciada de recursos, prevista no art. 141 da Lei n. 14.133/2021, subdividida nas categorias de contratos referentes a **fornecimento de bens, locações, prestação de serviços e realização de obras**.

6.9.1. Alteração excepcional na ordem de pagamento

Excepcionalmente, a ordem cronológica poderá ser alterada, mediante prévia justificativa da autoridade competente e posterior comunicação ao órgão de controle interno da Administração e ao Tribunal de Contas competente, desde que comprovadamente, sob pena de responsabilização do agente responsável, fique caracterizada alguma das seguintes situações:

a) grave perturbação da ordem, situação de emergência ou calamidade pública;

b) pagamento a microempresa, empresa de pequeno porte, agricultor familiar, produtor rural pessoa física, microempreendedor individual e sociedade cooperativa, desde que demonstrado o risco de descontinuidade do cumprimento do objeto do contrato;

c) pagamento de serviços necessários ao funcionamento dos sistemas estruturantes, desde que demonstrado o risco de descontinuidade do cumprimento do objeto do contrato;

d) pagamento de direitos oriundos de contratos em caso de falência, recuperação judicial ou dissolução da empresa contratada; ou

e) pagamento de contrato cujo objeto seja imprescindível para assegurar a integridade do patrimônio público ou para manter o funcionamento das atividades finalísticas do órgão ou entidade, quando demonstrado o risco de descontinuidade da prestação de serviço público de relevância ou o cumprimento da missão institucional.

O órgão ou entidade deverá disponibilizar, mensalmente, em seção específica de acesso à informação em seu sítio na internet, a ordem cronológica de seus pagamentos, bem como as justificativas que fundamentarem a eventual alteração dessa ordem.

6.9.2. Obrigação de pagamento contratual incontroverso

No caso de controvérsia sobre a execução do objeto, quanto a dimensão, qualidade e quantidade, a parcela incontroversa deverá ser liberada no prazo previsto para pagamento, conforme garantido ao contratado no art. 143 da Lei n. 14.133/2021.

6.9.3. A possibilidade de estabelecimento de remuneração variável por desempenho

Na contratação de obras, fornecimentos e serviços, inclusive de engenharia, poderá ser estabelecida **remuneração variável vinculada ao de-**

sempenho do contratado, desde que devidamente motivada e respeitando-se o limite orçamentário da Administração, com base em metas, padrões de qualidade, critérios de sustentabilidade ambiental e prazos de entrega definidos no edital de licitação e no contrato.

Esse pagamento poderá ser ajustado em base percentual sobre o valor economizado em determinada despesa, quando o objeto do contrato visar à implantação de processo de racionalização, hipótese em que as despesas correrão à conta dos mesmos créditos orçamentários, na forma de regulamentação específica.

6.9.4. O pagamento em conta vinculada

Desde que haja disposição expressa no edital ou no contrato poderá ser previsto pagamento em conta vinculada ou pagamento pela efetiva comprovação do fato gerador.

O pagamento em conta vinculada, bem como por comprovação do fato gerador, é medida de extrema importância nos casos de serviços contínuos com regime de dedicação exclusiva de mão de obra, para assegurar o cumprimento de obrigações trabalhistas pelo contratado, e encontra previsão legal expressa no art. 121, § 3º, da Lei n. 14.133/2021.

Nessa situação, a Administração pode efetuar o depósito de valores em conta vinculada (os quais são absolutamente impenhoráveis) e estabelecer que os valores destinados a férias, a décimo terceiro salário, a ausências legais e a verbas rescisórias dos empregados do contratado que participarem da execução dos serviços contratados serão pagos pelo contratante ao contratado somente na ocorrência do fato gerador.

6.9.5. A possibilidade excepcional de antecipação do pagamento

Como regra, não é permitido pagamento antecipado, parcial ou total, relativo a parcelas contratuais vinculadas ao fornecimento de bens, à execução de obras ou à prestação de serviços.

Excepcionalmente, o art. 145, § 1º, da Lei n. 14.133/2021, prevê a possibilidade da antecipação de pagamento, se esta propiciar sensível economia de recursos ou se representar condição indispensável à obtenção do bem ou à prestação do serviço, hipótese que deverá ser previamente justificada no processo licitatório e expressamente prevista no edital de licitação ou instrumento formal de contratação direta.

Assim sendo, a Administração poderá exigir prestação de garantia adicional como condição para o pagamento antecipado e, caso o objeto não seja executado no prazo contratual, o valor antecipado deverá ser devolvido.

6.10. A extinção contratual

A extinção do contrato, conforme prevê o art. 138 da Lei n. 14.133/2021, poderá ser **determinada unilateralmente**, por escrito, pela Administração, exceto no caso de descumprimento decorrente de sua própria conduta, **consensualmente**, por acordo entre as partes, por conciliação, por mediação ou por comitê de resolução de disputas, desde que haja interesse da Administração ou **determinada judicialmente**, bem como por decisão arbitral, em decorrência de cláusula compromissória ou compromisso arbitral.

Tanto a extinção unilateral quanto a consensual deverão ser precedidas de autorização escrita e fundamentada da autoridade competente e reduzidas a termo no respectivo processo.

6.10.1. Hipóteses de extinção contratual

O art. 137 da Lei n. 14.133/2021 elenca os motivos que poderão ensejar a extinção do contrato, a qual deverá ser formalmente motivada nos autos do processo, assegurados o contraditório e a ampla defesa, quais sejam:

a) não cumprimento ou cumprimento irregular de normas editalícias ou de cláusulas contratuais, de especificações, de projetos ou de prazos;

b) desatendimento das determinações regulares emitidas pela autoridade designada para acompanhar e fiscalizar sua execução ou por autoridade superior;

c) alteração social ou modificação da finalidade ou da estrutura da empresa que restrinja sua capacidade de concluir o contrato;

d) decretação de falência ou de insolvência civil, dissolução da sociedade ou falecimento do contratado;

e) caso fortuito ou força maior, regularmente comprovados, impeditivos da execução do contrato;

f) atraso na obtenção da licença ambiental, ou impossibilidade de obtê-la, ou alteração substancial do anteprojeto que dela resultar, ainda que obtida no prazo previsto;

g) atraso na liberação das áreas sujeitas a desapropriação, a desocupação ou a servidão administrativa, ou impossibilidade de liberação dessas áreas;

h) razões de interesse público, justificadas pela autoridade máxima do órgão ou da entidade contratante; ou

i) não cumprimento das obrigações relativas à reserva de cargos prevista em lei, bem como em outras normas específicas, para pessoa com deficiência, para reabilitado da Previdência Social ou para aprendiz.

As situações acima poderão ocorrer unilateralmente, por decisão da Administração, ou consensualmente, por acordo entre as partes, por conciliação, por mediação ou por comitê de resolução de disputas, desde que haja interesse da Administração.

Por sua vez, **o contratado terá direito** à extinção do contrato nas seguintes hipóteses:

a) supressão, por parte da Administração, de obras, serviços ou compras que acarrete modificação do valor inicial do contrato além do limite de 25% legalmente previsto;

b) suspensão de execução do contrato, por ordem escrita da Administração, por prazo superior a 3 meses;

c) repetidas suspensões que totalizem 90 dias úteis, independentemente do pagamento obrigatório de indenização pelas sucessivas e contratualmente imprevistas desmobilizações e mobilizações e outras previstas;

d) atraso superior a 2 meses, contado da emissão da nota fiscal, dos pagamentos ou de parcelas de pagamentos devidos pela Administração por despesas de obras, serviços ou fornecimentos;

e) não liberação pela Administração, nos prazos contratuais, de área, local ou objeto, para execução de obra, serviço ou fornecimento, e de fontes de materiais naturais especificadas no projeto, inclusive devido a atraso ou descumprimento das obrigações atribuídas pelo contrato à Administração relacionadas a desapropriação, a desocupação de áreas públicas ou a licenciamento ambiental.

Mesmo constituindo direito do contratado, caso a Administração não realize a extinção consensualmente, este deverá ajuizar ação específica com esse propósito (Ação de extinção contratual – ação de conhecimento – pelo procedimento comum).

Ainda, é necessário destacar que, nas hipóteses de extinção decorrentes de suspensão de execução do contrato por prazo superior a 3 meses, repetidas suspensões que totalizem 90 dias úteis e atraso superior a 2 meses, devem ser observadas as seguintes condições e medidas:

a) não serão admitidas em caso de calamidade pública, de grave perturbação da ordem interna ou de guerra, bem como quando decorrerem de ato ou fato que o contratado tenha praticado, do qual tenha participado ou para o qual tenha contribuído;

b) assegurarão ao contratado **o direito de optar pela suspensão do cumprimento das obrigações** assumidas até a normalização da situação, admitido o restabelecimento do equilíbrio econômico-financeiro do contrato; e

c) os emitentes das garantias deverão ser notificados pelo contratante quanto ao início de processo administrativo para apuração de descumprimento de cláusulas contratuais.

6.10.2. Efeitos da extinção contratual por culpa da Administração

Quando a extinção decorrer de culpa exclusiva da Administração, o contratado será ressarcido pelos prejuízos regularmente comprovados que houver sofrido e terá direito a devolução da garantia, aos pagamentos devidos pela execução do contrato até a data de extinção e ao pagamento do custo da desmobilização, direitos assegurados no art. 138, § 2º, da Lei n. 14.133/2021.

6.10.3. Medidas acauteladoras decorrentes da extinção contratual

A extinção determinada por ato unilateral da Administração poderá acarretar, sem prejuízo das sanções cabíveis, as medidas acauteladoras previstas no art. 139 da Lei n. 14.133/2021, como a assunção imediata do objeto do contrato, no estado e local em que se encontrar e a ocupação e utilização do local, das instalações, dos equipamentos, do material e do pessoal empregados na execução do contrato e necessários à sua continuidade[39]. Em ambas as situações, a Administração poderá dar continuidade à obra ou ao serviço por execução direta ou indireta.

É possível, ainda como medida acauteladora, a execução da garantia contratual para o ressarcimento por prejuízos decorrentes da inexecução contratual; pagamento de verbas trabalhistas, fundiárias e previdenciárias, quando cabível; e pagamento das multas devidas à Administração Pública.

Por fim, destaca-se que a Administração poderá reter os créditos decorrentes do contrato até o limite dos prejuízos causados à Administração Pública e das multas aplicadas e exigir a assunção da execução e da conclusão do objeto do contrato pela seguradora, nas hipóteses de seguro-garantia com cláusula de retomada.

6.11. A anulação contratual

Constatada irregularidade no procedimento licitatório ou na execução contratual, caso não seja possível o saneamento, a decisão sobre a suspensão da execução ou sobre a declaração de nulidade do contrato somente será adotada na hipótese em que se revelar medida de interesse público, com avaliação, entre outros, dos aspectos previstos no art. 147 da Lei n. 14.133/2021.

Com efeito, a introdução das mudanças pela Lei n. 13.655/2018 na Lei de Introdução às Normas do Direito Brasileiro (LINDB) marcou uma nova fase na interpretação das normas jurídicas de direito público. Antes disso, apesar da longa vigência do Decreto n. 4.657/1942 (LICC), a influência desse diploma no direito público não era claramente perceptível.

Há de se dizer que, no contexto da nulidade contratual, a promulgação de normas específicas de hermenêutica não apenas estabeleceu critérios para a invalidação e preservação dos efeitos desses atos, mas também contribuiu para reforçar a segurança jurídica e garantir a fruição do objeto pela própria sociedade[40].

---

[39] Nesta segunda hipótese, o art. 139, § 2º, da Lei n. 14.133/2021, prevê que "o ato deverá ser precedido de autorização expressa do ministro de Estado, do secretário estadual ou do secretário municipal competente, conforme o caso".

[40] Nesse sentido é o Enunciado n. 16 do Instituto Nacional da Contratação Pública, o qual estabelece que: "Constitui direito do contratado e da sociedade que a análise do impacto

6.11.1. Teste de verificação (checklist) do interesse público

Trata-se de um verdadeiro teste de verificação (*checklist*) do interesse público, em que os fatores abaixo deverão ser meticulosamente analisados, o que fulminará na avaliação se a suspensão da execução ou a anulação do contrato atende ao interesse público ou não:

a) impactos econômicos e financeiros decorrentes do atraso na fruição dos benefícios do objeto do contrato;

b) riscos sociais, ambientais e à segurança da população local decorrentes do atraso na fruição dos benefícios do objeto do contrato;

c) motivação social e ambiental do contrato;

d) custo da deterioração ou da perda das parcelas executadas;

e) despesa necessária à preservação das instalações e dos serviços já executados;

f) despesa inerente à desmobilização e ao posterior retorno às atividades;

g) medidas efetivamente adotadas pelo titular do órgão ou entidade para o saneamento dos indícios de irregularidades apontados;

h) custo total e estágio de execução física e financeira dos contratos, dos convênios, das obras ou das parcelas envolvidas;

i) fechamento de postos de trabalho diretos e indiretos em razão da paralisação;

j) custo para realização de nova licitação ou celebração de novo contrato; e

k) custo de oportunidade do capital durante o período de paralisação.

Caso, após a realização deste teste de verificação de interesse público, a paralisação ou anulação não se revele medida a satisfazê-lo, o Poder Público deverá optar pela continuidade do contrato e pela solução da irregularidade por meio de indenização por perdas e danos, sem prejuízo da apuração de responsabilidade e da aplicação de penalidades cabíveis.

6.11.2. Efeitos da anulação contratual

Caso a anulação contratual se demonstre medida de interesse público, operará efeitos *ex tunc*, impedindo os efeitos jurídicos que o contrato deveria produzir ordinariamente e desconstituindo os já produzidos.

No entanto, "Caso não seja possível o retorno à situação fática anterior, a nulidade será resolvida pela indenização por perdas e danos, sem prejuízo da apuração de responsabilidade e aplicação das penalidades cabíveis", na forma do art. 148, § 1º, da Lei n. 14.133/2021.

Por sua vez, desde que não tenha dado causa, o contratado tem garantido no art. 149 da Lei n. 14.133/2021 o direito de ser indenizado pelo que

___
invalidatório, prevista pelo art. 147 da Lei n. 14.133/2021, seja realizada, sendo ainda, condição para que se entenda legítimo o ato de suspensão ou invalidação".

houver executado até a data em que for declarada ou tornada eficaz a anulação, bem como por outros prejuízos regularmente comprovados, promovendo-se a responsabilização de quem lhe tenha dado causa.

6.11.3. Modulação dos efeitos anulatórios

A lei possibilita a **modulação dos efeitos anulatórios**, com o propósito de garantir a continuidade da atividade administrativa. Assim, com fundamento no art. 148, § 2º, da Lei n. 14.133/2021, a Administração poderá decidir que ela só tenha eficácia em momento futuro, suficiente para efetuar nova contratação, por prazo de até 6 meses, prorrogável uma única vez.

6.12. As esferas de responsabilização do contratado

O contratado, por culpa, dolo ou fraude na execução contratual, responderá na esfera administrativa, cível, trabalhista e previdenciária, sem prejuízo de eventual ação penal proposta em desfavor dos dirigentes e de improbidade administrativa. Nesta seção, serão trabalhadas as responsabilidades administrativa, civil, trabalhista e previdenciária.

6.12.1. A responsabilização administrativa

O contratado será responsabilizado administrativamente pelas infrações administrativas previstas no art. 155 da Lei n. 14.133/2021, as quais constituem, a nosso ver, um rol taxativo.

6.12.1.1. As infrações administrativas

As infrações administrativas, previstas no rol taxativo do art. 155, são as seguintes:

a) dar causa à inexecução parcial do contrato (única infração passível de ser punida com advertência, se a gravidade não ensejar a aplicação de sanção mais grave);

b) dar causa à inexecução parcial do contrato que cause grave dano à Administração, ao funcionamento dos serviços públicos ou ao interesse coletivo (passível de ser punida com impedimento de licitar e contratar ou declaração de inidoneidade se justificar a imposição de penalidade mais grave);

c) dar causa à inexecução total do contrato (passível de ser punida com impedimento de licitar e contratar ou declaração de inidoneidade se justificar a imposição de penalidade mais grave);

d) deixar de entregar a documentação exigida para o certame (infração imputável à licitante, passível de ser punida com impedimento de licitar e contratar ou declaração de inidoneidade se justificar a imposição de penalidade mais grave);

e) não manter a proposta, salvo em decorrência de fato superveniente devidamente justificado (infração imputável à licitante, passível de ser punida com impedimento de licitar e contratar ou declaração de inidoneidade se justificar a imposição de penalidade mais grave);

f) não celebrar o contrato ou não entregar a documentação exigida para a contratação, quando convocado dentro do prazo de validade de sua proposta (infração imputável à licitante, passível de ser punida com impedimento de licitar e contratar ou declaração de inidoneidade se justificar a imposição de penalidade mais grave);

g) ensejar o retardamento da execução ou da entrega do objeto da licitação sem motivo justificado (passível de ser punida com impedimento de licitar e contratar ou declaração de inidoneidade se justificar a imposição de penalidade mais grave);

h) apresentar declaração ou documentação falsa exigida para o certame ou prestar declaração falsa durante a licitação ou a execução do contrato (passível de ser punida com declaração de inidoneidade);

i) fraudar a licitação ou praticar ato fraudulento na execução do contrato (passível de ser punida com declaração de inidoneidade);

j) comportar-se de modo inidôneo ou cometer fraude de qualquer natureza (passível de ser punida com declaração de inidoneidade);

k) praticar atos ilícitos com vistas a frustrar os objetivos da licitação (passível de ser punida com declaração de inidoneidade); e

l) praticar ato lesivo à Administração Pública (ato de corrupção) previsto no art. 5º da Lei n. 12.846/2013 (passível de ser punida com declaração de inidoneidade).

6.12.1.2. Sanções administrativas

As sanções administrativas passíveis de serem impostas tanto à licitante quanto à contratada são taxativamente previstas no art. 156 da Lei n. 14.133/2021, sendo as seguintes:

1) advertência, aplicada exclusivamente pela infração administrativa descrita na letra "a" da seção anterior, quando não se justificar a imposição de penalidade mais grave.

2) impedimento de licitar e contratar, aplicada ao responsável pelas infrações administrativas descritas nas letras "b" a "g" da seção acima, quando não se justificar a imposição de penalidade mais grave, e impedirá o responsável de licitar ou contratar no âmbito da Administração Pública direta e indireta (inclusive com as Empresas Públicas e Sociedades de Economia Mista) do **Ente federativo que tiver aplicado a sanção**, pelo **prazo máximo de 3 (três) anos**.

3) declaração de inidoneidade para licitar ou contratar, aplicada ao responsável pelas infrações administrativas descritas nas letras "h" a "l" da seção acima e nas letras "b" a "g" (que justifiquem a imposição de penalidade mais grave que a sanção de impedimento de licitar e contratar pelo prazo de até 3 anos), e impedirá o responsável de licitar ou contratar no âmbito da Administração Pública direta e indireta (inclusive com as Empresas Públicas e Sociedades de Economia Mista) **de todos os Entes Federativos**, pelo **prazo mínimo de 3 (três) anos e máximo de 6 (seis) anos**[41].

4) multa, passível de ser aplicada ao responsável por todas as infrações administrativas descritas na seção anterior, concomitantemente com a advertência, com o impedimento de licitar e com a declaração de inidoneidade, calculada na forma do edital ou do contrato, **não podendo ser inferior a 0,5% nem superior a 30%**[42] **valor do contrato licitado ou celebrado com contratação direta**[43].

A aplicação dessas sanções não exclui, em hipótese alguma, a obrigação de reparação integral do dano causado à Administração Pública, conforme ressalva expressa no art. 156, § 9º, da Lei n. 14.133/2021.

Por fim, ressalta-se que o legislador vinculou o Administrador à aplicação crescente das sanções, ou seja, não possibilitou que, na análise das circunstâncias do caso, pudesse reduzir uma sanção de declaração de inidoneidade para advertência, quando esta for a única legalmente prevista. Assim, o juízo de proporcionalidade recairá tão somente sobre o prazo de duração da sanção, mas não sobre a espécie.

6.12.1.3. O processo administrativo de responsabilização (PAR)

A Lei n. 14.133/2021 alterou significativamente a sistemática de aplicação das sanções administrativas às licitantes e contratantes, estabelecendo normas básicas para o Processo Administrativo de Responsabilização (PAR) previstas nos seus arts. 157 e 158.

Avançando no estudo do tema, no que tange especificamente ao devido processo legal, à ampla defesa e ao contraditório, o legislador geral, intencio-

---

[41] Por força expressa do art. 156, § 6º, da Lei n. 14.133/2021, a declaração de inidoneidade será precedida de análise jurídica e observará as seguintes regras: 1) quando aplicada por órgão do Poder Executivo, será de competência exclusiva de ministro de Estado, de secretário estadual ou de secretário municipal e, quando aplicada por autarquia ou fundação, será de competência exclusiva da autoridade máxima da entidade; e 2) quando aplicada por órgãos dos Poderes Legislativo e Judiciário, pelo Ministério Público e pela Defensoria Pública no desempenho da função administrativa, será de competência exclusiva de autoridade de nível hierárquico equivalente às autoridades supra- mencionadas, na forma de regulamento.

[42] De acordo com o art. 162 da Lei n. 14.133/2021, "O atraso injustificado na execução do contrato sujeitará o contratado a multa de mora, na forma prevista em edital ou em contrato". No entanto, entendemos que a multa de mora não pode ultrapassar o máximo de 30%, pois quando atingir esse percentual deverá ser convertida em multa compensatória nos termos do parágrafo único desse artigo.

[43] Se a multa aplicada e as indenizações cabíveis forem superiores ao valor de pagamento eventualmente devido pela Administração ao contratado, além da perda desse valor, a diferença será descontada da garantia prestada ou será cobrada judicialmente.

nalmente, previu processualística diferenciada para as espécies de sanções, como será demonstrado abaixo.

À aplicação de multa, simplesmente haverá a intimação proporcionando a **defesa prévia no prazo de 15 dias úteis** (art. 157 da Lei n. 14.133/2021), em sistemática semelhante à imposição da multa de trânsito estabelecida no art. 281-A do CTB. Não há, portanto, qualquer afronta ao devido processo legal, que será proporcionado através do conhecido **processo administrativo sumaríssimo**.

Caso a arrolada apresente defesa prévia, esta deverá ser juntada aos autos, analisada e considerada por ocasião da decisão administrativa sancionatória. Proferida esta, a Lei n. 14.133/2021, no art. 166, prevê a possibilidade de interposição de recurso administrativo também no prazo de 15 dias úteis.

Por força do art. 168 dessa mesma lei, aplicado à luz do dever (não é poder) geral de cautela administrativa, a Administração ainda não poderá tornar efetiva a imposição da sanção, até o decurso *in albis* do prazo recursal ou sua apreciação e decisão, caso haja interposição acompanhada das razões recursais. Estará, assim, concluído o devido processo legal (sumaríssimo), que conterá poucas páginas.

Já, à imposição das sanções de **impedimento e declaração de inidoneidade para licitar e contratar**, o legislador previu Processo Administrativo de Responsabilização (PAR), a ser conduzido por comissão composta por no mínimo dois membros[44], os quais deverão preencher os requisitos intrínsecos do art. 158, *caput*, e seu § 1º, bem como os extrínsecos previstos no art. 7º, II e III, todos da Lei n. 14.133/2021[45].

Nesse PAR, que segue o **procedimento comum (ordinário)** no âmbito administrativo, haverá defesa prévia a ser apresentada em 15 dias úteis (art. 158, *caput*) e, ocorrendo a instrução processual, abertura do mesmo prazo para apresentação de alegações finais (art. 158, § 2º). A norma geral não fixou prazo à conclusão do PAR, o que poderá ser estabelecido por legislação (inclusive ato infralegal) específica, atentando-se ao princípio da razoável duração do processo (art. 5º, LXXVIII, da CF/88) e ao princípio da celeridade (art. 5º da LLC).

Ao se analisar a área topográfica sancionadora da Lei n. 14.133/2021 (arts. 155 a 163), chama a atenção a **ausência da previsão expressa do devido processo legal, da ampla defesa e do contraditório** prévios à aplicação da **advertência**, o que, a nosso ver, não foi "esquecimento" do legislador. Não há dúvidas que a **advertência é uma sanção administrativa**.

---

[44] Necessário observar o Enunciado n. 19 do Instituto Nacional da Contratação Pública – INCP, o que estabelece que "a participação do agente de contratação ou pregoeiro, do fiscal e do gestor do contrato na condução do processo administrativo sancionador fere os princípios da impessoalidade e da segregação de funções nos casos em que a infração estiver relacionada à etapa do processo em que tenha atuado".

[45] Os requisitos extrínsecos do art. 7º, I, aplicáveis aos membros da comissão processante, já são absorvidos pelos requisitos intrínsecos previstos no art. 158, *caput*, e seu § 1º.

Pois bem, quais seriam as alternativas possíveis para solucionar a ausência da previsão dessas garantias na Lei n. 14.133/2021? Entendemos ser plenamente possível que se lance mão de uma, dentre as várias soluções a seguir, todas objetivando o atendimento **pro persona** sem dispor do interesse público e da segurança jurídica:

a) o administrador poderá instituir, de modo uniforme, no órgão ou entidade, o mesmo processo administrativo sumaríssimo previsto para a multa, concedendo prazo para defesa prévia em 15 dias úteis;

b) o administrador poderá estabelecer, de modo uniforme, o mesmo processo administrativo de responsabilização previsto para as sanções de impedimento e declaração de inidoneidade para licitar e contratar[46];

c) o administrador poderá aplicar a lei do processo administrativo geral do Ente federativo (no caso da União, a Lei n. 9.784/1999);

d) o administrador poderá editar ato infralegal estabelecendo processo administrativo próprio para a aplicação da sanção, que não suprima as garantias (como o prazo de defesa) previstas na lei geral de processo administrativo; ou

e) o legislador local poderá estabelecer lei com processo administrativo próprio para a aplicação da sanção.

Há de se dizer que a ausência do devido processo legal, da ampla defesa e do contraditório prévios à aplicação da sanção de advertência, na Lei n. 14.133/2021, ocasionará um problema prático que não terá fácil e uniforme resolução pelos Entes Federativos, podendo ser utilizadas diferentes alternativas, como expostas acima.

Por fim, o art. 159 da Lei n. 14.133/2021 determina que os atos previstos como infrações administrativas nesta Lei ou em outras leis de licitações e contratos da Administração Pública, que também sejam tipificados como atos lesivos à Administração Pública na Lei n. 12.846/2013, serão apurados e julgados conjuntamente, nos mesmos autos, observados o rito procedimental e a autoridade competente definidos na Lei Anticorrupção.

6.12.1.4. Parâmetros à fundamentação da decisão sancionadora

O art.156, § 1º, prevê alguns parâmetros que devem ser levados em consideração pela autoridade competente para a aplicação das sanções, devendo

---

[46] Seguindo a mesma lógica, "norma-piso", entendemos ser possível, inclusive, aplicar este processo administrativo de responsabilização também aos casos de multa, uma vez ser *pro persona*. Com isso, o administrador unificaria o mesmo processo administrativo para todas as sanções administrativas. Por outro lado, também compreendemos que, indiscutivelmente, esse processo é mais moroso, o que poderia colocar em risco o próprio princípio da celeridade, da eficácia das contratações e do interesse público, ambos previstos no art. 5º da Lei n. 14.133/2021.

ser objeto de fundamentação na decisão sancionadora, sob pena de anulabilidade por ausência de fundamentação.

Entendemos que esses parâmetros são de observação vinculante, ou seja, na motivação de todas as decisões sancionadoras devem constar a análise sobre a natureza e a gravidade da infração cometida, as peculiaridades do caso concreto, as circunstâncias agravantes ou atenuantes, os danos que dela provierem para a Administração Pública e a implantação ou o aperfeiçoamento de programa de integridade, conforme normas e orientações dos órgãos de controle.

6.12.1.5. A possibilidade de reabilitação

É admitida a reabilitação do licitante ou contratado perante a própria autoridade que aplicou a penalidade, desde que atendidos cumulativamente os requisitos previstos no art. 163 da Lei n. 14.133/2021, sendo eles a reparação integral do dano causado à Administração Pública, pagamento de eventual multa aplicada, o transcurso do prazo mínimo de 1 ano da aplicação da penalidade, no caso de impedimento de licitar e contratar, ou de 3 anos da aplicação da penalidade, no caso de declaração de inidoneidade e o cumprimento das demais condições de reabilitação definidas no ato punitivo.

É previsto, ainda, que, se a sanção foi aplicada em decorrência da sancionada ter apresentado declaração ou documentação falsa durante o certame ou prestado declaração falsa durante a licitação ou a execução do contrato, bem como cometido ato lesivo à Administração Pública (previsto na Lei n. 12.846/2013), será condição de reabilitação a implantação ou aperfeiçoamento de programa de integridade pelo responsável.

A decisão que concederá ou não a reabilitação, necessariamente, deve passar por análise jurídica prévia, com posicionamento conclusivo quanto ao cumprimento desses requisitos.

Por fim, quanto aos efeitos da reabilitação, defendemos a aplicação analógica do direito penal ao direito administrativo sancionador, no sentido de que **reabilita-se para todos os fins,** inclusive para fins cadastrais, **não podendo, por exemplo, a reabilitada ser considerada reincidente.**

6.12.1.6. A prescrição da pretensão sancionadora

A Lei n. 14.133/2021, no art. 158, § 4º, estabelece que o prazo prescricional para a imposição das sanções administrativas será de 5 anos, contados da ciência da infração pela Administração.

Esse prazo é interrompido pela instauração do processo administrativo de responsabilização (PAR) e suspenso pela celebração de acordo de leniência previsto na Lei Anticorrupção (Lei n. 12.846/2013) ou por decisão judicial que inviabilize a conclusão da apuração administrativa.

6.12.1.7. A desconsideração da personalidade jurídica

A personalidade jurídica poderá ser desconsiderada sempre que utilizada com abuso do direito para facilitar, encobrir ou dissimular a prática dos atos ilícitos previstos na Lei n. 14.133/2021 ou para provocar confusão patrimonial.

Nesse caso, todos os efeitos das sanções aplicadas à pessoa jurídica serão estendidos aos seus administradores e sócios com poderes de administração, a pessoa jurídica sucessora ou a empresa do mesmo ramo com relação de coligação ou controle, de fato ou de direito, com o sancionado, com fundamento no art. 160 da Lei n. 14.133/2021.

Para tanto, é indispensável que a Administração conceda a ampla defesa, o contraditório e encaminhe os autos para análise jurídica prévia.

6.12.2. A responsabilização civil da contratada

A Lei n. 8.666/93, em seu art. 70, previa que o contratado era responsável pelos danos causados diretamente à Administração ou a terceiros, **decorrentes de sua culpa ou dolo na execução do contrato**, não excluindo ou reduzindo essa responsabilidade a fiscalização ou o acompanhamento pelo órgão interessado. Se estava, naquela ocasião, diante de clara opção do legislador pela responsabilidade subjetiva.

Por sua vez, a Lei n. 14.133/2021, em seu art. 120, passou a estabelecer que "O contratado será responsável pelos danos causados diretamente à Administração ou a terceiros em razão da execução do contrato, e não excluirá nem reduzirá essa responsabilidade a fiscalização ou o acompanhamento pelo contratante". Veja-se que houve a supressão na necessidade de verificação do elemento subjetivo, culpa ou dolo.

Entendemos que a supressão realizada pelo legislador torna a responsabilidade da contratada administrativa objetiva, ou seja, torna-se desnecessário demonstrar sua culpa ou dolo. A responsabilidade objetiva **só decorre de lei ou da atividade desempenhada**. Assim, não teria lógica, o Estado responder objetivamente por um dano ocasionado a um terceiro pelo risco administrativo e sua contratada não responder diante desse mesmo risco.

A título exemplificativo, veja-se o seguinte exemplo: Se um jardineiro integrante dos quadros de pessoal de um município (servidor efetivo), ao cortar a grama de um passeio público, fizer saltar uma pedra, atingindo o olho de um transeunte, causando a perda da visão, o Município responderá objetivamente, pela teoria do risco administrativo. No entanto, se esse jardineiro fosse um empregado de uma empresa contratada pelo Município para executar o mesmo serviço, essa, à luz da então Lei n. 8.666/93, só responderia se ficasse demonstrado elemento subjetivo (dolo ou culpa).

Diante disso, pergunta-se: o risco administrativo é modificado em virtude da execução do serviço ocorrer por um agente estatal ou um agente de uma empresa contratada? Nos parece que não. Assim, a nosso ver, a alteração legislativa que resultou na atual redação do art. 121 apenas confirma, diante da teoria do risco administrativo, que essas contratadas respondem objetivamente perante a Administração e terceiros.

Além de responderem objetivamente, entendemos que sua responsabilidade é primária, ou seja, elas devem ser demandadas diretamente, respondendo o contratante (Poder Público), subsidiariamente, na ausência de patrimônio ao ônus indenizatório.

Esse entendimento foi adotado pelo STF no julgamento do RE n. 662.405, de relatoria do Min. Luiz Fux, julgado em 29 de junho de 2020, inclusive em sede de repercussão geral. Naquela ocasião, o Tribunal analisou a responsabilidade civil das empresas contratadas (via contrato administrativo) para a organização de concurso público, decidindo que, em caso de cancelamento dos exames em virtude de fraude, o Estado responde subsidiariamente por danos causados, na eventual insuficiência de seu patrimônio.

6.12.3. A responsabilização trabalhista e previdenciária

A Lei n. 14.133/2021 explicita e tenta elucidar a responsabilidade trabalhista e previdenciária da contratada, que passa a ter, em regra, a responsável principal, como se vê no art. 121, ao prever que somente o contratado será responsável pelos encargos trabalhistas, previdenciários, fiscais e comerciais resultantes da execução do contrato.

Assim, o art. 121, § 1º, prevê que a inadimplência do contratado em relação aos encargos trabalhistas, fiscais e comerciais não transferirá à Administração a responsabilidade pelo seu pagamento e não poderá onerar o objeto do contrato nem restringir a regularização e o uso das obras e das edificações, inclusive perante o registro de imóveis, ressalvada a hipótese abaixo.

Por outro lado, no § 2º, o legislador busca um equilíbrio entre proteger o Administrador e não tornar a Administração uma seguradora universal. Assim, estabeleceu que, exclusivamente nas contratações de serviços contínuos com regime de dedicação exclusiva de mão de obra, a Administração responderá solidariamente pelos encargos previdenciários e subsidiariamente pelos encargos trabalhistas se comprovada falha na fiscalização do cumprimento das obrigações do contratado.

A fim de evitar falha na execução do contrato e futura responsabilização da Administração, é indispensável que sejam tomadas as diligências básicas constantes no art. 50 da Lei n. 14.133/2021.

Assim, nas contratações de serviços com regime de dedicação exclusiva de mão de obra, a Administração deverá solicitar e o contratado apresentar, sob pena de multa, comprovação do cumprimento das obrigações trabalhistas e com o FGTS em relação aos empregados diretamente envolvidos na execução do contrato, em especial, quanto ao registro de ponto, recibo de pagamento de salários, adicionais, horas extras, repouso semanal remunerado e décimo terceiro salário, comprovante de depósito do FGTS, recibo de concessão e pagamento de férias e do respectivo adicional, recibo de quitação de obrigações trabalhistas e previdenciárias dos empregados dispensados até a data da extinção do contrato e recibo de pagamento de vale-transporte e vale-alimentação, na forma prevista em norma coletiva.

Sob pena de incorrer em falha, nas contratações de **serviços contínuos com regime de dedicação exclusiva de mão de obra**, a Administração deverá, obrigatoriamente, tomar as medidas previstas no art. 121, § 3º, da Lei n. 14.133/2021, como:

a) exigir caução, fiança bancária ou contratação de seguro-garantia com cobertura para verbas rescisórias inadimplidas;

b) condicionar o pagamento à comprovação de quitação das obrigações trabalhistas vencidas relativas ao contrato;

c) efetuar o depósito de valores em conta vinculada (os quais são absolutamente impenhoráveis);

d) em caso de inadimplemento, efetuar diretamente o pagamento das verbas trabalhistas, que serão deduzidas do pagamento devido ao contratado; e

e) estabelecer que os valores destinados a férias, a décimo terceiro salário, a ausências legais e a verbas rescisórias dos empregados do contratado que participarem da execução dos serviços contratados serão pagos pelo contratante ao contratado somente na ocorrência do fato gerador.

Principais disposições aplicáveis às contratações diretas

Em consonância com o inciso XXI do art. 37 da CF/88, observa-se a existência de um princípio constitucional da obrigatoriedade de prévio procedimento licitatório[1] para que a Administração Pública proceda à contratação de obras, serviços, compras e alienações, ressalvadas as hipóteses previstas na própria legislação. E ressalte-se que a norma que prevê hipóteses de contratação direta, assim entendida aquela sem o respectivo procedimento de licitação, deve ser necessariamente norma elaborada pelo Poder Legislativo Federal.

Há jurisprudência sedimentada do Supremo Tribunal Federal, em que reconhece a inconstitucionalidade de normas estaduais, distritais e municipais dispondo sobre hipóteses de contratação direta, além de instituírem exigências de habilitação, ao entendimento de que tais normas invadem a competência privativa assegurada à União para o estabelecimento de normas gerais sobre licitações e contratações públicas[2].

A Lei n. 8.666/93 já previa hipóteses de contratação direta e assim o fez a Lei n. 14.133/2021, mantendo o desenho normativo anterior que coloca como espécies do gênero: **licitação inexigível**, **licitação dispensável** e **licitação dispensada**. A primeira se opera nas situações de inviabilidade de competição e se encontra prevista no **art. 74**, constituindo um **rol exemplificado**. A segunda constitui um **rol taxativo**, constante no **art. 75**, e poderá ser utilizada pelo legislador de modo discricionário[3], pois se desejar realizar

---

[1] FERRAZ, Sérgio; Figueiredo, Lúcia Valle. *Dispensa e Inexigibilidade de Licitação*. 3. ed. São Paulo: Malheiros, 1994. p. 15. Aduzem os autores que: "o princípio da licitação é uma realidade categórica, que conforma, em nosso país, o sistema jurídico das contratações administrativas. E, como tal, obteve ele expressa consagração, no inciso XXI do art. 37 da Constituição Federal".

[2] BRASIL. Supremo Tribunal Federal. Ação Direta de Inconstitucionalidade. *ADI n. 4.658/PR*. Rel. Min. Edson Fachin. *DJE*, 11 nov. 2019; BRASIL. Supremo Tribunal Federal. Ação Direta de Inconstitucionalidade. *ADI n. 3.735/MS*. Rel. Min. Teori Zavascki. *DJE*, 1º ago. 2017.

[3] BANDEIRA DE MELLO, Celso Antônio. *Discricionariedade e controle jurisdicional*. 2. ed. São Paulo: Malheiros Editores, 2007. p. 48. A discricionariedade, para Bandeira de Mello, "é a margem de liberdade que remanesça ao administrador para eleger, segundo critérios consistentes de razoabilidade, um, dentre pelo menos dois comportamentos cabíveis, perante cada caso concreto, a fim de cumprir o dever de adotar a solução mais adequada à satisfação da finalidade legal, quando, por força da fluidez das expressões da lei ou da liberdade

licitação nas hipóteses de licitação dispensável é possível. A terceira constitui um **rol taxativo** no art. 76, I e II, e não há licitação, sendo uma decisão vinculada do legislador, destinadas à algumas hipóteses de alienação de bens imóveis e móveis.

Nesta seção, veremos os principais assuntos relacionados à licitação inexigível e à licitação dispensável.

7.1. O processo de dispensa e inexigibilidade de licitação

Distintamente da Lei n. 8.666/93, a Lei n. 14.133/2021 tratou no art. 72 da instrução processual referente aos processos de dispensa e inexigibilidade de licitação, traduzindo-se em maior organização e planejamento dessas contratações. Nesse sentido, o inciso I do art. 72 da Lei n. 14.133/2021 deixa claro que o processo de contratação direta por dispensa ou inexigibilidade de licitação deve começar com a fase preparatória ou de planejamento da contratação, sem deixar margem para dúvidas.

Vê-se que a opção da contratação direta implica apenas na dispensa do procedimento licitatório, sem eliminar a necessidade de um planejamento adequado, no qual reste demonstrada a vantajosidade da contratação (ETP), além de garantir o cumprimento das demais exigências normativas, incluindo a conformidade legal com uma das hipóteses de dispensa previstas.

Assim, o legislador determinou de forma expressa o iter processual da contratação direta, que deve ser instruído no mínimo com:

a) documento de formalização de demanda[4] e, se for o caso, estudo técnico preliminar, análise de riscos, termo de referência, projeto básico ou projeto executivo;

b) estimativa de despesa, que deverá ser calculada através de pesquisa de preços[5];

---

conferida no mandamento, dela não se possa extrair, objetivamente, uma solução unívoca para a situação vertente".

[4] Entendemos que, para a abertura do processo administrativo de contratação direta, é necessário haver o despacho de aprovação da autoridade competente, mediante a correspondente motivação, conforme já assentou o TCU no Acórdão n. 952/2010 – Plenário. Rel. Min. Raimundo Carreiro. Julg. em: 05/05/2010.

[5] Nas contratações diretas por inexigibilidade ou por dispensa, quando não for possível estimar o valor do objeto por pesquisa de preços, o contratado deverá comprovar previamente que os preços estão em conformidade com os praticados em contratações semelhantes de objetos de mesma natureza, por meio da apresentação de notas fiscais emitidas para outros contratantes no período de até 1 (um) ano anterior à data da contratação pela Administração, ou por outro meio idôneo, conforme estabelecido pelo art. 23, § 4º, da Lei n. 14.133/2021. O disposto neste parágrafo está em consonância com o que já havia decidido o TCU no Acórdão n. 2993/2018 – Plenário. Rel. Min. Bruno Dantas. Julg. em: 12/12/2018.

c) parecer jurídico e pareceres técnicos, se for o caso, que demonstrem o atendimento dos requisitos exigidos[6];

d) demonstração da compatibilidade da previsão de recursos orçamentários com o compromisso a ser assumido;

e) comprovação de que o contratado preenche os requisitos de habilitação e qualificação mínima necessária[7];

f) razão de escolha do contratado[8];

g) justificativa de preço[9];

h) autorização da autoridade competente (a qual deverá ser divulgada e mantida à disposição do público em sítio eletrônico oficial).

7.2. A inexigibilidade de licitação

A inexigibilidade de licitação pressupõe uma impossibilidade fática de proceder-se à competição por meio de licitação. Nesse sentido, sempre que se afigurar a impossibilidade, a inviabilidade de competição, é caso de inexigibilidade de licitação. Os casos de inexigibilidade de licitação denotam ausência dos denominados "pressupostos da licitação", às quais aludia Bandeira de Mello[10]: Em resumo, quando houver uma clara contradição entre o cumprimento de uma finalidade jurídica atribuída à Administração para o bom desempenho de suas responsabilidades e a realização do processo licitatório, "porque este frustraria o correto alcance do bem jurídico posto sob sua cura,

---

[6] A Advocacia-Geral da União expediu a Orientação Normativa AGU n. 69, de 13 de setembro de 2021, segundo a qual "não é obrigatória manifestação jurídica nas contratações diretas de pequeno valor com fundamento no art. 75, I e II, e § 3º da Lei n. 14.133, de 1º de abril de 2021, salvo se houver celebração de contrato administrativo e este não for padronizado pelo órgão de assessoramento jurídico, ou nas hipóteses em que o administrador tenha suscitado dúvida a respeito da legalidade da dispensa de licitação. Aplica-se o mesmo entendimento às contratações diretas fundamentadas no art. 74, da Lei n. 14.133, de 2021, desde que seus valores não ultrapassem os limites previstos nos incisos I e II do art. 75, da Lei n. 14.133, de 2021".

[7] O TCU já possui o entendimento de que é obrigatória a comprovação de regularidade fiscal do contratado nas hipóteses de dispensa e inexigibilidade de licitação (Acórdão n. 6165/2011 – Primeira Câmara. Rel. Min. Augusto Sherman. Julg. em: 09/08/2011).

[8] No caso de dispensa de licitação, a legislação não impõe regras objetivas quanto à quantidade de empresas chamadas a apresentarem propostas e à forma de seleção da contratada, mas determina que essa escolha seja justificada, conforme entendimento do TCU exposto no Acórdão n. 2186/2019 –Plenário. Rel. Min. Marcos Bemquerer. Julg. em: 11/09/2019.

[9] Por força do art. 94, § 2º, da Lei n. 14.133/2021, a divulgação do contrato no Portal Nacional de Contratações Públicas, quando referente à contratação de profissional do setor artístico por inexigibilidade, deverá identificar os custos do cachê do artista, dos músicos ou da banda, quando houver, do transporte, da hospedagem, da infraestrutura, da logística do evento e das demais despesas específicas.

[10] BANDEIRA DE MELLO, Celso Antônio. *Curso de direito administrativo*. 12. ed. São Paulo: Malheiros, 2000. p. 476.

ter-se-á de concluir que está ausente o pressuposto jurídico da licitação e, se esta não for dispensável [...] deverá ser havida como excluída".

Vê-se, dessa forma, que não há um rol taxativo de hipóteses autorizativas de contratação por inexigibilidade, vez que o *caput* do art. 74 menciona expressamente a inviabilidade de competição.

Entretanto, há hipóteses expressas nos incisos do art. 74 da Lei n. 14.133/2021, os quais o legislador já pressupôs a inviabilidade[11], que serão objetos do próximo tópico.

7.2.1. A inexigibilidade por exclusividade

É inexigível a licitação para aquisição de materiais, de equipamentos ou de gêneros ou contratação de serviços que só possam ser fornecidos por produtor, empresa ou representante comercial exclusivos. A Lei n. 14.133/2021 inovou ao incluir serviços como possibilidade de fornecimento exclusivo, o que não era permitido sob a égide da Lei n. 8.666/93. Tal hipótese autorizativa de contratação direta decorre da impossibilidade fática de competição, ante a exclusividade do fornecedor.

Quanto ao assunto, Diógenes Gasparini[12] lecionava que a licitação só faz sentido quando há a possibilidade de estabelecer competição entre os licitantes interessados em negociar com a entidade que, presumivelmente, é obrigada a realizar o certame. Quando essa competição não é viável o processo licitatório se torna inútil e sua exigência se torna absurda. O que acontece e justifica a inexigibilidade quando se trata da aquisição de materiais, equipamentos ou gêneros que só podem ser fornecidos por um produtor, empresa ou representante exclusivo. O produtor pode ser tanto o agricultor quanto o industrial, referindo-se àquele que produz bens para o consumo. Já a empresa é a organização que produz ou fornece bens para o consumo, enquanto o representante comercial é o representante de uma empresa de comércio de bens.

A singularidade de dado objeto não implica em inexigibilidade, se eles forem fornecidos por diversos *players* do mercado. Ademais, há que ser demonstrada, já na fase de planejamento, que apenas dado bem ou serviço atendem à necessidade da Administração, sem a possibilidade de que similares disponíveis no mercado possam cumprir satisfatoriamente a necessidade da Administração. Dessa forma, a não realização da licitação somente se justifica se existir apenas um objeto que atenda à necessidade pública ou quando, embora existam vários objetos, observa-se apenas um fornecedor.

---

[11] Para o TCU, quando não estiver devidamente caracterizada a situação de inviabilidade de competição, a qual é excepcional e deve ser fundamentada e instruída, é indevida a contratação por inexigibilidade de licitação (Acórdão n. 1331/2007 – Primeira Câmara. Rel. Min. Marcos Bemquerer. Julg.: 15/05/2007). No entanto, defendemos que os casos elencados no rol do art. 74 já são de situações em que o legislador já pressupôs a inviabilidade.

[12] GASPARINI, Diógenes. *Direito administrativo*. 6. ed. São Paulo: Saraiva, 2001. p. 432.

Outro ponto de discussão é quanto à territorialidade da exclusividade, se nacional, regional ou local. A princípio, a exclusividade do fornecimento deveria ser comprovada a nível nacional. Entretanto, a jurisprudência tem admitido que, a depender da análise do caso em concreto, se afigure a desvantagem para o interesse público de contratação de fornecedor localizado ou outro ente federativo distinto do contratante[13].

A Administração deverá demonstrar a inviabilidade de competição mediante atestado de exclusividade, contrato de exclusividade, declaração do fabricante ou outro documento idôneo capaz de comprovar que o objeto é fornecido ou prestado por produtor, empresa ou representante comercial exclusivos, vedada a preferência por marca específica.

Vê-se que o legislador optou por derrogar a exigência antes contida no inciso I do art. 25 da Lei n. 8.666/93, que determinava que a comprovação de exclusividade deveria ser realizada por meio de "atestado fornecido pelo órgão de registro do comércio do local em que se realizaria a licitação ou a obra ou o serviço, pelo Sindicato, Federação ou Confederação Patronal, ou, ainda, pelas entidades equivalentes". Isso porque demonstrou-se ao longo da aplicação da norma revogada as poucas condições que os órgãos de registro de comércio detinham para segurar a exclusividade da atividade empresarial exercida pelo fornecedor.

É recomendável que, além de documentos emitidos por terceiros, atentando a exclusividade da contratada, haja também declaração emitida por ela, declarando perante a Administração a exclusividade.

Esse cuidado a ser tomado pelo Administrador objetiva atender a Súmula n. 255 do TCU, a qual determina que nessa hipótese de inexigibilidade "é dever do agente público responsável pela contratação a adoção das providências necessárias para confirmar a veracidade da documentação comprobatória da condição de exclusividade".

7.2.2. A inexigibilidade para profissional do setor artístico

É inexigível a licitação para a contratação de profissional do setor artístico, diretamente ou por meio de empresário exclusivo, desde que consagrado pela crítica especializada ou pela opinião pública.

---

[13] O TCE-PR na Consulta n. 56355/22 manifestou entendimento de que circunstâncias de ordem prática podem requerer do gestor público a ponderação e, em certa medida, a mitigação de determinados valores e princípios normativos, em razão da necessidade do cumprimento inadiável de seus deveres. Ele explicou que, nesse caso, serão eleitos e explicitados os motivos e os demais princípios ou normas que legitimam a atuação excepcional do administrador público. O Relator lembrou que o TCE-PR, mediante o Acórdão n. 914/06, relativizara o preceito do inciso XXI do art. 37 da Constituição Federal e julgara possível a contratação por inexigibilidade do único posto de combustível de determinada municipalidade. Ademais, ressaltou que a Corte já havia admitido, em outro julgado, a celebração de contrato com o único hospital da cidade, de propriedade do vice-prefeito (BRASIL. Tribunal de Contas do Estado do Paraná. *Acórdão n. 2787/2022*. Tribunal Pleno. Relator: Cons. Nestor Baptista. Julgado em: 17 nov. 2022).

Para ser considerado empresário exclusivo a pessoa física ou jurídica deve possuir contrato, declaração, carta ou outro documento que ateste a exclusividade permanente e contínua de representação, no País ou em Estado específico, do profissional do setor artístico, afastada a possibilidade de contratação direta por inexigibilidade por meio de empresário com representação restrita a evento ou local específico.

A divulgação dessa contratação no PNCP deve atender ao previsto no art. 94, § 2º, da Lei n. 14.133/2021, ou seja, deverá identificar os custos do cachê do artista, dos músicos ou da banda, quando houver, do transporte, da hospedagem, da infraestrutura, da logística do evento e das demais despesas específicas.

A fim de legitimar a contratação de artistas para a realização de shows, é importante que o Poder Público promova consulta pública prévia, consultando a população se ela compreender necessária e adequada a realização o evento, bem como sugira e vote eventual artista pretendido. Esses instrumentos auxiliarão na demonstração das razões de escolha do contratado.

7.2.3. Inexigibilidade para serviços técnicos de natureza predominantemente intelectual

É inexigível a licitação para a contratação de serviços técnicos especializados de natureza predominantemente intelectual com profissionais ou empresas de **notória especialização**, vedada a inexigibilidade para serviços de publicidade e divulgação. Veja-se que **não há necessidade de demonstração da singularidade do serviço**, apenas da notória especialização[14]. A comprovação da singularidade constituía um aspecto causador de bastante celeumas e discussões em âmbito doutrinário e sua retirada do texto legal não logrou enterrar de vez a controvérsia[15], vez que há quem entenda que remanesce a necessidade de demonstração da singularidade ante a exigência contida no *caput* do art. 74, o qual requer a demonstração de inviabilidade de competição.

Nesse sentido, na vigência da Lei n. 8.666/93, a Súmula n. 39 do TCU exigia a singularidade do serviço, definindo a natureza singular como aquele "capaz de exigir, na seleção do executor de confiança, grau de subjetividade insuscetível de ser medido pelos critérios objetivos de qualificação inerentes ao processo de licitação, nos termos do art. 25, II, da Lei n. 8.666/93".

---

[14] Ressalte-se que, sob a égide da Lei n. 8.666/93, o TCU Editou a Súmula 252, segundo a qual: "A inviabilidade de competição para a contratação de serviços técnicos, a que alude o inciso II do art. 25 da Lei n. 8.666/93, decorre da presença simultânea de três requisitos: serviço técnico especializado, entre os mencionados no art. 13 da referida lei, natureza singular do serviço e notória especialização do contratado".

[15] FERRAZ, Luciano. *Por que a singularidade é o Wolverine da nova Lei de Licitações?* Disponível em: https://www.conjur.com.br/2021-jun-03/interesse-publico-singularidade-wolverine-lei-licitacoes/#:~:text=Entretanto%2C%20a%20peculiaridade%20mais%20interessante,se%20fossem%20uma%20s%C3%B3%20realidade. Acesso em: 30 mar. 2024.

Importante ressaltar entendimento do TCU que, sob a égide do disposto no inciso II do art. 30 da Lei das Estatais (Lei n. 13.303/2016), o qual contém disposição de teor similar ao da Lei n. 14.133/2021 sobre a contratação de profissional ou empresa de notória especialização, deixando de mencionar a "natureza singular" dos serviços – manteve o mesmo entendimento constante da Súmula TCU n. 252, a qual coloca como requisito para a contratação de tais serviços a concomitância de **3 (três) requisitos**: a) serviço técnico especializado; b) singularidade do serviço contratado; e c) notória especialização da contratada[16-17].

Acerca da singularidade como requisito para tais contratações, defende Heinen que a atividade a ser contratada deve ser incomum, excepcional, e a pessoa deve estar acima da média para aquela atividade. Nesse sentido, a título exemplificativo, não seria apropriado contratar diretamente o profissional de notória especialização "Bandeira de Mello" para acompanhar uma ação judicial simples, sem complexidade. Mas, seria adequado contratá-lo para elaborar o Estatuto dos servidores públicos de um município, pois se versa sobre um serviço excepcional e relevante[18].

Ressalte-se que singularidade não significa exclusividade ou unicidade, mas se relaciona com a impossibilidade de fixação de critérios objetivos a constarem em edital de licitação, segundo tem decidido o Tribunal de Contas da União[19]. Nesse sentido, a Corte de Contas deixou assente, no tocante a contratação de serviços técnicos especializados de **treinamento** e **aperfeiçoamento** de pessoal, por exemplo, que tais contratações de professores,

---

[16] BRASIL. Tribunal de Contas da União. Representação (REPR). *Processo n. 026.915/2020-0. Acórdão n. 2.761/2020* – Plenário. Rel. Min. Raimundo Carreiro. Data da sessão: 14 out. 2020; BRASIL. Tribunal de Contas da União. Representação (REPR). *Processo n. 000.536/2018-0. Acórdão n. 2.436/2019* – Plenário. Rel. Min. Ana Arraes. Data da sessão: 9 out. 2019.

[17] Acerca do tema, o STF se manifestou no seguinte sentido (Informativo n. 756): Para ser válida, a contratação direta de escritório de advocacia por inexigibilidade de licitação precisa atender aos seguintes requisitos: a) é necessário que se instaure um procedimento administrativo formal; b) deverá ser demonstrada a notória especialização do profissional a ser contratado; c) deverá ser demonstrada a natureza singular do serviço; d) deverá ser demonstrado que é inadequado que o serviço a ser contratado seja prestado pelos integrantes do Poder Público (no caso, pela PGM); e e) o preço cobrado pelo profissional contratado deve ser compatível com o praticado pelo mercado. Sendo cumpridos esses requisitos, não há que se falar em crime do art. 89 da Lei n. 8.666/93. STF. 1ª Turma. Inq 3074/SC, Rel. Min. Roberto Barroso, julgado em 26/8/2014 (*Info* 756).

[18] HEINEN, Juliano. *Comentários à Lei de Licitações e Contratos Administrativos – Lei 14.133/21*. 4. ed. rev. atual. e ampl. São Paulo: Editora Juspodium, 2024. p. 618.

[19] BRASIL. Tribunal de Contas da União. Relatório de Auditoria (RA). *Processo n. 005.107/2014-8. Acórdão n. 1.232/2018* – Plenário. Rel. Min. José Mucio Monteiro. Data da sessão: 30 mai. 2018; BRASIL. Tribunal de Contas da União. Solicitação do Congresso Nacional (SCN). *Processo n. 017.110/2015-7. Acórdão n. 2.616/2015* – Plenário. Rel. Min. Benjamin Zymler. Data da sessão: 21 out. 2015.

conferencistas ou instrutores "para ministrar cursos de treinamento ou aperfeiçoamento de pessoal, bem como a inscrição de servidores para participação de cursos abertos a terceiros, enquadram-se na hipótese de inexigibilidade de licitação"[20].

Dentre os serviços técnicos contratados por inexigibilidade de licitação, estão estudos técnicos, planejamentos, projetos básicos ou projetos executivos; pareceres, perícias e avaliações em geral; assessorias ou consultorias técnicas e auditorias financeiras ou tributárias; fiscalização, supervisão ou gerenciamento de obras ou serviços; patrocínio ou defesa de causas judiciais ou administrativas; treinamento e aperfeiçoamento de pessoal; restauração de obras de arte e de bens de valor histórico; controles de qualidade e tecnológico, análises, testes e ensaios de campo e laboratoriais, instrumentação e monitoramento de parâmetros específicos de obras e do meio ambiente e demais serviços de engenharia.

A notória especialização é comprovada pelo profissional ou pela empresa, através do conceito no campo de sua especialidade, decorrente de desempenho anterior, estudos, experiência, publicações, organização, aparelhamento, equipe técnica ou outros requisitos relacionados com suas atividades, de modo que se permita inferir que o seu trabalho é **essencial** e **reconhecidamente adequado** à plena satisfação do objeto do contrato.

Nessas contratações, é vedada a subcontratação de empresas ou a atuação de profissionais distintos daqueles que tenham justificado a inexigibilidade.

Por fim, acerca da justificação do valor da Contratação, o Instituto Nacional da Contratação Pública (INPC) exarou entendimento, por meio do Enunciado n. 12, segundo a qual tal hipótese de contratação por inexigibilidade não exige pesquisa prévia de preços, devendo a Administração identificar o profissional ou empresa a ser contratada nos termos do § 3º do art. 74, ou seja, profissionais de notória especialização, justificando o preço conforme o art. 23, § 4º, da mesma Lei[21].

7.2.4. Da inexigibilidade para locação ou aquisição de imóveis

Como regra, por força expressa do art. 51 da Lei n. 14.133/2021, a locação de imóveis **deverá ser precedida de licitação** e **avaliação prévia do**

---

[20] BRASIL. Tribunal de Contas da União. Administrativo (ADM). *Processo n. 000.830/1998-4*. *Acórdão n. 439/1998* – Plenário. Rel. Min. Adhemar Paladini Ghisi. Data da sessão: 15 jul. 1998.

[21] Art. 23 [...] "§ 4º Nas contratações diretas por inexigibilidade ou por dispensa, quando não for possível estimar o valor do objeto na forma estabelecida nos §§ 1º, 2º e 3º deste artigo, o contratado deverá comprovar previamente que os preços estão em conformidade com os praticados em contratações semelhantes de objetos de mesma natureza, por meio da apresentação de notas fiscais emitidas para outros contratantes no período de até 1 (um) ano anterior à data da contratação pela Administração, ou por outro meio idôneo".

bem, do seu estado de conservação, dos custos de adaptações e do prazo de amortização dos investimentos necessários.

No entanto, conforme flexibiliza o inciso V do art. 74, **é inexigível a licitação** para **aquisição** ou **locação** de imóvel cujas características de instalações e de localização tornem necessária sua escolha[22]. Para tanto, além dos requisitos expostos no parágrafo acima, a Administração deverá **certificar a inexistência** de imóveis públicos vagos e disponíveis que atendam ao objeto e justificar a **singularidade do imóvel** a ser comprado ou locado, evidenciando a vantajosidade para ela.

O dispositivo em comento dispõe de forma distinta do art. 24, X, da Lei n. 8.666/93, previsão como hipótese de dispensa a "compra ou locação de imóvel destinado ao atendimento das finalidades precípuas da administração, cujas necessidades de instalação e localização condicionem a sua escolha", vez que a contratação direta neste caso se justifica pela **singularidade do bem** que a Administração pretende adquirir ou locar, o que se dá quando dito imóvel possua características ou localização singulares em relação à necessidade pública que se pretenda atender[23].

Entendemos que, mesmo se tratando de inexigibilidade de licitação, a Administração deverá publicar edital de chamamento público, a fim de oportunizar a todos os interessados que eventualmente atendam aos requisitos estabelecidos que ofertem seus imóveis[24].

7.2.5. Da inexigibilidade decorrente de credenciamento

O credenciamento, elencado a procedimento auxiliar na Lei n. 14.133/2021, se originou do *caput* do art. 25 da Lei n. 8.666/93, por constituir hipótese de inviabilidade de licitação. Agora, encontra previsão expressa no art. 74, como um dos exemplos de licitação inexigível.

Assim, tanto o TCU quanto o STJ vêm entendendo a possibilidade jurídica de utilização do credenciamento, ante a verificação dos seguintes requisi-

---

[22] É necessário observar, entretanto, que o TCU possui o entendimento (Acórdão n. 1656/2015 –Plenário) de que "o excessivo detalhamento das características do imóvel que se pretende adquirir ou alugar, sem a demonstração da necessidade dessas particularidades, evidencia restrição ao caráter competitivo do certame e direcionamento da contratação".

[23] BRASIL. Tribunal de Contas da União. Consulta (CONS). *Processo n. 046.489/2012-6. Acórdão n. 1.301/2013* – Plenário. Rel. Min. André de Carvalho. Data da sessão: 29 mai. 2013. Do mesmo modo, o TCU entendeu cabível a contratação de "locação sob medida pela União no exterior", por intermédio do Ministério das Relações Exteriores, contanto que se observasse as orientações contidas no acórdão e que o MRE evitasse assumir obrigações ou compromissos conflitantes com a legislação brasileira (BRASIL. Tribunal de Contas da União. Consulta (CONS). *Processo n. 012.178/2018-7. Acórdão n. 2.219/2018* – Plenário. Rel. Min. Augusto Sherman. Data da sessão: 19 set. 2018).

[24] Corrobora nosso entendimento o Acórdão do TCU n. 702/2023 – Plenário, no qual o Tribunal fixou que é irregular a aquisição de imóvel para uso institucional por meio de contratação direta sem prévio chamamento público, por violar o princípio da publicidade.

tos: i) a contratação paralela e não excludente de todos os interessados na contratação que satisfizerem as condições do edital; ii) as condições sejam padronizadas, em valor previamente definido pela administração; e iii) a demonstração inequívoca de que as necessidades da Administração somente poderão ser atendidas dessa forma[25-26].

Adotamos uma perspectiva objetiva da inexigibilidade decorrente do credenciamento e não subjetiva. Dessa forma, pensamos que a inexigibilidade será para o objeto do credenciamento e não para os sujeitos. Assim, com o fim de racionalização da atividade administrativa, defendemos a realização de uma única inexigibilidade para o objeto e não inúmeras inexigibilidades (uma para cada credenciado). A título de exemplo, ilustramos: em um credenciamento para prestação de serviços médicos, ter-se-á uma única inexigibilidade de licitação (para o objeto), com a realização de múltiplos contratos decorrentes dessa única inexigibilidade (um contrato para cada credenciado), dispensando-se a realização de uma inexigibilidade individual para cada credenciado.

O credenciamento será estudado com maior profundidade na seção que tratará dos procedimentos auxiliares na Lei n. 14.133/2021.

7.3. A dispensa de licitação

As hipóteses de licitação dispensável (emprego discricionário do administrador) são taxativamente previstas no art. 75 da Lei n. 14.133/2021[27].

Embora o rol da licitação dispensável seja exaustivo, a doutrina já assentou o caráter de discricionariedade do Poder Público para, ainda que se trate de licitação dispensável, proceder ao prévio procedimento licitatório. Tal entendimento consta também do *Manual de Orientações Básicas* do Tribunal de Contas da União, no sentido de que, em tais hipóteses, "a licitação é possível, por haver possibilidade de competição, mas não é obrigatória"[28].

---

[25] BRASIL. Tribunal de Contas da União. Representação (REPR). *Processo n. 000.487/2020-1. Acórdão n. 1.845/2020* – Plenário. Rel. Min. Vital do Rêgo. Data da sessão: 15 jul. 2020; BRASIL. Tribunal de Contas da União. Consulta (CONS). *Processo n. 029.112/2009-9. Acórdão n. 351/2010* – Plenário. Rel. Min. Marcos Bemquerer. Data da sessão: 3 mar. 2010.
[26] BRASIL. Superior Tribunal de Justiça. Recurso Especial. REsp n. 1.747.636/PR. Rel. Min. Gurgel de Faria. Primeira Turma. *DJE*, 9 dez. 2019.
[27] Segundo informações do Painel de Compras, da Administração Pública Federal, de janeiro de 2019 a janeiro de 2021 foram realizados 911.598 (novecentos e onze mil, quinhentos e noventa e oito) processos de compras públicas, sendo 646.285 (seiscentos e quarenta e seis mil, duzentos e oitenta e cinco) realizados por dispensa ou inexigibilidade de licitação, o que equivale a 70,90% (setenta inteiros e noventa centésimos por cento) de contratações diretas (BRASIL. Ministério da Economia. *Painel de Compras*. Disponível em: http://painel-decompras.economia.gov.br/?document=Painel%2520de%2520Compras.qvw&host=Local&anonymous=true. Acesso em: 11 abr. 2021).
[28] BRASIL. Tribunal de Contas da União. *Licitações e contratos: orientações básicas*. 2. ed. Brasília: TCU, Secretaria de controle interno, 2003. p. 163.

7 • Principais disposições aplicáveis às contratações diretas

Tal qual na Lei n. 8.666/93, a Lei n. 14.133/2021 previu diversas hipóteses autorizativas de contratação dispensável, que serão objetos dos próximos tópicos.

7.3.1. A dispensa em razão do valor

O art. 75, incisos I e II, prevê a **dispensa em razão de valor**, estabelecendo que é **dispensável** a licitação para contratação que envolva valores inferiores a R$ 100.000,00 (este valor é atualizado anualmente por Decreto, por isso é importante que seja consultado o valor atual, na forma do art. 182), no caso de **obras e serviços de engenharia ou de serviços de manutenção de veículos automotores**, e para contratação que envolva valores inferiores a R$ 50.000,00 (este valor é atualizado anualmente por Decreto, por isso é importante que seja consultado o valor atual, na forma do art. 182), no caso de **outros serviços e compras**.

Além da alteração substancial nos limites de valores para dispensa de licitação, o legislador inovou também ao colocar a manutenção de veículos automotores ao lado das obras e serviços de engenharia, para fins de dispensa.

Para a aferição dos valores que atendam aos limites acima, deverão ser observados **o somatório** do que for despendido no **exercício financeiro** pela respectiva unidade gestora (aquela que possui autonomia para ordenar suas despesas)[29] e o **somatório** da despesa realizada com objetos de mesma natureza, entendidos como tais aqueles relativos a contratações no **mesmo ramo de atividade** (os regulamentos dos Entes Federativos poderão dispor sobre o que é considerado ramo de atividade)[30].

A inobservância do limite legal previsto para compras da mesma natureza, no mesmo exercício financeiro é objeto de manifestação do TCU, no sentido de que "demonstra falta de planejamento e caracteriza fuga ao procedimento licitatório e fracionamento ilegal da despesa"[31].

Os valores acima serão duplicados para compras, obras e serviços contratados por **consórcio público** ou por autarquia ou fundação **qualificadas**

---

[29] Não são contabilizadas nesse somatório as contratações de até R$ 8.000,00 (este valor é atualizado anualmente por Decreto, por isso é importante que seja consultado o valor atual, na forma do art. 182) de serviços de manutenção de veículos automotores de propriedade do órgão ou entidade contratante, incluído o fornecimento de peças. Ou seja, se ultrapassar 8 mil reais, abaterá do valor de 100 mil reais. Se não ultrapassar, não entrará no cômputo para o somatório do limite.

[30] No âmbito federal, inicialmente, utilizou-se a subclasse do CNAE. Atualmente, utiliza-se o Padrão Descritivo de Materiais (PDM) do Sistema de Catalogação de Material do Governo federal – CATMAT ou a descrição dos serviços ou das obras, constante do Sistema de Catalogação de Serviços ou de Obras do Governo Federal – CATSER.

[31] BRASIL. Tribunal de Contas da União. Relatório de Auditoria (RA). Processo n. 017.737/2017-6. Acórdão n. 497/2018 – Plenário. Rel. Min. Walton Alencar Rodrigues. Data da sessão: 14 mar. 2018.

como agências executivas. Necessariamente, deve haver a qualificação formal dessas entidades, conforme explicado no Capítulo 2 desta obra.

As dispensas de pequeno valor serão preferencialmente **precedidas de divulgação de aviso em sítio eletrônico oficial (o qual entendemos que deve ser o PNCP)**, pelo prazo mínimo de 3 dias úteis, com a especificação do objeto pretendido e com a manifestação de interesse da Administração em obter propostas adicionais de eventuais interessados, devendo ser selecionada a proposta mais vantajosa.

Salienta-se que a Lei n. 14.133/2021 **não obriga a realização da dispensa na forma eletrônica.** Apenas estabelece a preferência pela divulgação prévia de aviso no respectivo sítio eletrônico oficial. Essas dispensas de pequeno valor devem ser pagas preferencialmente por meio de cartão de pagamento, cujo extrato deverá ser divulgado e mantido à disposição do público no PNCP.

7.3.2. A dispensa em razão de licitação deserta ou frustrada

O art. 75, III, prevê que é dispensável a licitação para contratação que mantenha todas as condições definidas em edital de licitação realizada há menos de 1 ano, quando se verificar que naquele certamente não surgiram **licitantes interessados** (licitação deserta), não foram apresentadas **propostas válidas** (licitação frustrada) ou as **propostas apresentadas consignaram preços manifestamente superiores** aos praticados no mercado ou incompatíveis com os fixados pelos órgãos oficiais competentes (licitação frustrada).

É necessário destacar que a Lei não autoriza a dispensa de licitação em virtude de licitação frustrada pela inexistência de licitantes habilitados. Nessa situação, a licitação deverá ser repetida.

Ademais, conforme defende Justen Filho, tal hipótese legal autorizativa de dispensa deve ser utilizada com cautela, a fim de analisar-se se a causa da inexistência de interessados no certame anteriormente realizado "residia na fixação de regras inadequadas à satisfação do interesse público", de forma a compatibilizar-se a contratação direta baseada neste permissivo legal com o interesse público[32].

7.3.3. A dispensa em razão do objeto

É dispensável a licitação para contratação que tenha por objeto, conforme prevê o inciso IV do art. 75:

a) bens, componentes ou peças de origem nacional ou estrangeira necessários à manutenção de equipamentos, a serem adquiridos do fornecedor original desses equipamentos durante o período de garantia técnica, quando essa condição de exclusividade for indispensável para a vigência da garantia;

---

[32] JUSTEN FILHO, Marçal. *Comentários à lei de licitações e contratos* administrativos. 7. ed. São Paulo: Dialética, 2000. p. 244.

b) bens, serviços, alienações ou obras, nos termos de acordo internacional específico aprovado pelo Congresso Nacional, quando as condições ofertadas forem manifestamente vantajosas para a Administração;

c) produtos para pesquisa e desenvolvimento, limitada a contratação, no caso de obras e serviços de engenharia, ao valor de R$ 300.000,00 (valor atualizado anualmente por Decreto do Presidente da República);

d) transferência de tecnologia ou licenciamento de direito de uso ou de exploração de criação protegida, nas contratações realizadas por instituição científica, tecnológica e de inovação (ICT) pública ou por agência de fomento, desde que demonstrada vantagem para a Administração;

e) hortifrutigranjeiros, pães e outros gêneros perecíveis, no período necessário para a realização dos processos licitatórios correspondentes, hipótese em que a contratação será realizada diretamente com base no preço do dia;

f) bens ou serviços produzidos ou prestados no País que envolvam, cumulativamente, alta complexidade tecnológica e defesa nacional;

g) materiais de uso das Forças Armadas, com exceção de materiais de uso pessoal e administrativo, quando houver necessidade de manter a padronização requerida pela estrutura de apoio logístico dos meios navais, aéreos e terrestres, mediante autorização por ato do comandante da força militar;

h) bens e serviços para atendimento dos contingentes militares das forças singulares brasileiras empregadas em operações de paz no exterior, hipótese em que a contratação deverá ser justificada quanto ao preço e à escolha do fornecedor ou executante e ratificada pelo comandante da força militar;

i) abastecimento ou suprimento de efetivos militares em estada eventual de curta duração em portos, aeroportos ou localidades diferentes de suas sedes, por motivo de movimentação operacional ou de adestramento;

j) coleta, processamento e comercialização de resíduos sólidos urbanos recicláveis ou reutilizáveis, em áreas com sistema de coleta seletiva de lixo, realizados por associações ou cooperativas formadas exclusivamente de pessoas físicas de baixa renda reconhecidas pelo Poder Público como catadores de materiais recicláveis, com o uso de equipamentos compatíveis com as normas técnicas, ambientais e de saúde pública;

k) aquisição ou restauração de obras de arte e objetos históricos, de autenticidade certificada, desde que inerente às finalidades do órgão ou com elas compatível;

l) serviços especializados ou aquisição ou locação de equipamentos destinados ao rastreamento e à obtenção de provas através de interceptações telefônicas, quando houver necessidade justificada de manutenção de sigilo sobre a investigação; e

m) aquisição de medicamentos destinados exclusivamente ao tratamento de doenças raras definidas pelo Ministério da Saúde.

7.3.4. Demais hipóteses de dispensa de licitação

É, ainda, dispensável a licitação, para as seguintes hipóteses:

a) para contratação com vistas ao cumprimento do disposto nos arts. 3º, 3º-A, 4º, 5º e 20 da Lei n. 10.973/2004 (que dispõe sobre **incentivos à inovação e à pesquisa científica e tecnológica** no ambiente produtivo), observados os princípios gerais de contratação constantes da referida Lei;

b) para contratação que possa acarretar **comprometimento da segurança nacional**, nos casos estabelecidos pelo Ministro de Estado da Defesa, mediante demanda dos comandos das Forças Armadas ou dos demais ministérios[33];

c) nos casos de guerra, estado de defesa, estado de sítio, **intervenção federal** ou de **grave perturbação da ordem**;

d) nos casos de **emergência** ou de **calamidade pública**, quando caracterizada urgência de atendimento de situação que possa ocasionar prejuízo ou comprometer a continuidade dos serviços públicos ou a segurança de pessoas, obras, serviços, equipamentos e outros bens, públicos ou particulares, e somente para aquisição dos bens necessários ao atendimento da situação emergencial ou calamitosa e para as parcelas de obras e serviços que possam ser concluídas no prazo máximo de 1 (um) ano, contado da data de ocorrência da emergência ou da calamidade, vedadas a prorrogação dos respectivos contratos e a recontratação de empresa já contratada[34];

e) para a aquisição, por pessoa jurídica de direito público interno, de **bens produzidos ou serviços prestados por órgão ou entidade que integrem a Administração Pública** e que tenham sido criados para esse fim específico, desde que o preço contratado seja compatível com o praticado no mercado;

f) quando a União tiver que **intervir no domínio econômico** para regular preços ou normalizar o abastecimento;

g) para celebração de **contrato de programa** com ente federativo ou com entidade de sua Administração Pública indireta que envolva **prestação de serviços públicos de forma associada** nos termos autorizados em contrato de consórcio público ou em convênio de cooperação;

h) para contratação em que houver **transferência de tecnologia de produtos estratégicos para o Sistema Único de Saúde (SUS)**, conforme elencados em ato da direção nacional do SUS, inclusive por ocasião da aquisi-

---

[33] Esta hipótese é regulamentada pela Portaria GM-MD n. 4.641, de 14 de setembro de 2023.

[34] É relevante que o gestor avalie e motive as situações emergenciais, sob pena de responsabilização pessoal. O TCU, no Acórdão n. 1122/2017 – Plenário, deixa claro que "a situação de contratação emergencial decorrente da falta de planejamento, da desídia administrativa ou da má gestão dos recursos púbicos pode implicar a responsabilização do gestor que lhe deu causa, em face de sua omissão quanto ao dever de agir a tempo, adotando as medidas cabíveis para a realização do regular procedimento licitatório".

ção desses produtos durante as etapas de absorção tecnológica, e em valores compatíveis com aqueles definidos no instrumento firmado para a transferência de tecnologia;

i) para contratação de profissionais para compor a **comissão de avaliação de critérios de técnica**, quando se tratar de profissional técnico de notória especialização;

j) para contratação de **associação de pessoas com deficiência**, sem fins lucrativos e de comprovada idoneidade, por órgão ou entidade da Administração Pública, para a prestação de serviços, desde que o preço contratado seja compatível com o praticado no mercado e os serviços contratados sejam prestados exclusivamente por pessoas com deficiência;

k) para contratação de **instituição brasileira que tenha por finalidade estatutária** apoiar, captar e executar atividades de ensino, pesquisa, extensão, desenvolvimento institucional, científico e tecnológico e estímulo à inovação, inclusive para gerir administrativa e financeiramente essas atividades, ou para contratação de instituição dedicada à recuperação social da pessoa presa, desde que o contratado tenha inquestionável reputação ética e profissional e não tenha fins lucrativos;

l) para aquisição, por pessoa jurídica de direito público interno, de **insumos estratégicos para a saúde produzidos por fundação que, regimental ou estatutariamente, tenha por finalidade apoiar órgão da Administração Pública** direta, sua autarquia ou fundação em projetos de ensino, pesquisa, extensão, desenvolvimento institucional, científico e tecnológico e de estímulo à inovação, inclusive na gestão administrativa e financeira necessária à execução desses projetos, ou em parcerias que envolvam transferência de tecnologia de produtos estratégicos para o SUS, e que tenha sido criada para esse fim específico em data anterior à entrada em vigor da Lei n. 14.133/2021, desde que o preço contratado seja compatível com o praticado no mercado;

m) para contratação de **entidades privadas sem fins lucrativos para a implementação de cisternas ou outras tecnologias sociais de acesso à água** para consumo humano e produção de alimentos, a fim de beneficiar as famílias rurais de baixa renda atingidas pela seca ou pela falta regular de água; e

n) para contratação de **entidades privadas sem fins lucrativos**, para a implementação do **Programa Cozinha Solidária**, que tem como finalidade fornecer alimentação gratuita preferencialmente à população em situação de vulnerabilidade e risco social, incluída a população em situação de rua, com vistas à promoção de políticas de segurança alimentar e nutricional e de assistência social e à efetivação de direitos sociais, dignidade humana, resgate social e melhoria da qualidade de vida.

8

Principais disposições aplicáveis aos procedimentos auxiliares

O art. 78 da Lei n. 14.133/2021 elenca um rol de procedimentos auxiliares das licitações e das contratações sendo eles o credenciamento (que precede uma inexigibilidade de licitação), a pré-qualificação (que precede uma licitação), o procedimento de manifestação de interesse (que pode gerar uma licitação futura ou não), o sistema de registro de preços (que se realiza por uma licitação na modalidade concorrência ou pregão, bem como por inexigibilidade ou dispensa de licitação) e o registro cadastral (que não gera licitação ou contratação alguma).

8.1. O credenciamento

O credenciamento, na prática, já era utilizado há algum tempo pela Administração Pública, principalmente a Federal, nas hipóteses de contratação paralela e não excludente, bem como (isolada ou cumulativamente) na hipótese de escolha do contratado por parte de terceiro[1].

Não havia, à luz da Lei n. 8.666/93, previsão expressa do instituto[2], o qual era fundamentado no *caput* de seu art. 25, como uma variante da inexigibilidade de licitação, uma vez que se contratavam todos aqueles que preenchessem os requisitos previamente estabelecidos em um edital de chamamento público e que aceitassem o valor (tabelado) pago pela Administração ou pelo beneficiário direto da prestação[3].

---

[1] Os primeiros credenciamentos utilizados no âmbito do comando do Exército, por exemplo, foram realizados entre o final da década de 1990 e início dos anos 2000, com a contratação paralela e simultânea de profissionais e clínicas de saúde, por inexigibilidade de licitação, baseada no *caput* do art. 25 da Lei n. 8.666/93, para atendimento aos beneficiários do Fundo de Saúde do Exército – FuSEx (Fundo Especial), conforme será exposto na sequência deste trabalho.

[2] A respeito, ver: ALVES, Felipe Dalenogare. O credenciamento e o Sistema de Registro de Preços como procedimentos auxiliares à racionalização administrativa: um panorama à luz da Nova Lei de Licitações e Contratos. In: BUSCH, Eduardo Vieira (Coord.). *Nova Lei de Licitações e Contratos*: aspectos relevantes da Lei n. 14.133/21. São Paulo: Quartier Latin, 2023.

[3] A título exemplificativo, também no âmbito do Exército, o credenciamento já era utilizado antes dos anos 2000, para serviços de assessoramento jurídico prestados diretamente aos membros da corporação (então Ministério do Exército), situação em que a escolha do contratado (e o pagamento) se dava diretamente pelo beneficiário da prestação, mediante consignação, o que também será trabalhado na sequência deste capítulo.

O Tribunal de Contas da União, ao longo da utilização desse procedimento auxiliar, muito foi demandado sobre sua juridicidade, principalmente no que tange à inexistência de previsão expressa. Sobre o assunto, o Acórdão n. 768/2013 – Plenário, de 3 de abril de 2013, de relatoria do Min. Marcos Bemquerer, é didático, ao expressar que "a despeito da ausência de expressa previsão legal do credenciamento dentre os casos de inexigibilidade de licitação previstos na Lei n. 8.666/93, nada impede que a instituição contratante lance mão de tal procedimento".

Assim, a Administração contratava diretamente todos os fornecedores previamente credenciados, que atendessem aos requisitos estabelecidos no ato convocatório. O TCU enfatizou que o Administrador deveria demonstrar, "fundamentalmente, a inviabilidade de competição, a justificativa do preço e a igualdade de oportunidade a todos os que tiverem interesse em fornecer o bem ou serviço desejados"[4].

Ao longo do tempo, o credenciamento passou a ser utilizado para distintas contratações, a exemplo de serviços advocatícios e organização de eventos (contratações paralelas e não excludentes em que o beneficiário e pagador direto é a própria Administração), serviços advocatícios para os agentes públicos mediante consignação (beneficiários e pagadores diretos da prestação), bem como aquisição de passagens aéreas pela Administração (mercados fluidos), algumas das situações que inspiraram, respectivamente, os incisos I, II e III do art. 79 da Lei n. 14.133/2021.

Com o advento da Lei n. 14.133/2021, o credenciamento ganhou tratamento legal próprio, com *status* de norma legal geral[5], mantendo, em grande parte, os mesmos procedimentos operacionais da *praxis* anterior, com possibilidades de inovação, que vamos explorar a seguir.

De acordo com o art. 79 da Lei n. 14.133/2021, o credenciamento poderá ser usado nas hipóteses de: **I) contratação paralela e não excludente**, caso em que é viável e vantajosa para a Administração a realização de contratações simultâneas em condições padronizadas, **II) com seleção a critério de terceiros**, situação em que a seleção do contratado está a cargo do beneficiário direto da prestação, e em **III) mercados fluidos**, caso em que a flu-

---

[4] BRASIL. Tribunal de Contas da União. *Acórdão n. 768/2013* – Plenário. Relator: Min. Marcos Bemquerer. Julgamento em: 03/04/2013.

[5] A previsão do credenciamento como norma legal geral é imprescindível, primeiro para firmá-lo em lei (em sentido estrito), e segundo para garantir uniformidade mínima ao instituto a todos os Entes federativos. Esse caráter (de norma geral) à Lei n. 14.133/2021 a caracteriza, conforme aponta Matos (2023, p. 266), como um "verdadeiro Código das Contratações Públicas Brasileiras", na medida em que promove "alterações na realidade das contratações públicas em todo o país, incrementando a eficiência, a transparência, a lisura e a inovação nos procedimentos das licitações e contratos, mediante comandos a serem observados no âmbito das distintas esferas federativas".

tuação constante do valor da prestação e das condições de contratação inviabiliza a seleção de agente por meio de processo de licitação.

As duas primeiras hipóteses se amoldam ao que já era executado majoritariamente em termos de credenciamento, enquanto a terceira surge com grande potencial de racionalização administrativa e que, no decorrer desta seção, merecerá maior abordagem. Os procedimentos do credenciamento devem ser definidos em regulamento, o qual deve observar parâmetros mínimos, como os descritos a seguir.

a) o previsto no art. 79, parágrafo único, I: o dever de a Administração divulgar e manter à disposição do público, em sítio eletrônico oficial, edital de chamamento de interessados, de modo a permitir o cadastramento permanente destes. O credenciamento exige um chamamento público, sob pena de nulidade[6].

À luz da Lei n. 14.133/2021, entendemos que esse chamamento não mais poderá ter prazo determinado para que os interessados manifestem o interesse em se credenciar (janela de credenciamento), devendo permanecer constantemente disponível a novos interessados.

Antes dessa previsão legal expressa, o TCU admitia a janela, ainda que excepcionalmente e de modo justificado, quando imprescindível às atividades operacionais e à racionalização administrativa. No Acórdão n. 436/2020 – Plenário, de relatoria do Min. Raimundo Carreiro, julgado em 4 de março de 2020, o Tribunal fixou o entendimento de que "na elaboração dos avisos de credenciamento, a escolha do prazo entre a publicação do edital e a entrega dos documentos deve guiar-se pelo interesse público e pelo princípio da razoabilidade". Assim, destacou ser possível a janela, desde que o administrador leve em consideração "as peculiaridades do objeto, a urgência da contratação, a extensão da documentação a ser apresentada e, ainda, a necessidade de atrair número de interessados que represente o universo do mercado".

Algumas questões e demandas surgirão, como, por exemplo: qual o prazo de validade do edital de credenciamento? É possível publicá-lo e utilizá-lo como ato convocatório por tempo indeterminado? Por um, dois, três, quatro ou cinco anos? Entendemos que é possível a adoção de prazo indeterminado para o edital de chamamento público para credenciamento, a exemplo do que já adotava a Advocacia-Geral da União, no âmbito federal, à luz da Lei n. 8.666/93, pois não houve mudanças nesse ponto[7].

---

[6] O TCU entende que o credenciamento "é ato administrativo de chamamento público de prestadores de serviços que satisfaçam determinados requisitos, constituindo etapa prévia à contratação, devendo-se oferecer a todos igual oportunidade de se credenciar" (TCU. Acórdão n. 1150/2013 – Plenário. Relator: Min. Aroldo Cedraz. Julg. em: 15/05/2013).

[7] Parecer n. 0003/2017/CNU/CGU/AGU, de lavra do Dr. Ronny Charles Lopes de Torres, emitido em 11 de abril de 2017.

Caso a Administração decida rever eventual cláusula do edital que incida diretamente às novas contratações, deverá, necessariamente, rever os contratos celebrados com todos os credenciados até a data da alteração (considerando o mesmo objeto)? Vislumbramos que é possível, mesmo que o edital possua prazo indeterminado, eventuais alterações em suas cláusulas, ocasião em que aqueles já credenciados deverão ser notificados para se, não concordarem, manifestem seu desinteresse em se descredenciar (denúncia)[8].

Ao estar permanentemente aberto para o cadastramento de novos interessados, outra dúvida poderá surgir: como aplicar o reajustamento, utilizando-se de índices setoriais, de forma que não se descaracterize a contratação paralela e não excludente, que pressupõe a prática de preço padronizado entre todos os credenciados? Uma alternativa possível é a utilizada no âmbito dos credenciamentos empregados pelo Fundo de Saúde do Exército, em que os valores atualizados anualmente não se dão sobre o contrato, mas sobre a tabela de referência de valores anexa ao edital de credenciamento.

Desse modo, anualmente, se promove a atualização do valor tabelado (que a Administração se propõe a pagar), utilizando-se o IPCA, o que não descaracteriza a inviabilidade de competição (o que passaria a ocorrer se existissem credenciados, para o mesmo objeto, recebendo valores diferentes).

É inegável que se exigirá, também, constante dispêndio de recursos humanos e materiais à formalização permanente de novos contratos (muitas vezes com centenas de termos contratuais em diferentes datas). Uma alternativa é a compreensão adotada pela AGU, de que o contrato não será, efetivamente, um contrato de serviços contínuos, mas um instrumento equivalente, como o termo de credenciamento, com as obrigações das partes, e que a cada demanda será efetivamente gerada a contratação através da nota de empenho[9].

Essas são algumas alternativas a auxiliar na extinção da janela de credenciamento promovida pelo legislador da Lei n. 14.133/2021 e que poderão ser utilizadas para que se possa trazer racionalização e otimização ao exercício da função administrativa.

b) o previsto no art. 79, parágrafo único, II: na hipótese de contratações paralelas e não excludentes, quando o objeto não permitir a contratação imediata e simultânea de todos os credenciados, deverão ser adotados critérios objetivos de distribuição da demanda.

Nesse caso, entendemos ser possível que o edital de credenciamento estabeleça critérios como sorteio, escala e até que a escolha ocorra por parte de

---

[8] Esse também é o entendimento da AGU, no âmbito federal, como se observa no Parecer n. 0003/2017/CNU/CGU/AGU, de lavra do Dr. Ronny Charles Lopes de Torres, emitido em 11 de abril de 2017.

[9] Parecer n. 0003/2017/CNU/CGU/AGU, de lavra do Dr. Ronny Charles Lopes de Torres, emitido em 11 de abril de 2017.

terceiro (utilização combinada dos incisos I e II do art. 79), ou seja, a fixação, no ato convocatório, que a demanda será distribuída conforme a escolha dos beneficiários diretos.

Enquanto os dois primeiros critérios podem ser utilizados à distribuição da demanda para peritos, leiloeiros[10], árbitros[11] ou intérpretes, em que a distribuição ocorre sem escolha de um terceiro, o último pode ser utilizado para serviços médicos/assistenciais (escolha, dentre os médicos credenciados, pelo paciente), para defesas judiciais custeadas pelo Estado (escolha, dentre os advogados credenciados, pelo réu) ou até para serviços de hospedagem (escolha, dentre os hotéis credenciados, pelo hóspede).

A distribuição da demanda, conforme a escolha do beneficiário direto da prestação levanta questionamentos, principalmente por constituir parâmetro subjetivo. No entanto, defendemos ser parâmetro subjetivo para o beneficiário e critério objetivo para o prestador, à medida que é previamente estipulado no edital de chamamento público e que, ao aceitar e contratar com a Administração, o credenciado possui conhecimento prévio da forma estipulada.

Entendemos que, quando a escolha se dá por parte do beneficiário direto, há, consequentemente, uma melhor otimização à qualidade do serviço prestado, não havendo qualquer prejuízo aos cofres públicos, pois o valor é padronizado. Também é atendida a igualdade de oportunidade a todos os credenciados, pois qualquer um terá a possibilidade de ser escolhido por aquele.

Como exemplo, imagine que determinado Município do interior do Estado tenha credenciado dez hotéis localizados na capital, para a hospedagem de seus servidores, todos com o mesmo valor para a diária. Obviamente que alguns credenciados se destacarão na prestação do serviço, com a melhor qualidade dos apartamentos ou do café da manhã, por exemplo, o que fará, consequentemente, que sejam frequentemente eleitos pelos beneficiários, enquanto outros não.

Assim, entendemos ser possível, quando a fruição do objeto ocorrer por parte do beneficiário, mesmo nas situações de contratação paralela e não excludente pagas pela Administração, que o ato convocatório estabeleça, como critério objetivo, que a escolha do prestador ocorrerá por conta daquele.

Eventual direcionamento, por parte dos agentes públicos responsáveis pela distribuição, que configure conduta dolosa objetivando enriquecimento ilícito, como o recebimento de comissão ou valores, afronta a isonomia e a igualdade de oportunidades, configurando ato de improbidade administrativa previsto no art. 9º da Lei n. 8.429/92, o que deve ser coibido pela Administração.

---

[10] Importante destacar que a própria Lei n. 14.133/2021, no art. 31, § 1º, prevê a possibilidade expressa da adoção do credenciamento para a contratação de leiloeiros oficiais.

[11] Entendemos ser possível a utilização do credenciamento para a contratação de árbitros. Esse entendimento também é corroborado por Gofman, Guimarães e Kammers (2023, p. 98), bem como por Oliveira (2021, p. 353).

Corroborando a possibilidade de escolha por parte do beneficiário direto da prestação, o Supremo Tribunal Federal, ao julgar a ADI n. 6.313, de relatoria do Min. Alexandre de Moraes, em 28 de agosto de 2023, ajuizada pela Associação Nacional dos Fabricantes de Placas de Identificação Veicular – ANFAPV, entendeu pela possibilidade de utilização do credenciamento para a fabricação e estampagem de placas de identificação veicular, cuja eleição do prestador se dará pelo proprietário do veículo, que escolherá em qual credenciado instalará a placa.

c) o previsto no art. 79, parágrafo único, III: o edital de chamamento dos interessados deverá prever as condições padronizadas de contratação e, nas situações de contratação paralela e não excludente ou por escolha de terceiro, deverá definir o valor da contratação[12].

Por ser hipótese de inviabilidade de competição, todos os credenciados deverão estar em igualdade de condições nos parâmetros contratuais e no valor a ser pago[13], não sendo possível estabelecer diferenciações entre esses, sob pena de afronta aos princípios da isonomia e da licitação[14].

Isso porque, se houver diferenciação no valor a ser pago ou nos parâmetros contratuais, se está diante de viabilidade de competição, pois os interessados poderão apresentar preços diferentes, o que ensejará a licitação. Jamais deve-se perder de vista que o credenciamento é hipótese de inexigibilidade de licitação (art. 74, IV, da Lei n. 14.133/2021)[15] e, nessas duas situa-

---

[12] Em decisão recente, o Superior Tribunal de Justiça manifestou-se no sentido de que editais de credenciamento não podem adotar sistema de pontos que gere competição entre interessados, vez que um de seus fundamentos é a contratação de todos os interessados que demonstrem preencher os requisitos estabelecidos pelo Poder Público. Assim, a Corte assentou que "os critérios de pontuação exigidos no edital impugnado na presente ação para desclassificar a contratação da empresa recorrida, já habilitada, mostram-se contrários ao entendimento doutrinário e jurisprudencial" (BRASIL. Superior Tribunal de Justiça. Recurso Especial. REsp n. 1.747.636/PR. Rel. Min. Gurgel de Faria. Primeira Turma. DJE, 9 dez. 2019).

[13] O TCU, ao proferir o Acórdão n. 351/2010 – Plenário, em 3 de março de 2010, de relatoria do Min. Marcos Bemquerer Costa, analisando o credenciamento, afirmou que "para a regularidade da contratação direta, é indispensável a garantia da igualdade de condições entre todos os interessados hábeis a contratar com a Administração, pelo preço por ela definido".

[14] Em relação a esta hipótese de credenciamento, já manifestou-se o TCU no sentido de que "o credenciamento pode ser utilizado para a contratação de profissionais de saúde para atuarem tanto em unidades públicas de saúde quanto em seus próprios consultórios e clínicas, sendo o instrumento adequado a ser usado quando se verifica a inviabilidade de competição para preenchimento das vagas, bem como quando a demanda pelos serviços é superior à oferta e é possível a contratação de todos os interessados, sendo necessário o desenvolvimento de metodologia para a distribuição dos serviços entre os interessados de forma objetiva e impessoal" (BRASIL. Tribunal de Contas da União. Relatório de Auditoria (RA). Processo n. 017.783/2014-3. Acórdão n. 352/2016 – Plenário. Rel. Min. Benjamin Zymler. Data da sessão: 24 fev. 2016).

[15] Adotamos uma perspectiva objetiva da inexigibilidade decorrente do credenciamento e não subjetiva. Dessa forma, pensamos que a inexigibilidade será para o objeto do credencia-

ções, serão contratados todos que aceitem os requisitos estabelecidos pela Administração e o valor por ela estipulado.

Por conseguinte, entendemos que a repactuação, em contrato oriundo de credenciamento, também deve abarcar todos os contratados em mesma situação, não sendo possível tratar credenciados para um mesmo objeto de modo diferenciado, com reajustes e repactuações diferentes (pois se estará diante de uma possibilidade de competição).

A título de exemplo, imagine a seguinte situação: a Administração credencia dois médicos pediatras, os quais preencheram os requisitos previamente fixados e aceitaram o valor oferecido, de R$ 200,00 a consulta. Decorrido um ano, o médico A requereu repactuação do preço, mediante demonstração analítica da variação dos custos, enquanto o médico B nada pediu e continua prestando o mesmo serviço. Nesse exemplo, caso a Administração defira a repactuação ao médico A, sem conferir também ao médico B, da mesma categoria, deixam de existir os próprios motivos determinantes do credenciamento (inviabilidade de competição, porque todos aceitaram o valor pago pela Administração).

d) o previsto no art. 79, parágrafo único, IV: na hipótese de mercados fluidos, a Administração deverá registrar as cotações de mercado vigentes no momento da contratação. Essa hipótese é inovadora e se constitui um desafio tanto a sua regulamentação quanto a sua operacionalização.

Inicialmente, vislumbramos as situações que já ocorriam na prática administrativa, principalmente as referentes às aquisições de passagens aéreas, como expostas na primeira seção de desenvolvimento deste capítulo. Nessa hipótese, a Administração credenciaria previamente as companhias aéreas e, no dia de aquisição do bilhete, realizava a cotação em todas as credenciadas, efetivando a aquisição diretamente com aquela que apresentar o menor preço.

O TCU, como demonstrado anteriormente, chancelou essa prática, principalmente em duas ocasiões, estabelecendo que "é regular a aquisição, mediante credenciamento, de passagens aéreas em linhas regulares domésticas, sem a intermediação de agência de viagem, por ser inviável a competição entre as companhias aéreas e entre estas e as agências de viagem"[16].

Conseguimos visualizar, com base no art. 79, III, a possibilidade do credenciamento para a aquisição de combustível, gás de cozinha, materiais de

---

mento e não para os sujeitos. Assim, para racionalização da atividade administrativa, defendemos a realização de uma única inexigibilidade para o objeto e não inúmeras para cada credenciado. A título de exemplo, ilustramos: Em um credenciamento para prestação de serviços médicos, ter-se-á uma única inexigibilidade de licitação, para o objeto, com a realização de múltiplos contratos decorrentes dessa única inexigibilidade, dispensando-se a realização de uma inexigibilidade individual para cada credenciado.

[16] BRASIL. Tribunal de Contas da União (Plenário). *Acórdão n. 1545/2017*. Relator: Min. Aroldo Cedraz. Julg. em: 19/07/2017; BRASIL. Tribunal de Contas da União (Plenário). *Acórdão n. 1094/2021*. Relator: Min. Weder de Oliveira. Julg. em: 12/05/2021.

construção, gêneros alimentícios, dentre outros objetos em que a flutuação constante do valor da prestação e das condições de contratação inviabiliza a seleção de agente por meio de processo de licitação, ainda que seja por registro de preços.

Em uma versão arcaica, vislumbre a seguinte operacionalização: imagine um município com cinco postos de combustíveis. A Administração realiza um chamamento público para credenciar todos os postos que preencham os requisitos. Os interessados comparecem, atendem as exigências e são credenciados. No dia da necessidade do abastecimento, a Administração cota o valor do combustível, registra o preço de todos, para fins comprobatórios, e abastece naquele que apresentou o menor preço no dia.

A partir desse exemplo, uma pergunta poderá surgir: como fazer a operacionalização dessa cotação havendo um número grande de credenciados? Por intermédio de prancheta? Telefone? E-mail? Como resposta, surge a expectativa de um *e-marketplace* público.

Haveria a necessidade de implementar uma plataforma, no próprio Portal Nacional de Contratações Públicas (PNCP) ou a ele integrada, consistente em um mercado digital, onde esses credenciados seriam demandados da necessidade de aquisição administrativa, em determinada data, e a Administração teria o preço desses fornecedores.

Esse é o caminho também apontado por Fortini e Amorim, ao sustentarem que "o PNCP poderá, como previsto no § 3º do art. 174 da lei, ainda contemplar outras funcionalidades e, com o seu desenvolvimento tecnológico, impulsionar verdadeira disrupção com a implementação definitiva do *e-marketplace*, possibilitando sua utilização no credenciamento[17].

O *e-marketplace* consistiria em uma verdadeira arena de compras (pela Administração) e vendas (pelos credenciados). Veja que não há qualquer afronta ao princípio da competitividade, uma vez que o credenciamento deverá se encontrar constantemente aberto a novos interessados e, em concreto, a Administração adquirirá pelo menor preço, pois todos os credenciados terão a oportunidade de ofertar seus bens e os respectivos preços, ficando estes registrados no momento do evento. A contratação resultante se dará por inexigibilidade de licitação, com fundamento específico no art. 74, IV, da Lei n. 14.133/2021.

Nóbrega e Torres chegam a indagar: "Se os cidadãos e as empresas encontraram no campo virtual um ambiente propício para suas transações, o que impede que a Administração Pública adote este *locus* para ao menos par-

---

[17] FORTINI, Cristiana; AMORIM, Rafael Amorim de. Novo olhar para as contratações públicas: precedentes e perspectivas da Lei n. 14.133/2021. In: MATOS, Marilene Carneiro; ALVES, Felipe Dalenogare; AMORIM, Rafael Amorim de (Orgs.). *Nova Lei de licitações e contratos – Lei n. 14.133/2021*: debates, perspectivas e desafios. Brasília: Edições Câmara, 2023. p. 137.

te de suas contratações?"[18]. Os autores apontam que "a implementação de plataformas eletrônicas para as relações estabelecidas entre a Administração Pública e os administrados (*E-Government*) pode trazer vantagens para o processo de contratação pública"[19].

Nas situações de mercado fluido, havendo o estabelecimento desse *e-marketplace*, vislumbra-se a possibilidade da utilização do credenciamento para diversas situações que envolvem flutuação constante de preços, fazendo com que seja um instrumento mais eficiente que a modelagem licitatória tradicional[20].

e) o previsto no art. 79, parágrafo único, V: não será permitido o cometimento a terceiros do objeto contratado sem autorização expressa da Administração. O credenciamento e o contrato dele decorrente têm caráter *intuitu personae*, pois, dentre os requisitos exigidos pela Administração, está a capacidade técnica do profissional (pessoa física) ou do quadro profissional (pessoa jurídica). Portanto, qualquer alteração, sem a devida apreciação e autorização administrativa, poderá comprometer os requisitos que se prestaram ao credenciamento do contratado.

f) o previsto no art. 79, parágrafo único, VI: será admitida a denúncia por qualquer das partes nos prazos fixados no edital. Assim como já ocorria anteriormente, a partir do momento em que o credenciamento não se tornar vantajoso para o credenciado ou se tornar desnecessário à Administração, é possível a denúncia, desde que respeitado o prazo de aviso prévio previsto no edital.

Não se pode confundir a denúncia com eventual rescisão contratual por inadimplemento do contratado. A denúncia por parte da Administração ocorrerá por desnecessidade do objeto e, nesta situação específica, recairá sobre todos os credenciados. Caso algum credenciado descumpra cláusula

---

[18] NÓBREGA, Marcos; TORRES, Ronny Charles L. de. *A nova lei de licitações, credenciamento e e-marketplace:* o *turning point* da inovação nas compras públicas, 2021. p. 9. Disponível em: https://ronnycharles.com.br/wp-content/uploads/2021/01/A-nova-lei-de-licitacoes-credenciamento-e-e-marketplace-o-turning-point-da-inovacao-nas-compras-publicas.pdf. Acesso em: 5 nov. 2023.

[19] Entre essas vantagens, apontam: "maior eficiência, redução de custos e economia; economia de tempo; melhor comunicação entre governos com empresas e cidadãos; acesso online de serviços; transparência e menos burocracia. Com o uso de plataformas as trocas entre fornecedores e os órgãos e entidades públicas podem ser facilitadas, com a exponencial redução de custos transacionais e consequente ampliação a competitividade. Além disso, elas podem facilitar a comunicação entre os órgãos públicos e as empresas, fomentando um mercado mais aberto" (NÓBREGA; TORRES, 2021, p. 10).

[20] NÓBREGA, Marcos; TORRES, Ronny Charles L. de. *A nova lei de licitações, credenciamento e e-marketplace:* o *turning point* da inovação nas compras públicas, 2021. p. 9. Disponível em: https://ronnycharles.com.br/wp-content/uploads/2021/01/A-nova-lei-de-licitacoes-credenciamento-e-e-marketplace-o-turning-point-da-inovacao-nas-compras-publicas.pdf. Acesso em: 5 nov. 2023.

contratual, deverá ser operada a extinção do contrato pela rescisão, sempre com a concessão de ampla defesa e contraditório, e, por consequência, o descredenciamento.

Essas são as principais disposições presentes na Lei n. 14.133/2021, inspiradas em práticas ocorridas à luz da Lei n. 8.666/93, que possibilitam utilizações inovadoras, com o crescente emprego para variáveis objetos, o que dependerá da disposição do Administrador (inclusive das empresas estatais)[21], bem como do caráter (restritivo ou ampliativo) a ser conferido ao credenciamento pelos órgãos de controle.

8.2. A pré-qualificação

A pré-qualificação, inicialmente, surgiu no art. 114 da Lei n. 8.666/93, sem maior relevância para a prática cotidiana administrativa. Na Lei n. 14.133/2021, surge no art. 80, com uma roupagem mais completa, alçado como procedimento técnico-administrativo para **selecionar previamente licitantes** que reúnam condições de habilitação para participar de futura licitação ou de licitação vinculada a programas de obras ou de serviços objetivamente definidos e **bens que atendam às exigências técnicas ou de qualidade** estabelecidas pela Administração.

Na pré-qualificação, **quando aberta a licitantes**, poderão ser dispensados os documentos que já constarem do registro cadastral e, **quando aberta a bens**, poderá ser exigida a comprovação de qualidade. O procedimento de pré-qualificação ficará permanentemente aberto para a inscrição de interessados.

No edital de pré-qualificação devem constar as informações mínimas necessárias para definição do objeto e a modalidade, a forma da futura licitação e os critérios de julgamento.

A apresentação dos documentos far-se-á perante órgão ou comissão indicada pela Administração, que deverá examiná-los no prazo máximo de 10 (dez) dias úteis e determinar correção ou reapresentação de documentos, quando for o caso, com vistas à ampliação da competição.

Indeferido o pedido de pré-qualificação, caberá recurso no prazo de 3 dias úteis contados da decisão denegatória, com fundamento no art. 165, I, *a*, da Lei n. 14.133/2021, o qual será dirigido à autoridade que tiver proferido

---

[21] A título ilustrativo, o TCU entendeu que, embora a Lei n. 14.133/2021 não tenha aplicabilidade específica às Estatais, por ser norma geral, poderá ser utilizada subsidiariamente àquilo que não houver disposição especial na Lei n. 13.303/16. Assim, fixou entendimento no sentido de que "é possível a utilização pelas empresas estatais, por analogia, da hipótese de credenciamento prevista no art. 79, inciso II, da Lei n. 14.133/2021 visando à contratação de serviço de gerenciamento e fornecimento de vales alimentação e refeição, em substituição à licitação com critério de julgamento pelo menor preço, inviabilizada para esse tipo de contratação" (Acórdão n. 5495/2022 – Segunda Câmara. Relator: Min. Bruno Dantas. Julgamento em: 13/09/2022).

essa decisão, que, se não a reconsiderar no prazo de 3 dias úteis, encaminhará o recurso com a sua motivação à autoridade superior, a qual deverá proferir sua decisão no prazo máximo de 10 dias úteis, contado do recebimento dos autos.

A pré-qualificação poderá ser parcial ou total, com alguns ou todos os requisitos técnicos ou de habilitação necessários à contratação, assegurada, em qualquer hipótese, a igualdade de condições entre os concorrentes.

Ela poderá ser realizada em grupos ou segmentos, segundo as especialidades dos fornecedores e os bens e os serviços pré-qualificados deverão integrar o catálogo de bens e serviços da Administração, os quais serão obrigatoriamente divulgados e mantidos à disposição do público.

O prazo de validade da pré-qualificação será de 1 ano, no máximo, e poderá ser atualizada a qualquer tempo; e não superior ao prazo de validade dos documentos apresentados pelos interessados.

Por fim, destaca-se que **a licitação que se seguir** ao procedimento da pré-qualificação **poderá ser restrita a licitantes ou bens pré-qualificados**, o que trará celeridade processual.

8.3. O procedimento de manifestação de interesse

A Administração poderá solicitar à iniciativa privada, mediante procedimento de manifestação de interesse (PMI) a ser iniciado com a publicação de edital de chamamento público, na forma do art. 81 da Lei n. 14.133/2021, a propositura e a realização de estudos, investigações, levantamentos e projetos de soluções inovadoras que contribuam com questões de relevância pública, na forma de regulamento.

Os estudos, as investigações, os levantamentos e os projetos vinculados à contratação e de utilidade para a licitação, realizados pela Administração ou com a sua autorização, estarão à disposição dos interessados, e o vencedor da licitação deverá ressarcir os dispêndios correspondentes, conforme especificado no edital.

É importante ressalvar que a sua realização, pela iniciativa privada, em decorrência do procedimento de manifestação de interesse, não atribuirá ao realizador direito de preferência no processo licitatório, não obrigará o Poder Público a realizar licitação, não implicará, por si só, direito a ressarcimento de valores envolvidos em sua elaboração, sendo remunerado somente pelo vencedor da licitação, vedada, em qualquer hipótese, a cobrança de valores do Poder Público.

A fim de aceitá-los, a Administração deverá elaborar parecer fundamentado com a demonstração de que o estudo, a investigação, o levantamento ou o projeto entregue é adequado e suficiente à compreensão do objeto, de que as premissas adotadas são compatíveis com as reais necessidades do órgão e de que a metodologia proposta é a que propicia maior economia e vantagem entre as demais possíveis.

Por fim, ressalta-se que a Administração poderá realizar PMI restrito a startups, assim considerados os microempreendedores individuais, as microempresas e as empresas de pequeno porte, de natureza emergente e com grande potencial, que se dediquem à pesquisa, ao desenvolvimento e à implementação de novos produtos ou serviços baseados em soluções tecnológicas inovadoras que possam causar alto impacto, exigida, na seleção definitiva da inovação, validação prévia fundamentada em métricas objetivas, de modo a demonstrar o atendimento das suas necessidades.

8.4. O Sistema de Registro de Preços

A Lei n. 14.133/2021 (LLC) prevê o Sistema de Registro de Preços (SRP) nos seus arts. 82 a 86, consolidando as disposições que já haviam nestes regulamentos e as principais decisões do TCU, elencando-as em norma geral, como se verá a seguir[22].

O art. 82 dessa lei estabeleceu elementos essenciais que devem estar presentes no edital para registro de preços (RP), bem como condições à Administração quando esta se utilizar do SRP, que serão comentados a seguir.

a) as especificidades da licitação e de seu objeto, inclusive a quantidade máxima de cada item que poderá ser adquirida. Veja-se que, ao estabelecer o verbo "poderá", o legislador manteve a contratação resultante do SRP como uma expectativa de direito. Dito de outro modo, significa dizer que "a ata de registro de preços (ARP) caracteriza-se como um negócio jurídico em que são acordados entre as partes, Administração e licitante, apenas o objeto licitado e os respectivos preços ofertados". A formalização da ata apenas cria uma expectativa de direito para o signatário, não lhe concedendo nenhum direito subjetivo à contratação[23].

A não obrigatoriedade da contratação futura é reforçada pelo próprio art. 83 da LLC, o qual prevê que "a existência de preços registrados implicará compromisso de fornecimento nas condições estabelecidas, mas não obrigará a Administração a contratar, facultada a realização de licitação específica para a aquisição pretendida, desde que devidamente motivada".

Observe-se que há uma mudança, a nosso ver, significativa em comparação ao § 4º do art. 15 da Lei n. 8.666/93, o qual previa que a existência de preços registrados não impõe à Administração a obrigação de realizar contratações com base neles. Existe liberdade para a utilização de outros métodos, desde que de acordo com a legislação de licitações, sendo garantido ao beneficiário do registro a preferência em igualdade de condições.

---

[22] A respeito, ver: ALVES, Felipe Dalenogare. O credenciamento e o Sistema de Registro de Preços como procedimentos auxiliares à racionalização administrativa: um panorama à luz da Nova Lei de Licitações e Contratos. In: BUSCH, Eduardo Vieira (Coord.). *Nova Lei de Licitações e Contratos*: aspectos relevantes da Lei n. 14.133/2021. São Paulo: Quartier Latin, 2023.
[23] BRASIL. Tribunal de Contas da União (Plenário). *Acórdão n. 1285/2015*. Relator: Min. Benjamin Zymler. Julg. em: 27/05/2015.

8 • Principais disposições aplicáveis aos procedimentos auxiliares   177

Essa mudança na redação importa em duas consequências à Administração, caso não venha a contratar do fornecedor que possui o preço registrado: *primeira*, que não poderá se utilizar da dispensa ou inexigibilidade de licitação, uma vez que, justamente para atender o princípio da impessoalidade e da moralidade, o legislador indicou a necessidade de licitação específica para o(s) item(ns) não contratado(s) e, *segunda*, que deverá haver motivação expressa das razões pelas quais não está adquirindo da signatária da ARP em vigência, mas está optando por realizar nova licitação. Essas razões devem, necessariamente, guardar parâmetros de necessidade e adequação.

Outro ponto que, agora, vem de modo expresso na norma geral, é a obrigatoriedade de a Administração explicitar a quantidade máxima que poderá ser adquirida. Essa ausência já foi enfrentada pelo TCU, sendo assentado o entendimento de que "é obrigatória a fixação, em edital, dos quantitativos máximos a serem adquiridos por meio dos contratos decorrentes de ata de registro de preços"[24].

O art. 82, § 3º, traz a possibilidade excepcional em que a Administração poderá indicar apenas a unidade de contratação, sem o quantitativo, sendo restrita tão somente às hipóteses de difícil planejamento, que foram taxativamente elencadas pelo legislador, sendo elas: 1) quando for a primeira licitação para o objeto e o órgão ou entidade não tiver registro de demandas anteriores; 2) na hipótese de alimento perecível; 3) no caso em que o serviço estiver integrado ao fornecimento de bens.

Nessas situações, a Administração está obrigada a indicar o valor máximo da despesa e é vedada a participação de outro órgão ou entidade na ata, seja na condição de participante, seja na condição de não participante (carona)[25].

No que tange ao objeto do SRP, a Lei n. 14.133/2021 traz uma inovação extremamente importante. Além de sua utilização à aquisição de bens e serviços, o legislador possibilitou seu emprego para obras e serviços de engenharia. Para tanto, estabeleceu *requisitos extrínsecos* (impostos independentemente do objeto) e *requisitos intrínsecos* (aplicáveis especificamente ao SRP para obras e serviços de engenharia). Os primeiros são aqueles elencados no

---

[24] BRASIL. Tribunal de Contas da União (Plenário). *Acórdão n. 2311/2012*. Relator: Min. Aroldo Cedraz. Julg. em: 29/08/2012.

[25] A vedação à adesão via "carona", nestas condições, já era estabelecida pelo TCU, tendo o Tribunal, no Acórdão n. 855/2013 – Plenário, de 10/04/2013, de relatoria do Min. José Jorge, fixado o entendimento de que "a falta de estimativa prévia, no edital, das quantidades a serem adquiridas por não participante impede a adesão desses entes (caronas) a atas de registro de preços". Por sua vez, entendemos que a vedação à adesão se estende também aos participantes, tendo em vista duas razões: 1) as especificidades do objeto, que, justamente por estarem fora das situações ordinárias que exigem planejamento, condicionam a aquisição sem quantitativos; e 2) a insegurança criada para as licitantes, ao ingressar em uma licitação para SRP, sem ter a expectativa das demandas da Administração que poderá ser agravada com a multiplicidade de participantes, sem a indicação de quantitativos.

art. 82, § 5º, como: 1) a realização prévia de ampla pesquisa de mercado, a seleção de acordo com procedimentos previstos em regulamento; 2) o desenvolvimento obrigatório de uma rotina de controle; 3) a atualização periódica dos preços registrados; 4) a definição do período de validade do registro de preços; e 5) a inclusão, na ARP, do licitante que aceitar cotar os bens ou serviços em preços iguais aos do licitante vencedor na sequência de classificação da licitação e inclusão do licitante que mantiver sua proposta original[26].

Por sua vez, os segundos estão presentes no art. 85, como a existência de projeto padronizado, sem complexidade técnica e operacional, e a demonstração motivada da necessidade permanente ou frequente da obra ou serviço objeto do SRP.

A utilização do SRP para obras e serviços de engenharia nem sempre foi pacífica sob a égide da Lei n. 8.666/93. Para o Superior Tribunal de Justiça (STJ), "o regime de licitações por registro de preços foi ampliado pelos Decretos Regulamentadores 3.931/2001 e 4.342/2002, sendo extensivo não só a compras mas a serviços e obras", entendimento exarado no RMS n. 15647/SP, de relatoria da Min. Eliana Calmon, julgado pela 2ª Turma em 25 de março de 2003.

O TCU, no entanto, adotou entendimentos específicos referentes aos serviços de engenharia e às obras. No que tange aos primeiros, a posição que se assentou era de que é permitida a contratação por meio de registro de preços para serviços de reforma com pouca importância material, que envolvam atividades simples e típicas de intervenções isoladas. Esses serviços devem ser passíveis de definição objetiva conforme especificações comuns do mercado, além de possuir natureza padronizável e baixa complexidade[27].

Já, quanto às obras, o TCU firmou o entendimento de que "o sistema de registro de preços não é aplicável à contratação de obras, pelo fato de não haver demanda por itens isolados, uma vez que os serviços não podem ser dissociados uns dos outros"[28].

Como dito, a utilização do SRP para obras trata-se de uma importante inovação do legislador e que se originou da experiência do Regime Diferen-

---

[26] Jurisprudência do TCU anterior à Lei n. 14.133/2021 já admitia, mas de forma condicionada, segundo os Acórdãos n. 959/2012; n.1339/2012; e n. 3419/2013.
[27] BRASIL. Tribunal de Contas da União (Plenário). *Acórdão n. 3419/2013*. Relator: Min. José Mucio Monteiro. Julg. em: 4/12/2013. Este entendimento também se consolidou no Tribunal por ocasião dos julgamentos que resultaram nos Acórdãos n. 3605/2014 – Plenário, de relatoria do Min. Marcos Bemquerer, julgado em 9/12/2014, e n. 1381/2018 – Plenário, de relatoria do Min. Walton Alencar Rodrigues, julgado em 20/06/2018.
[28] BRASIL. Tribunal de Contas da União (Plenário). *Acórdão n. 1238/2019*. Relator: Min. Marcos Bemquerer. Julg. em: 29/05/2019. A primeira manifestação relevante do Tribunal, no sentido de vedar o SRP para obras, havia sido no Acórdão n. 3605/2014 – Plenário, julgado em 9/12/2014, seguido do Acórdão n. 980/2018 – Plenário, julgado em 2/5/2018, todos de relatoria do Min. Marcos Bemquerer.

ciado de Contratações (RDC), que a previu, sendo, inclusive, bem recepcionada pelo TCU[29]. A título de exemplo, podemos mencionar a situação em que determinado município deseja implementar um programa habitacional, com casas populares, não dispondo da viabilidade de construí-las todas simultaneamente, mas conforme determinado cronograma de descontingenciamento de recursos.

Nesse exemplo, conseguimos imaginar o atendimento dos requisitos intrínsecos, à medida em que esse tipo de construção pode ser realizada com projeto padronizado, não demanda complexidade técnica e operacional, bem como presente está a necessidade frequente da realização do objeto.

b) a quantidade mínima a ser cotada de unidades de bens ou, no caso de serviços, de unidades de medida. O edital deverá estabelecer se a licitante poderá ou não ofertar quantitativo inferior ao máximo que, eventualmente, venha a ser adquirido pela Administração. Para esta, objetivando-se a racionalidade administrativa, se torna importante estabelecer quantitativos iguais entre aquilo que poderá ser adquirido e o que poderá ser cotado pela empresa. Caso contrário, a fim de atender a necessidade da Administração, serão firmadas inúmeras atas, com diferentes fornecedores, pois estes estarão obrigados apenas à medida do que foi cotado. Por exemplo: digamos que, em uma licitação para SRP de material de expediente, para o item caneta esferográfica, a Administração tenha estipulado uma quantidade máxima que poderá ser adquirida em 1.000 unidades. Caso permita que as licitantes possam cotar um quantitativo mínimo de 100 unidades, apenas esse item poderá resultar no gerenciamento de 10 atas de registro de preços.

c) a possibilidade de prever preços diferentes, quando o objeto for realizado ou entregue em locais diferentes, em razão da forma e do local de acondicionamento, quando admitida cotação variável em razão do tamanho do lote ou por outros motivos justificados no processo. Esta previsão objetiva atender uma demanda advinda dos fornecedores. Levando-se em consideração que, no registro de preços, há variação entre os locais e formas de acondicionamento e entrega do objeto para diferentes órgãos e entidades participantes, é justo que o preço a ser cotado leve em consideração estas peculiaridades, pois o frete será diferenciado e o valor praticado no mercado de cada local também diferente. A Administração, ao longo do tem-

---

[29] O Tribunal, a exemplo do que deve ocorrer com a Lei n. 14.133/2021 (diante da previsão autorizativa expressa), entendeu, por ocasião do julgamento do Acórdão n. 2600/2013 – Plenário, de relatoria do Min. Valdir Campelo, em 25/09/2013, que "é possível a adoção do registro de preços nas licitações de obras, sob o regime do RDC, em que seja demonstrada a viabilidade de se estabelecer a padronização do objeto e das propostas, de modo que se permitam a obtenção da melhor proposta e contratações adequadas e vantajosas às necessidades dos interessados". A Lei do RDC (Lei n. 12.462/11) previu o SRP para as obras em seu art. 32.

po, sentiu a necessidade de, havendo entregas em locais diferentes (sedes do órgão gerenciador e dos participantes), fixar lotes diferenciados, com preços também diferenciados, uma vez que, na prática, muitas contratadas se tornavam inadimplentes por não conseguir fornecer a todos de igual modo (pelo mesmo valor). Mesmo antes dessa previsão ser estabelecida originariamente no art. 9º, § 2º, do Decreto n. 7.892/2013, o TCU já havia entendido que tal medida era legítima, por ocasião do julgamento que resultou no Acórdão n. 1068/2011 – Plenário, de relatoria do Min. Ubiratan Aguiar, julgado em 27 de abril de 2011.

d) o critério de julgamento da licitação, que será o de menor preço ou o de maior desconto sobre tabela de preços praticada no mercado.

Necessariamente, o edital para SRP, mesmo que contemple obra, só poderá adotar estes critérios de julgamento, ainda que, excepcionalmente, se possa utilizar o menor preço global (utilizado para a aquisição por lote de itens).

Como se percebe no art. 82, § 1º, o legislador impôs ao administrador que o critério de julgamento de menor preço por grupo de itens somente seja adotado quando for demonstrada a inviabilidade de se promover a adjudicação individual e fique evidenciada a sua vantagem técnica e econômica, devendo-se fazer a indicação expressa do critério de aceitabilidade de preços unitários máximos no edital.

Se adotar o menor preço global, por força do art. 82, § 2º, a contratação posterior de item específico constante de grupo de itens exigirá prévia pesquisa de mercado e demonstração de sua vantagem para o órgão ou entidade.

Para melhor compreensão, significa dizer que, caso a Administração opte por comprar um lote contendo papel A4, caneta esferográfica, lápis, borracha e régua, só poderá adotar o menor preço global (pelo conjunto) se for adquirir este como um todo (para um kit de material escolar, por exemplo), uma vez que os preços unitários de cada licitante irão variar e o valor total (do conjunto) será o preponderante. Assim, posteriormente, caso a Administração venha a adquirir, isoladamente, apenas um destes itens, deverá demonstrar as razões da necessidade isolada e a compatibilidade com o valor de mercado, através de pesquisa de preços.

Entendemos que, de certo modo, houve uma sensível relativização, por intermédio de lei, do entendimento que era adotado pelo TCU, que só permitia a aquisição da signatária da ata, de item isolado, se ele tivesse sido cotado, individualmente, pelo menor preço por ela, ao se prever apenas a demonstração da compatibilidade do valor individual do item com o de mercado[30].

---

[30] A respeito, é possível registrar o Acórdão n. 343/2014 – Plenário, de 19 de fevereiro de 2014, de relatoria do Min. Valdir Campelo, em que se assentou o entendimento de que "nas licitações por lote para registro de preços, mediante adjudicação por menor preço global do lote, deve-se vedar a possibilidade de aquisição individual de itens registrados para os quais a licitante vencedora não apresentou o menor preço". Este posicionamento do Tribu-

e) as condições para alteração dos preços registrados, bem como as hipóteses de cancelamento da ata de registro de preços e suas consequências. Entendemos que a alteração dos preços comporta uma dupla dimensão: 1) subjetiva, no sentido de que se constitui direito exigível do particular signatário, quando os preços se tornarem defasados em relação ao mercado, sob pena de, se não houver o reajuste, ser liberado da ata; 2) objetiva, no sentido de que se torna dever à Administração, como modo de garantir o justo equilíbrio da relação acordada e evitar enriquecimento sem causa por ambas as partes, tanto se houver variação negativa quanto positiva em relação ao mercado.

Pensamos que as situações que ensejam a alteração dos preços da ARP podem ser o reajuste em sentido estrito (previsto no art. 25, § 8º, I), a repactuação (prevista no art. 25, § 8º, II) ou o reequilíbrio econômico-financeiro (previsto no art. 124, II, *d*).

Por sua vez, no que tange às hipóteses de cancelamento da ata, embora a lei preveja que elas devam estar previstas no edital, entendemos ser imprescindível seu estabelecimento em regulamento, com o propósito de conferir uniformidade à Administração, bem como segurança jurídica à relação acordada.

f) o registro de mais de um fornecedor ou prestador de serviço, desde que aceitem cotar o objeto em preço igual ao do licitante vencedor, assegurada a preferência de contratação de acordo com a ordem de classificação. Trata-se do cadastro reserva, originariamente estabelecido no art. 11, II, do Decreto n. 7.892/2013, objetivando trazer eficiência à Administração e evitar a paralisação do fornecimento ou prestação do serviço. Veja-se que não há qualquer prejuízo à Administração ou à licitante classificada em primeiro lugar, uma vez que só serão registrados os preços dos remanescentes que cotem valor igual ao primeiro colocado, sendo que a administração não poderá preterir a ordem classificatória. Assim, caso haja inadimplemento do primeiro colocado, a Administração poderá adquirir ou contratar com os demais, na ordem classificatória, evitando colapso administrativo.

É digno de nota que os reservas devem manter todas as condições do primeiro colocado, inclusive quanto aos valores unitários individuais, quando o critério de julgamento for o menor preço global, entendimento já consolidado no TCU[31] e que se mantém inalterado com o advento da Lei n. 14.133/2021.

g) a vedação à participação do órgão ou entidade em mais de uma ata de registro de preços com o mesmo objeto no prazo de validade da-

---

nal foi consolidado nos Acórdãos n. 3081/2016 – Plenário, de 30 nov. 2016, n. 1347/2018, de 13 jun. 2018, ambos de relatoria do Min. Bruno Dantas, n. 1872/2018 – Plenário, de 15 ago. 2018, de relatoria do Min. Vital do Rego, e n. 1650/2020 – Plenário, de 24 jun. 2020, de relatoria do Min. Augusto Sherman.

[31] BRASIL. Tribunal de Contas da União (Plenário). *Acórdão n. 1939/2021*. Relator: Min. Bruno Dantas. Julg. em: 11/08/2021.

quela de que já tiver participado, salvo na ocorrência de ata que tenha registrado quantitativo inferior ao máximo previsto no edital. Trata-se de cláusula editalícia que objetiva atribuir confiabilidade à relação pactuada, bem como segurança à signatária da ata, de que não será preterida. Embora a Administração não esteja obrigada a firmar as contratações decorrentes da ata, só poderá assinar outra ARP para o mesmo objeto se, formalmente, dentre as hipóteses previstas no edital, promover o cancelamento da ata previamente ajustada.

Como já mencionado anteriormente, dentre os requisitos à licitação para SRP, está a obrigatoriedade da indicação expressa do prazo de validade da ata de registro de preços no edital, conforme determinado no art. 82, § 5º, VI.

Neste ponto, há também duas mudanças significativas em relação ao prazo anteriormente previsto no art. 15, § 3º, III, da Lei n. 8.666/93, que estipulava um período não superior a um ano. O art. 84 da Lei n. 14.133/2021, primeiro, estipulou a validade do RP de modo vinculado, ou seja, é de um ano e não mais de (até) um ano. Entendemos que não mais será possível firmar ata com validade de 6 meses, por exemplo, como era comum na *praxis* administrativa. Segundo, possibilitou a prorrogação deste registro de preços por mais um ano, desde que fique, de forma inequívoca, demonstrada a vantajosidade dos preços[32]. Uma vez prorrogada a Ata de Registro de Preços, **admite-se a renovação das quantidades registradas**, independentemente de previsão no edital ou na ata[33]. Ademais, segundo o Enunciado n. 18, do INCP, em casos de esgotamento da quantidade registrada, "será admitida a antecipação da prorrogação, pelo prazo máximo de doze meses, com a renovação das quantidades"[34].

Outro ponto interessante que foi aprimorado em relação ao previsto no art. 12, § 2º, do Decreto n. 7.892/2013, e transposto à norma geral, é a previsão expressa do art. 84, parágrafo único, de que o contrato decorrente da ata de registro de preços terá sua vigência estabelecida em conformidade com as disposições nela contidas.

---

[32] Importa dizer que a prorrogação do prazo não reestabelece o quantitativo originalmente previsto na ARP. O TCU já enfrentou essa questão por ocasião do julgamento que resultou no Acórdão n. 991 – Plenário, de 13/05/2009, de relatoria do Min. Marcos Vinicios Vilaça, fixando o entendimento de que "no caso de eventual prorrogação da ata de registro de preços, dentro do prazo de vigência não superior a um ano, não se reestabelecem os quantitativos inicialmente fixados na licitação, sob pena de se infringirem os princípios que regem o procedimento licitatório, indicados no art. 3º da Lei n. 8.666/93". Com a Lei n. 14.133/2021, entendemos que em nada será alterada a posição do Tribunal.

[33] Nesse sentido, o Enunciado n. 17 do Instituto Nacional da Contratação Pública (INCP). *Informativo:* enunciados aprovados. [S.I.]. Disponível em: https://www.incpbrasil.com.br/wp-content/uploads/2024/03/informativo_enunciados-1.pdf. Acesso em: 30 mar. 2024.

[34] Instituto Nacional da Contratação Pública (INCP). *Informativo:* enunciados aprovados. [S.I.]. Disponível em: https://www.incpbrasil.com.br/wp-content/uploads/2024/03/informativo_enunciados-1.pdf. Acesso em: 30 mar. 2024.

Aqui, importa referir alguns aspectos. Primeiro, que o prazo de vigência contratual deverá ser estabelecido em plena conformidade com o art. 105 e s. da Lei n. 14.133/2021, a depender do objeto do RP. Segundo, que poderá ser firmado até o último dia de validade da ARP. Digamos que o item a ser contratado se refira a um fornecimento ou serviço contínuo. Este poderá ser contratado no último dia do segundo ano de vigência da ata e gerar um contrato que, preenchidos os requisitos dos arts. 106 e 107 da Lei n. 14.133/2021, poderá vigorar por até dez anos.

O art. 86 trata da Intenção para Registro de Preços (IRP), que havia sido inaugurada no âmbito federal no art. 4º do Decreto n. 7.892/2013, a qual tinha por propósito racionalizar as contratações, centralizar as aquisições, obter economia de escala e diminuir a utilização da adesão dos não participantes, na *praxis* administrativa, conhecido como "carona"[35].

Agora, por força da norma geral, a entidade ou o órgão gerenciador de qualquer Ente Federativo (ou seja, aquele que promoverá a licitação para SRP) deverá, na fase preparatória, realizar procedimento público de intenção de registro de preços para, nos termos de regulamento, possibilitar, pelo prazo mínimo de 8 (oito) dias úteis, a participação de outros órgãos ou entidades na respectiva ata, os quais indicarão suas necessidades.

Significa dizer que um órgão ou entidade promoverá a licitação e gerenciará a ARP e outros órgãos ou entidades passarão suas quantidades, condições e prazo de entrega, para que seja realizada uma única licitação.

Isso possibilitará, como dito anteriormente, não apenas o racionamento da atividade administrativa, com a centralização das aquisições, como também a economia de escala, pois, ao se registrar preços em grande quantidade, a tendência é que ocasione sua diminuição.

Todavia, conforme a previsão do art. 86, § 1º, a IRP poderá ser dispensada quando a entidade ou o órgão for o único contratante. Imagine, como exemplo, uma Universidade Federal, entidade autárquica, que só possui um *campus* universitário, distante significativamente de qualquer outra Unidade Gestora (UG). Neste caso, não há razões para que seja procedida à IRP, podendo, de modo motivado, ser dispensada.

A utilização do SRP mediante dispensa e inexigibilidade de licitação, na forma de regulamento, para a aquisição de bens ou para a contratação de serviços por mais de um órgão ou entidade, conforme previsto no art. 82, § 6º, é uma inovação que não encontra comparativo nas legislações anteriores[36].

Apenas para elencar um exemplo de situação à qual entendemos que a hipótese se amolda perfeitamente, imagine a necessidade de aquisição de

---

[35] Ressalta-se, inclusive, que o termo "carona" constava na redação que foi votada no plenário do Senado Federal, tendo sido suprimida pelo legislador.

[36] É digno de observação que a regulamentação de cada Ente poderá restringir, estabelecendo os requisitos para a utilização do SRP, por dispensa ou inexigibilidade.

material operacional por inúmeras Unidades Gestoras das Forças Armadas (como regra, cada Organização Militar possui sua autonomia para licitar e contratar e o SRP é muito utilizado entre elas). Assim, entendemos possível, por exemplo, a instituição de SRP, por dispensa de licitação, com fundamento no art. 75, VI, g, o qual estabelece que é dispensável a licitação para, "materiais de uso das Forças Armadas, com exceção de materiais de uso pessoal e administrativo, quando houver necessidade de manter a padronização requerida pela estrutura de apoio logístico dos meios navais, aéreos e terrestres, mediante autorização por ato do comandante da força militar".

O art. 86, em seus §§ 2º a 8º, trata do não participante, o "carona", ou seja, aquele órgão ou entidade que não participa da licitação, mas que, depois de firmada a ARP pelo gerenciador, busca-o para aderir a esta (pegar "carona" na licitação já realizada)[37].

O legislador elencou no art. 86, § 2º, três requisitos à "carona". O primeiro consiste na necessidade de justificativa à vantajosidade da adesão, dentre elas a possibilidade exemplificativa de desabastecimento ou descontinuidade de serviço público; o segundo reveste-se na indispensabilidade de demonstração da compatibilidade dos valores registrados com aqueles praticados no mercado[38]; e o terceiro trata da necessidade de consulta e consequente aceitação da adesão por parte da entidade ou do órgão gerenciador à adesão pelo não participante, bem como o aceite do fornecedor. Entendemos que a negativa em permitir a adesão deve ser motivada, com a exposição circunstanciada das razões de fato e de direito que levaram à decisão denegatória (como o atingimento dos limites quantitativos máximos)[39]. Por sua vez, o

---

[37] O TCU confere parcimônia à utilização do "carona", como se observa no julgamento que resultou no Acórdão n. 2842/2016 – Plenário, de relatoria do Min. Bruno Dantas, em 9/11/2016, em que se assentou o entendimento de que "a utilização do sistema de registro de preços deve estar adstrita às hipóteses autorizadoras, sendo a adesão medida excepcional. Tanto a utilização como a adesão devem estar fundamentadas e não podem decorrer de mero costume ou liberalidade".

[38] O TCU, por ocasião do julgamento que resultou no Acórdão n. 8340/2018 – Segunda Câmara, em 11/09/2018, de relatoria do Min. Augusto Nardes, fixou o entendimento de que "a adesão a ata de registro de preços (carona) está condicionada à comprovação da adequação do objeto registrado às reais necessidades do órgão ou da entidade aderente e à vantagem do preço registrado em relação aos preços praticados no mercado onde serão adquiridos os bens ou serviços".

[39] Neste ponto, é importante ressaltar que o gerenciador não pode realizar a análise da vantajosidade (ou não) para o órgão não participante. Nesse sentido é o entendimento do TCU, para o qual "no Sistema de Registro de Preços, não cabe ao órgão gerenciador a verificação da vantagem da adesão de cada interessado. Compete ao órgão ou entidade não participante utilizar os preços previstos na ata combinados com os quantitativos da contratação que pretende realizar para avaliar e demonstrar a economicidade de sua adesão", conforme exposto no Acórdão n. 1151/2015 – Plenário, de relatoria da Min. Ana Arraes, julgado em 13/05/2015. Também é importante ressaltar que o órgão gerenciador não pode au-

fornecedor poderá negar o fornecimento ao não participante, sem qualquer necessidade de motivação, uma vez que o compromisso assumido se deu com o gerenciador e com os participantes do processo licitatório.

Inicialmente, o legislador, a meu ver de modo equivocado, limitou a adesão de não participantes às ARP gerenciadas pelos Municípios. Essa vedação foi objeto de críticas, tendo em vista que a "carona" ajudaria muito na racionalização da atividade administrativa municipal. Por conseguinte, o legislador, por meio da Lei n. 14.770/2023, alterou a Lei n. 14.133/2021, para prever a possibilidade de adesão a atas de registro de preços entre os municípios.

Assim, na forma do art. 86, § 3º, da Lei n. 14.133/2021, a faculdade de aderir à ARP na condição de não participante poderá ser exercida por órgãos e entidades da Administração Pública federal, estadual, distrital e municipal, relativamente à ARP de órgão ou entidade gerenciadora federal, estadual ou distrital (oriunda de licitação, dispensa ou inexigibilidade) ou por órgãos e entidades da Administração Pública municipal, no que tange à ARP de órgão ou entidade gerenciadora municipal, a qual denomino de "carona horizontal", desde que o sistema de registro de preços tenha sido formalizado mediante licitação.

Deve-se atentar também que, de acordo com o art. 86, § 8º, é vedada aos órgãos e entidades da Administração Pública federal a adesão à ARP gerenciada por órgão ou entidade estadual, distrital ou municipal[40].

A "carona" não é ilimitada, pois encontra limitação quantitativa prevista no art. 86, §§ 4º e 5º, sendo que as contratações realizadas por um órgão ou entidade não participante não poderão exceder 50% (cinquenta por cento) dos quantitativos dos itens do instrumento convocatório registrados na ARP para o órgão gerenciador e para os participantes. Também, o órgão ou entidade gerenciadora não poderá autorizar a adesão quando o quantitativo já autorizado a não participantes atingir o dobro do quantitativo de cada item registrado na ARP para ele e aos participantes[41].

Veja através do seguinte exemplo: digamos que a Universidade Federal ABC, gerenciadora, registrou 1.000 unidades de caneta esferográfica, tendo como participantes a Universidade Federal DEF, com 300 unidades, e a Universidade Federal GHI, com 700 unidades. Assim, o quantitativo total de uni-

---

torizar a adesão à ata com prazo de validade já expirado, como assentado pelo TCU no Acórdão n. 1793/2011 – Plenário, julgado em 6/7/2011, de relatoria do Min. Valdir Campelo.

[40] Esta vedação, que objetiva atender o princípio da verticalidade, já estava prevista no art. 22, § 8º, do Decreto n. 7.892/2013, que resultou de decisão exarada em 31/05/2011, pelo TCU, por ocasião do julgamento que resultou no Acórdão n. 3625/2011 – Segunda Câmara, de relatoria do Min. Aroldo Cedraz.

[41] Cabe ao órgão gerenciador da ata de registro de preços o controle das autorizações de adesão, a fim de que os quantitativos de cada item registrado contratados pelos caronas não superem os limites quantitativos, conforme já decidido pelo TCU no Acórdão n. 894/2021 – Plenário, de relatoria do Min. Benjamin Zymler, julgado em 20/04/2021.

dades registradas soma a totalidade de 2.000 unidades. Digamos que o Instituto Federal JLM, não participante, deseja adquirir um quantitativo de canetas esferográficas, aderindo, como não participante, a esta ARP. Desse modo, este Instituto poderá adquirir, via "carona", até 1.000 canetas esferográficas (50% do quantitativo total registrado) e assim o fez. Posteriormente, a Universidade ZKL solicita autorização para aderir à ARP a fim de adquirir 1.000 unidades, a Universidade FTG solicita a adesão para comprar 1.000 unidades e a Universidade OPT também solicita a adesão para a compra de 1.000 unidades. Observe que, com esse quantitativo, atingiu-se 4.000 unidades autorizadas para adesão via "carona" (o dobro do quantitativo originalmente registrado para a gerenciadora e às participantes), esgotando-se qualquer possibilidade de uma nova adesão ("carona") por parte de outro órgão ou entidade não participante.

Torna-se importante destacar que esta limitação quantitativa não se aplica, conforme o art. 86, § 6º e § 7º, à adesão à ARP gerenciada por órgão ou entidade do Poder Executivo federal, por órgãos e entidades estaduais, distritais ou municipais, para fins de transferências voluntárias, quando se tratar de execução descentralizada de programa ou projeto federal e comprovada a compatibilidade dos preços registrados com os valores praticados no mercado, bem como à aquisição emergencial de medicamentos e material de consumo médico-hospitalar por órgãos e entidades da Administração Pública federal, estadual, distrital e municipal, a adesão à ARP gerenciada pelo Ministério da Saúde.

Há de se dizer que o Sistema de Registro de Preços, na LLC, se torna uma ferramenta cooperativa que ajudará na otimização das atividades licitatórias e contratuais, principalmente diante do que denominamos de Sistema de Registro de Preços Interfederativo (SRPI)[42], o qual possuirá um Ente federativo gerenciador e outros como participantes. Com isso, mediante planejamento e coordenação, os municípios poderão dividir atribuições, de modo que cada Ente fique responsável por gerenciar determinado SRPI (como material de expediente, material de limpeza, gêneros alimentícios, medicamentos), estabelecendo uma espécie de escala ou rodízio na divisão das tarefas.

A possibilidade da realização do SRPI encontra previsão no art. 86 da Lei n. 14.133/2021, o qual prevê que o órgão ou entidade gerenciadora deverá, na fase preparatória do processo licitatório para SRP, realizar a IRP, a fim de possibilitar, pelo prazo mínimo de 8 (oito) dias úteis, a participação de outros órgãos ou entidades na respectiva ata e determinar a estimativa total de quantidades da contratação.

---

[42] A respeito, ver: ALVES, Felipe Dalenogare. A execução da nova lei de licitações e contratos pelos pequenos municípios: centralização e atuação cooperativa à racionalização da atividade administrativa. *Portal Migalhas*. Publicação de 28 de junho de 21. Disponível em: https://www.migalhas.com.br/depeso/347753/a-execucao-da-lei-de-licitacoes-e-contratos-pelos-pequenos-municipios. Acesso em: 20 nov. 2023.

Assim, o município "gerenciador" divulgará sua "Intenção de Registro de Preços", para que outros possam ingressar no SRPI como "participantes", passando suas demandas para serem incluídas na licitação promovida pelo primeiro. Obviamente que a melhor operacionalização do SRPI se dará entre municípios vizinhos, principalmente para obter melhores preços (ainda que o art. 82, III, *a*, preveja a possibilidade de cotação de preços diferentes em virtude de entrega ou execução do objeto em lugares diferentes, como comentado anteriormente) e facilitar a coordenação.

Por fim, destacamos que o SRPI não fica adstrito aos municípios, havendo a possibilidade, por exemplo, de um SRPI gerenciado pelo Estado, tendo como participantes inúmeros de seus Municípios, ou gerenciado pela União, tendo como participantes múltiplos Estados e Municípios, o que auxiliará na racionalização procedimental no âmbito local, uma de minhas preocupações com a execução da Lei n. 14.133/2021.

8.5. O registro cadastral

Os órgãos e entidades da Administração Pública deverão utilizar o sistema de registro cadastral unificado disponível no PNCP, conforme determinado pelo art. 87 da Lei n. 14.133/2021, para efeito de cadastro unificado de licitantes.

Esse sistema de registro cadastral unificado será público e deverá ser amplamente divulgado e estar permanentemente aberto aos interessados, sendo obrigatória a realização de chamamento público pela internet, no mínimo anualmente, para atualização dos registros existentes e para ingresso de novos interessados, sendo proibida a exigência, pelo órgão ou entidade licitante, de registro cadastral complementar para acesso a edital e anexos.

É possível que a Administração realize licitação restrita a fornecedores cadastrados, atendidos os critérios, as condições e os limites estabelecidos em regulamento, bem como a ampla publicidade dos procedimentos para o cadastramento.

Não obstante, será admitido fornecedor que realize seu cadastro dentro do prazo previsto no edital para apresentação de propostas, o qual poderá participar de processo licitatório até a decisão da Administração, situações em que a celebração do contrato ficará condicionada à emissão do certificado de registro cadastral.

O inscrito, considerada sua área de atuação, será classificado por categorias, subdivididas em grupos, segundo a qualificação técnica e econômico--financeira avaliada, de acordo com regras objetivas divulgadas em sítio eletrônico oficial.

A atuação do contratado no cumprimento de obrigações assumidas será avaliada pelo contratante, que emitirá documento comprobatório da avaliação realizada, com menção ao seu desempenho na execução contratual, baseado em indicadores objetivamente definidos e aferidos, e a eventuais penalidades aplicadas, o que constará do registro cadastral em que a inscrição for realizada.

Por fim, ressalta-se que, a qualquer tempo poderá ser alterado, suspenso ou cancelado o registro de inscrito que deixar de satisfazer exigências determinadas pela Lei n. 14.133/2021 ou por regulamento.

9

Principais disposições aplicáveis às alienações de bens públicos

Inicialmente, há de se destacar que o art. 110 do Código Civil veda a alienação dos bens públicos de uso comum do povo e de uso especial, enquanto estes estiverem afetados. Assim, para que sejam alienados, é necessária a **desafetação**, a **motivação do interesse público**, a **avaliação prévia**, a **autorização legislativa no caso de bens imóveis**, e, como regra, a **licitação na modalidade leilão**.

9.1. Desafetação

A afetação é a atribuição de uma finalidade pública ao bem. Assim, os bens de uso comum do povo estão afetados a essa finalidade e os bens de uso especial estão afetados a uma finalidade específica, de utilização pela Administração. A desafetação desses bens os torna dominicais, passíveis de serem alienados, podendo ser **fática** ou **jurídica**.

A **desafetação fática** ocorre por um acontecimento independente de qualquer ato administrativo ou legislativo. O bem perde a finalidade a que se destinava por circunstâncias fáticas, a exemplo do álveo abandonado (leito de um rio que seca definitivamente). Ocorreu a desafetação fática de um bem de uso comum do povo, tornando-o dominical, passível de ser alienado. De igual modo, imagine o prédio de uma biblioteca pública que tenha sofrido um incêndio e restado completamente destruído. Ocorreu a desafetação fática de um bem de uso especial, tornando-o dominical.

Por sua vez, a **desafetação jurídica** ocorre por ato administrativo, por meio de decreto do Chefe do Executivo, transformando-o em bem dominical, o que possibilita a alienação[1].

9.2. Interesse público, avaliação prévia, autorização legislativa e licitação

Ademais, além da **desafetação fática** ou **jurídica** (se não forem dominicais), os bens públicos para serem alienados devem atender as seguintes condições:

---

[1] A título exemplificativo, veja o Decreto n. 10.856, de 11 de novembro de 2021, que desafeta formalmente bem de propriedade da União. Disponível em: https://www.planalto.gov.br/ccivil_03/_Ato2019-2022/2021/Decreto/D10856.htm. Acesso em: 21 nov. 2023.

Se for **bem imóvel**, deverá ser motivada a existência de interesse público, procedida a avaliação do valor de mercado[2], encaminhado projeto de lei para autorização legislativa[3] e realizada licitação na modalidade leilão[4] (salvo as hipóteses de licitação dispensada previstas no art. 76, I, da Lei n. 14.133/2021).

Se for **bem móvel**, deverá ser motivada a existência de interesse público, procedida a avaliação do valor de mercado, e realizada licitação na modalidade leilão (salvo as hipóteses de licitação dispensada previstas no art. 76, I, da Lei n. 14.133/2021).

9.3. Os casos de licitação dispensada à alienação de bens públicos

O art. 76 da Lei n. 14.133/2021, em seus incisos I e II, estabelece as hipóteses às quais não haverá licitação, ou seja, os casos de licitação dispensada, sendo elas as que seguem.

9.3.1. Licitação dispensada para alienação de bens imóveis

Será dispensada a licitação nas seguintes hipóteses de alienação de bens imóveis:

a) dação em pagamento;

b) doação, permitida exclusivamente para outro órgão ou entidade da Administração Pública, de qualquer esfera de governo[5];

c) permuta por outros imóveis que atendam aos requisitos relacionados às finalidades precípuas da Administração, desde que a diferença apurada não ultrapasse a metade do valor do imóvel que será ofertado pela União, segundo avaliação prévia, e ocorra a torna de valores, sempre que for o caso;

d) investidura[6];

---

[2] A avaliação prévia deve ser realizada em período próximo à alienação, objetivando-se o preço mais próximo ao praticado no mercado, ainda que a Administração tenha que procedê-la por mais de uma vez, como já decidiu o TCU no Acórdão n. 174/2004 – Plenário, de relatoria do Min. Adylson Motta, julgado em 3 mar. 2004.

[3] O art. 76, § 1º, da Lei n. 14.133/2021, prevê que a alienação de bens imóveis da Administração Pública cuja aquisição tenha sido derivada de procedimentos judiciais ou de dação em pagamento dispensará autorização legislativa.

[4] O art. 77 da Lei n. 14.133/2021 estabelece o **direito de preferência** à venda de bens imóveis ao licitante que, submetendo-se a todas as regras do edital, comprove a ocupação do imóvel objeto da licitação.

[5] Os imóveis doados, cessadas as razões que justificaram sua doação, serão revertidos ao patrimônio da pessoa jurídica doadora, vedada sua alienação pelo beneficiário, conforme previsão expressa do art. 76, § 2º, da Lei n. 14.133/2021.

[6] Basicamente, na investidura, o Poder Público vende diretamente uma pequena área remanescente de obra ou desapropriação, para ele inaproveitável, a um proprietário do imóvel lindeiro (contíguo) a fim de que a este seja incorporado, conforme previsto no art. 76, § 5º, da Lei n. 14.133/2021.

e) venda a outro órgão ou entidade da Administração Pública de qualquer esfera de governo;

f) alienação gratuita ou onerosa, aforamento[7], concessão de direito real de uso, locação e permissão de uso de bens imóveis residenciais construídos, destinados ou efetivamente usados em programas de habitação ou de regularização fundiária de interesse social desenvolvidos por órgão ou entidade da Administração Pública;

g) alienação gratuita ou onerosa, aforamento, concessão de direito real de uso, locação e permissão de uso de bens imóveis comerciais de âmbito local, com área de até 250 m² e destinados a programas de regularização fundiária de interesse social desenvolvidos por órgão ou entidade da Administração Pública;

h) alienação e concessão de direito real de uso, gratuita ou onerosa, de terras públicas rurais da União e do Instituto Nacional de Colonização e Reforma Agrária (Incra) onde incidam ocupações até o limite de 2.500 hectares, para fins de regularização fundiária, atendidos os requisitos legais;

i) legitimação de posse do ocupante de terras públicas, de área contínua até 100 (cem) hectares, que as tenha tornado produtivas com o seu trabalho e o de sua família, desde que não seja proprietário de imóvel rural e comprove a morada permanente e cultura efetiva, pelo prazo mínimo de 1 (um) ano, mediante iniciativa e deliberação dos órgãos da Administração Pública competentes; e

j) legitimação fundiária e legitimação de posse de que trata a Lei n. 13.465, de 11 de julho de 2017 (Lei da Regularização fundiária rural e urbana).

Ainda, por previsão expressa do art. 76, § 3º, da Lei n. 14.133/2021, a Administração poderá conceder **título de propriedade ou de direito real de uso de imóvel, dispensada a licitação,** quando o uso se destinar a **outro órgão ou entidade da Administração Pública,** qualquer que seja a localização do imóvel, ou **pessoa natural** que, nos termos de lei, regulamento ou ato normativo do órgão competente, haja implementado os requisitos mínimos de cultura, de ocupação mansa e pacífica e de exploração direta sobre área rural, observado o limite de até 2.500 hectares.

A concessão desse título, para pessoa natural, **dispensa autorização legislativa** e deve atender aos seguintes requisitos, previstos no § 4º do art. 76 da Lei n. 14.133/2021:

---

[7] Na forma do art. 64, § 2º, do Decreto-lei n. 9.760/46, o aforamento ocorrerá quando coexistirem a conveniência de radicar-se o indivíduo ao solo, mantendo-se o vínculo da propriedade no Poder Público. O aforamento é muito utilizado para a regularização fundiária em áreas públicas, como os terrenos de marinha, com fundamento no art. 100 desse Decreto-lei. No âmbito da União, haverá uma taxa anual de aforamento, equivalente a 0,6% do valor do imóvel, atualizado anualmente, na forma do art. 101 desse Decreto-lei. O não pagamento dessa taxa por três anos consecutivos implicará na caducidade do aforamento, conforme previsão expressa do art. 101, parágrafo único.

A aplicação do disposto no inciso II do § 3º deste artigo será dispensada de autorização legislativa e submeter-se-á aos seguintes condicionamentos:

a) aplicação exclusiva às áreas em que a detenção por particular seja comprovadamente anterior a 1º de dezembro de 2004;

b) submissão aos demais requisitos e impedimentos do regime legal e administrativo de destinação e de regularização fundiária de terras públicas;

c) vedação de concessão para exploração não contemplada na lei agrária, nas leis de destinação de terras públicas ou nas normas legais ou administrativas de zoneamento ecológico-econômico;

d) previsão de extinção automática da concessão, dispensada notificação, em caso de declaração de utilidade pública, de necessidade pública ou de interesse social;

e) aplicação exclusiva a imóvel situado em zona rural e não sujeito a vedação, impedimento ou inconveniente à exploração mediante atividade agropecuária;

f) limitação a áreas de até 2.500 hectares, vedada a dispensa de licitação para áreas superiores;

g) acúmulo com o quantitativo de área decorrente de legitimação de posse tratada pela Lei n. 6.383/1976, até o limite de 2.500 hectares.

9.3.2. Licitação dispensada para alienação de bens móveis

Será dispensada a licitação nas seguintes hipóteses de alienação de bens móveis:

a) doação, permitida exclusivamente para fins e uso de interesse social, após avaliação de oportunidade e conveniência socioeconômica em relação à escolha de outra forma de alienação;

b) permuta, permitida exclusivamente entre órgãos ou entidades da Administração Pública;

c) venda de ações, que poderão ser negociadas em bolsa, observada a legislação específica;

d) venda de títulos, observada a legislação pertinente;

e) venda de bens produzidos ou comercializados por entidades da Administração Pública, em virtude de suas finalidades; e

f) venda de materiais e equipamentos sem utilização previsível por quem deles dispõe para outros órgãos ou entidades da Administração Pública.

9.4. Doação com encargo

O art. 76, § 6º, da Lei n. 14.133/2021, prevê a possibilidade de a Administração realizar doação com encargo. Não obstante, ela deverá ser licitada e de seu instrumento constarão, obrigatoriamente, os encargos, o prazo de seu cumprimento e a cláusula de reversão, sob pena de nulidade do ato, **dispensada a licitação** em caso de interesse público devidamente justificado. Importante destacar que, caso o donatário necessite oferecer o imóvel em garantia de financiamento, a cláusula de reversão e as demais obrigações serão garantidas por hipoteca em segundo grau em favor do doador.

10
O controle das licitações e contratações públicas pelos Tribunais de Contas

O controle dos Tribunais de Contas sobre as licitações e contratações públicas possui previsão constitucional no art. 71 (Tribunal de Contas da União) e no art. 75 (Tribunais de Contas dos Estados e dos Municípios), podendo realizar a sustação (suspensão) de atos administrativos e, excepcionalmente, de contratos, conforme se verá a seguir.

É importante ressaltar que, ao executarem recursos oriundos de transferências voluntárias da União, as decisões do Tribunal de Contas da União, relativas à aplicação de normas gerais de licitação, devem ser observadas pelos administradores dos Poderes da União, dos Estados, do Distrito Federal e dos Municípios, conforme nossa interpretação da Súmula n. 222 do TCU à luz do art. 70 da CF/88.

10.1. A previsão constitucional de sustação de atos e contratos pelos Tribunais de Contas

Para tanto, é possível que os Tribunais de Contas realizem a **sustação direta de licitação**, mas não da execução de contratos administrativos. A primeira possui previsão expressa no art. 71, X, da CF/88 e a segunda é vedada expressamente pelo § 1º desse mesmo artigo.

Assim, no caso de contrato, o ato de sustação deverá ser adotado diretamente pelo respectivo Poder Legislativo, que solicitará, de imediato, ao Poder Executivo as medidas cabíveis. Entretanto, caso esses Poderes, no prazo de noventa dias, não efetivem essas medidas, o Tribunal de Contas poderá decidir a respeito, com fulcro no art. 71, § 2º, da CF/88.

10.2. A adoção de medidas cautelares pelos Tribunais de Contas

O art. 74, § 2º, da CF/88, estabelece que qualquer cidadão, partido político, associação ou sindicato é parte legítima para denunciar irregularidades ou ilegalidades perante os Tribunais de contas.

Entretanto, especificamente quanto às licitantes, o TCU, no Acórdão n. 1123/2022 – Plenário, fixou uma espécie de pressuposto para sua atuação, assemelhado à "pretensão resistida". O Tribunal entendeu que, "considerando o princípio da eficiência insculpido no art. 37 da Constituição Federal e as disposições previstas no art. 169 da Lei n. 14.133/2021, a representante deve acionar inicialmente a primeira e a segunda linhas de defesa, no âmbito do próprio órgão/entidade"[1].

Assim, antes de representar ao TCU, é importante que as licitantes apresentem pedidos de esclarecimentos ou impugnação ao edital, bem como recurso administrativo, sob pena de poder acarretar duplos esforços de apuração desnecessariamente, em desfavor do erário e do interesse público.

Não obstante, a Lei Orgânica do TCU (Lei n. 8.443/92), em seu art. 45, estabelece que, verificada a ilegalidade de ato ou contrato o TCU assinalará prazo para que o responsável adote as providências necessárias ao cumprimento da lei.

Assim, o Regimento Interno do TCU, aprovado pela Resolução –TCU n. 246, de 30 de novembro de 2011, com suas atualizações, regulamenta, em seus arts. 273 ao 276 as medidas cautelares a serem tomadas pelo Tribunal, dentre elas o afastamento de agentes públicos.

Para tanto, no início ou no curso de qualquer apuração, o Plenário, de ofício, por sugestão de unidade técnica ou de equipe de fiscalização ou a requerimento do Ministério Público, poderá determinar, cautelarmente, nos termos do art. 44 da Lei n. 8.443/92, o afastamento temporário do responsável, se existirem indícios suficientes de que, prosseguindo no exercício de suas funções, possa retardar ou dificultar a realização de auditoria ou inspeção, causar novos danos ao erário ou inviabilizar o seu ressarcimento[2].

Independente do imediato afastamento de eventuais agentes envolvidos, o Plenário, o relator ou o Presidente, em caso de urgência, de fundado receio de grave lesão ao erário, ao interesse público, ou de risco de ineficácia da decisão de mérito, poderá, de ofício ou mediante provocação, **adotar medida cautelar, com ou sem a prévia oitiva da parte (inaudita altera pars)**, determinando, entre outras providências, a suspensão do ato ou do procedimento impugnado, até que o Tribunal decida sobre o mérito da questão suscitada, com fundamento no art. 276 do Regimento Interno do TCU.

A Lei n. 14.133/2021, em seu art. 171, § 2º, estabelece que, ao ser intimado da ordem de suspensão do processo licitatório, o órgão ou entidade deverá, **no prazo de 10 (dez) dias úteis**, admitida a prorrogação, informar as medidas adotadas para cumprimento da decisão, prestar todas as informações cabíveis e proceder à apuração de responsabilidade, se for o caso. O

---

[1] O art. 169 da Lei n. 14.133/2021 estabelece que as contratações públicas sujeitar-se-ão às seguintes linhas de defesa: a) primeira linha de defesa, integrada por servidores e empregados públicos, agentes de licitação e autoridades que atuam na estrutura de governança do órgão ou entidade; b) segunda linha de defesa, integrada pelas unidades de assessoramento jurídico e de controle interno do próprio órgão ou entidade; e c) terceira linha de defesa, integrada pelo órgão central de controle interno da Administração e pelo tribunal de contas.

[2] Será solidariamente responsável a autoridade superior competente que, no prazo fixado pelo Plenário do TCU, deixar de atender à determinação de afastamento de agente público.

descumprimento dessas medidas ensejará a apuração de responsabilidade e a obrigação de reparação do prejuízo causado ao erário.

O despacho do relator ou do Presidente, bem como a revisão da cautelar concedida[3], deverá será submetido ao Plenário do TCU na primeira sessão subsequente, a fim de ser ou não referendada.

Recebidas eventuais manifestações das partes, deverá a unidade técnica submeter à apreciação do relator análise e proposta **tão somente quanto aos fundamentos e à manutenção da cautelar**, salvo quando o estado do processo permitir a formulação imediata da proposta de mérito, na forma do art. 276, § 6º, do Regimento Interno do TCU.

Há de se observar que a Lei n. 14.133/2021, em seu art. 171, § 1º, determina que, ao suspender cautelarmente o processo licitatório, o tribunal de contas deverá pronunciar-se definitivamente sobre o mérito da irregularidade que tenha dado causa à suspensão no prazo de **25 dias úteis**, contado da data do recebimento das informações prestadas pelo órgão ou entidade, prorrogável por igual período uma única vez, e deverá definir objetivamente as causas da ordem de suspensão e o modo como será garantido o atendimento do interesse público obstado pela suspensão da licitação, no caso de objetos essenciais ou de contratação por emergência.

---

[3] A medida cautelar pode ser revista de ofício por quem a tiver adotado ou em resposta a requerimento da parte, a qualquer tempo, com fundamento no art. 276, § 5º, do Regimento Interno do TCU.

Referências

Livros, capítulos de livros e artigos

ALVES, Felipe Dalenogare. A execução da nova lei de licitações e contratos pelos pequenos municípios: centralização e atuação cooperativa à racionalização da atividade administrativa. *Portal Migalhas*. Publicação de 28 de junho de 2021. Disponível em: https://www.migalhas.com.br/depeso/347733/a-execucao-da-lei-de-licitacoes-e-contratos-pelos-pequenos-municipios. Acesso em: 20 nov. 2023.

ALVES, Felipe Dalenogare. *Dura lex sed lex*: três pontos da Lei n. 14.133/2021 com os quais é possível não concordar, mas necessário cumprir. In: *Portal Migalhas*, coluna Migalhas de Peso, de 26 de abril de 2023. Disponível em: https://www.migalhas.com.br/depeso/385429/tres-pontos-da-lei-14-133-21-que-e-necessario-cumprir. Acesso em: 1º ago. 2024.

ALVES, Felipe Dalenogare. *Manual de Direito Administrativo*. São Paulo: Saraiva, 2024.

ALVES, Felipe Dalenogare. O dever de cautela administrativa aplicado ao processo licitatório em que houver inversão de fases à luz da Nova Lei de Licitações e Contratos. In: MATOS, Marilene Carneiro; ALVES, Felipe Dalenogare; AMORIM, Rafael Amorim de (Orgs.). *Nova Lei de licitações e contratos – Lei n. 14.133/2021*: debates, perspectivas e desafios. Brasília: Edições Câmara, 2023.

ALVES, Felipe Dalenogare. O credenciamento e o Sistema de Registro de Preços como procedimentos auxiliares à racionalização administrativa: um panorama à luz da Nova Lei de Licitações e Contratos. In: BUSCH, Eduardo Vieira (Coord.). *Nova Lei de Licitações e Contratos:* aspectos relevantes da Lei n. 14.133/21. São Paulo: Quartier Latin, 2023.

ALVES, Felipe Dalenogare; ALVES, Paulo. A elaboração do Plano de Contratações Anual (PCA) como dever de Governança imposto à Administração Pública na Lei n. 14.133/2021. In: *Portal Sollicita*, coluna Falando de Governança, 11 jun. 2024. Disponível em: https://portal.sollicita.com.br/Noticia/21423. Acesso em: 22 jun. 2024.

ARAGÃO, Alexandre Santos de. O diálogo competitivo na nova Lei de licitações e contratos da administração pública. *Revista de Direito Administrativo*, Rio de Janeiro, v. 280, n. 3, p. 41-66, set./dez. 2021.

BANDEIRA DE MELLO, Celso Antônio. *Conteúdo jurídico do princípio da igualdade*. São Paulo: Malheiros, 1997.

BANDEIRA DE MELLO, Celso Antônio. *Curso de direito administrativo*. 12. ed. São Paulo: Malheiros, 2000.

BANDEIRA DE MELLO, Celso Antônio. *Discricionariedade e controle jurisdicional*. 2 ed. São Paulo: Malheiros Editores, 2007.

BANDEIRA DE MELLO, Celso Antônio. *Curso de direito administrativo*. 31. ed. São Paulo: Malheiros, 2014.

BRASIL. Tribunal de Contas da União. *Licitações e contratos:* orientações básicas. 2. ed. Brasília: TCU, Secretaria de controle interno, 2003.

BRASIL. Tribunal de Contas da União. *Licitações & Contratos:* orientações e jurisprudência do TCU. 5. ed. Brasília: TCU, 2023.

BRASIL. Ministério da Economia. *Painel de Compras*. Disponível em: http://paineldecompras.economia.gov.br/?document=Painel%2520de%-2520Compras.qvw&host=Local&anonymous=true. Acesso em: 11 abr. 2021.

CAMARÃO, Tatiana. Comentários aos arts. 7º e 8º. In: FORTINI, Cristiana; OLIVEIRA, Rafael Sérgio Lima de; CAMARÃO, Tatiana (Coords.). *Comentários à Lei de Licitações e Contratos:* Lei n. 14.133, de 1º de abril de 2021. Belo Horizonte: Fórum, 2022.

CARDOSO, Lindineide Oliveira. *Contratos Administrativos na Nova Lei de Licitações e Contratos*: Teoria e Prática. 2. ed. Salvador: Juspodivm, 2024.

CARVALHO FILHO, José dos Santos. *Manual de direito administrativo*. 30. ed. São Paulo: Atlas, 2016.

CHECCUCCI, Gustavo Leite Caribé; MALHEIROS FILHO, Marcos André de Almeida. O seguro-garantia *performance bond* como elemento de eficiência e segurança jurídica na Nova Lei de Licitações e Contratos – Lei n. 14.133/2021. In: MATOS, Marilene Carneiro; ALVES, Felipe Dalenogare; AMORIM, Rafael Amorim de (Orgs.). *Nova Lei de licitações e contratos – Lei n. 14.133/2021*: debates, perspectivas e desafios. Brasília: Edições Câmara, 2023.

CINTRA DO AMARAL, Antônio Carlos. *Licitação e contrato administrativo*. 2. ed. Belo Horizonte: Fórum, 2009.

DALLARI, Adilson Abreu. *Aspectos jurídicos da licitação*. São Paulo: Saraiva, 2003.

DAMIANI, Rafael Marques; CRUZ, Luciane dos Santos da. Lei 8.666/93: Influência da Contratação pelo Menor Preço na qualidade dos Produtos Entregues. *Interfaces Científicas – Direito*, Aracaju, v. 3, n.1, p. 63-72, out. 2014.

DI PIETRO, Maria Sylvia Zanella. *Direito Administrativo*. 37. ed. São Paulo: Atlas, 2024.

DI PIETRO, Maria Sylvia. *Temas polêmicos sobre licitações e contratos*. 5. ed. São Paulo: Malheiros, 2001.

DI PIETRO, Maria Sylvia Zanella. Entrevista. *Revista do Tribunal de Contas do TCEMG*. v. 82. n. 1. jan./mar. 2012. Belo Horizonte: TCEMG, 2012.

DI PIETRO, Maria Sylvia Zanella. *Direito administrativo*. 26. ed. São Paulo: Atlas, 2013.

Referências

DI PIETRO, Maria Sylvia Zanella. *Direito administrativo*. São Paulo: Atlas, 2014.

FERRAZ, Luciano. Por que a singularidade é o Wolverine da nova Lei de Licitações? Disponível em: https://www.conjur.com.br/2021-jun-03/interesse-publico-singularidade-wolverine-lei-licitacoes/#:~:text=Entretanto%2C%20a%20peculiaridade%20mais%20interessante,se%20fossem%20uma%20s%C3%B3%20realidade. Acesso em: 30 mar. 2024.

FERRAZ, Sérgio; Figueiredo, Lúcia Valle. *Dispensa e Inexigibilidade de Licitação*. 3. ed. São Paulo: Malheiros, 1994.

FIGUEIREDO, Lúcia Valle. *Curso de direito administrativo*. São Paulo: Malheiros, 2004.

FORTINI, Cristiana; AMORIM, Rafael Amorim de. Novo olhar para as contratações públicas: precedentes e perspectivas da Lei n. 14.133/2021. In: MATOS, Marilene Carneiro; ALVES, Felipe Dalenogare; AMORIM, Rafael Amorim de (Orgs.). *Nova Lei de licitações e contratos – Lei n. 14.133/2021*: debates, perspectivas e desafios. Brasília: Edições Câmara, 2023.

FÓRUM NACIONAL DAS CONSULTORIAS JURÍDICAS DAS PROCURADORIAS-GERAIS DOS ESTADOS E DO DISTRITO FEDERAL (FONACON). *Enunciados aprovados, 2023*. Disponível em: https://www.pge.am.gov.br/wp-content/uploads/2024/03/FONACON-ENUNCIADOS-APROVADOS.pdf. Acesso em: 30 mar. 2024.

FREITAS, Juarez. Nova Lei de licitações e o ciclo de vida do objeto. *Revista de Direito Administrativo*, Rio de Janeiro, v. 281, n. 2, p. 91-106, mai./ago. 2022.

GASPARINI, Diógenes. *Direito administrativo*. 6. ed. São Paulo: Saraiva, 2001.

GOFMAN, Bruno; Guimarães, Edgar; KAMMERS, Paulo. Meios alternativos de prevenção e resolução de controvérsias positivados na Lei n. 14.133/2021. In: MATOS, Marilene Carneiro; ALVES, Felipe Dalenogare; AMORIM, Rafael Amorim de (Orgs.). *Nova Lei de licitações e contratos – Lei n. 14.133/2021*: debates, perspectivas e desafios. Brasília: Edições Câmara, 2023.

HEINEN, Juliano. O reequilíbrio econômico-financeiro na nova Lei de Licitações. *Consultor Jurídico*, edição de 11/05/2021. Disponível em: https://www.conjur.com.br/2021-mai-11/heIn.en-reequilibrio-economico-fIn.anceiro-lei-licitacoes. Acesso em: 20 nov. 2023.

HEINEN, Juliano. *Comentários à Lei de Licitações e Contratos Administrativos. Lei 14.133/21*. 4. ed. rev. atual e ampl. São Paulo: Editora JusPodium, 2024.

INSTITUTO NACIONAL DA CONTRATAÇÃO PÚBLICA (INCP). *Informativo*: enunciados aprovados. [S.l.]. Disponível em: https://www.incpbrasil.com.br/wp-content/uploads/2024/03/informativo_enunciados-1.pdf. Acesso em: 30 mar. 2024.

JUSTEN FILHO, Marçal. *Comentários à lei de licitações e contratos administrativos*. 7. ed. São Paulo: Dialética, 2000.

JUSTEN FILHO, Marçal. *Comentários à lei de licitações e contratos.* 12. ed. São Paulo: Dialética, 2008.

JUSTEN FILHO, Marçal. *Comentários à lei de licitações e contratos administrativos.* São Paulo: Revista dos Tribunais, 2014.

JUSTEN FILHO, Marçal. *Comentários à Lei de Licitações e Contratações Administrativas:* Lei n. 14.133/2021. São Paulo: Thomson Reuters Brasil, 2021.

JUSTEN FILHO, Marçal. *Curso de Direito Administrativo.* 4. ed. São Paulo: Saraiva, 2009.

MATOS, Marilene Carneiro. Impactos da Nova Lei de Licitações e Contratos nos municípios brasileiros. In: MATOS, Marilene Carneiro; ALVES, Felipe Dalenogare; AMORIM, Rafael Amorim de (Orgs.). *Nova Lei de licitações e contratos – Lei n. 14.133/2021*: debates, perspectivas e desafios. Brasília: Edições Câmara, 2023.

MAZZUCATO, Mariana. *O Estado Empreendedor:* desmascarando o mito do setor público *vs.* setor privado. São Paulo: Portfolio-Penguin, 2014.

MEIRELLES, Hely Lopes. *Direito Administrativo.* 40. ed. São Paulo: Malheiros, 2014.

MEIRELLES, Hely Lopes. *Licitação e contrato administrativo.* 12. ed. São Paulo: Malheiros, 1999.

NÓBREGA, Marcos; TORRES, Ronny Charles L. de. *A nova lei de licitações, credenciamento e e-marketplace:* o *turning point* da inovação nas compras públicas, 2021. Disponível em: https://ronnycharles.com.br/wp-content/uploads/2021/01/A-nova-lei-de-licitacoes-credenciamento-e-e-marketplace-o-turnIn.g-poIn.t-da-In.ovacao-nas-compras-publicas.pdf. Acesso em: 5 nov. 2023.

NÓBREGA, Marcos; OLIVEIRA NETTO, Pedro Dias de. O seguro-garantia na nova Lei de licitação e os problemas de seleção adversa e risco moral. *Revista de Direito Administrativo*, Rio de Janeiro, v. 281, n. 1, p. 185-205, jan./abr. 2022.

OLIVEIRA, Rafael Carvalho Rezende. *Nova lei de licitações e contratos administrativos:* comparada e comentada. 1. ed. Rio de Janeiro: Forense, 2021.

REIS, Luciano Elias. *Compras públicas inovadoras.* Belo Horizonte: Fórum, 2022.

SADDY, André. *Curso de Direito Administrativo.* 3. v. 3. ed. Rio de Janeiro: CEEJ, 2025.

SUNDFELD, Carlos Ari. *Licitação e contrato administrativo.* São Paulo: Malheiros, 1994.

SUNDFELD, Carlos Ari. *Licitação e contrato administrativo.* 2. ed. São Paulo: Malheiros, 1995.

Constituição

BRASIL. *Constituição da República Federativa do Brasil, promulgada em 5 de outubro de 1988*. Disponível em: https://www.planalto.gov.br/ccivil_03/constituicao/constituicao.htm. Acesso em: 02 dez. 2023.

Leis

BRASIL. *Lei n. 4.320, de 17 de março de 1964*. Estatui Normas Gerais de Direito Financeiro para elaboração e controle dos orçamentos e balanços da União, dos Estados, dos Municípios e do Distrito Federal.

BRASIL. *Lei n. 8.429, de 02 de junho de 1992*. Dispõe sobre as sanções aplicáveis em virtude da prática de atos de improbidade administrativa, de que trata o § 4º do art. 37 da Constituição Federal; e dá outras providências. (Redação dada pela Lei n. 14.230, de 2021). Disponível em: https://www.planalto.gov.br/ccivil_03/leis/l8429.htm. Acesso em: 05 dez. 2023.

BRASIL. *Lei n. 8.666, de 21 de junho de 1993*. Regulamenta o art. 37, XXI, da Constituição Federal, institui normas para licitações e contratos da Administração Pública e dá outras providências. Disponível em: https://www.planalto.gov.br/ccivil_03/leis/l8666cons.htm. Acesso em: 03 dez. 2023.

BRASIL. *Lei n. 10.406, de 10 de janeiro de 2002*. Institui o Código Civil. Disponível em: https://www.planalto.gov.br/ccivil_03/leis/2002/l10406compilada.htm. Acesso em: 05 dez. 2023.

BRASIL. *Lei n. 12.462, de 04 de agosto de 2011*. Institui o Regime Diferenciado de Contratações Públicas – RDC; altera a Lei n. 10.683, de 28 de maio de 2003, que dispõe sobre a organização da Presidência da República e dos Ministérios, a legislação da Agência Nacional de Aviação Civil (Anac) e a legislação da Empresa Brasileira de Infraestrutura Aeroportuária (Infraero); cria a Secretaria de Aviação Civil, cargos de Ministro de Estado, cargos em comissão e cargos de Controlador de Tráfego Aéreo; autoriza a contratação de controladores de tráfego aéreo temporários; altera as Leis n.s 11.182, de 27 de setembro de 2005, 5.862, de 12 de dezembro de 1972, 8.399, de 7 de janeiro de 1992, 11.526, de 4 de outubro de 2007, 11.458, de 19 de março de 2007, e 12.350, de 20 de dezembro de 2010, e a Medida Provisória n. 2.185-35, de 24 de agosto de 2001; e revoga dispositivos da Lei n. 9.649, de 27 de maio de 1998. Disponível em: https://www.planalto.gov.br/ccivil_03/_ato2011-2014/2011/lei/l12462.htm. Acesso em: 04 dez. 2023.

BRASIL. *Lei n. 13.655, de 25 de abril de 2018*. Inclui no Decreto-lei n. 4.657, de 4 de setembro de 1942 (Lei de Introdução às Normas do Direito Brasileiro), disposições sobre segurança jurídica e eficiência na criação e na aplicação do direito público. Disponível em: https://www.planalto.gov.br/ccivil_03/_ato2015-2018/2018/lei/l13655.htm. Acesso em: 05 dez. 2023.

BRASIL. *Lei n. 14.133, de 1º de abril de 2021*. Lei de Licitações e Contratos Administrativos. Disponível em: https://www.planalto.gov.br/ccivil_03/_ato2019-2022/2021/lei/l14133.htm. Acesso em: 03 dez. 2023.

Decretos-leis

BRASIL. *Decreto-lei n. 9.760, de 5 de setembro de 1946*. Dispõe sobre os bens imóveis da União e dá outras providências. Disponível em: https://www.planalto.gov.br/ccivil_03/decreto-lei/del9760compilado.htm. Acesso em: 03 dez. 2023.

BRASIL. *Decreto-lei n. 200, de 25 de fevereiro de 1967*. Dispõe sobre a organização da Administração Federal, estabelece diretrizes para a Reforma Administrativa e dá outras providências.

Decretos

BRASIL. *Decreto n. 7.892, de 23 de janeiro de 2013*. Regulamenta o Sistema de Registro de Preços previsto no art. 15 da Lei n. 8.666, de 21 de junho de 1993. Disponível em: https://www.planalto.gov.br/ccivil_03/_ato2011-2014/2013/decreto/d7892.htm. Acesso em: 03 dez. 2023.

BRASIL. *Decreto n. 10.024, de 20 de setembro de 2019*. Regulamenta a licitação, na modalidade pregão, na forma eletrônica, para a aquisição de bens e a contratação de serviços comuns, incluídos os serviços comuns de engenharia, e dispõe sobre o uso da dispensa eletrônica, no âmbito da administração pública federal. Disponível em: https://www.planalto.gov.br/ccivil_03/_ato2019-2022/2019/decreto/d10024.htm. Acesso em: 12 dez. 2023.

BRASIL. *Decreto n. 10.856, de 11 de novembro de 2021*. Desafeta formalmente bem de propriedade da União. Disponível em: https://www.planalto.gov.br/ccivil_03/_Ato2019-2022/2021/Decreto/D10856.htm. Acesso em: 21 nov. 2023.

BRASIL. *Decreto n. 11.246, de 27 de outubro de 2022*. Regulamenta o disposto no § 3º do art. 8º da Lei n. 14.133, de 1º de abril de 2021, para dispor sobre as regras para a atuação do agente de contratação e da equipe de apoio, o funcionamento da comissão de contratação e a atuação dos gestores e fiscais de contratos, no âmbito da administração pública federal direta, autárquica e fundacional. Disponível em: https://www.planalto.gov.br/ccivil_03/_ato2019-2022/2022/decreto/D11246.htm. Acesso em: 13 dez. 2023.

BRASIL. *Decreto n. 11.430, de 8 de março de 2023*. Regulamenta a Lei n. 14.133, de 1º de abril de 2021, para dispor sobre a exigência, em contratações públicas, de percentual mínimo de mão de obra constituída por mulheres vítimas de violência doméstica e sobre a utilização do desenvolvimento, pelo licitante, de ações de equidade entre mulheres e homens no ambiente de trabalho como critério de desempate em licitações, no âmbito da administração pública federal direta, autárquica e fundacional. Disponível em: http://www.planalto.gov.br/ccivil_03/_ato2023-2026/2023/decreto/D11430.htm. Acesso em: 13 dez. 2023.

Portarias

BRASIL. Ministério da Defesa. Gabinete do Ministro. *Portaria GM-MD n. 4.641, de 14 de setembro de 2023*. Dispõe sobre a dispensa de licitação para contratação que possa acarretar comprometimento da segurança nacional. Publicado em: 22 set. 2023.

BRASIL. Ministério da Defesa. Gabinete do Ministro. *Portaria GM-MD n. 5.175, de 15 de dezembro de 2021*. Aprova as Normas para as Compras no Exterior dos Comandos da Marinha, do Exército e da Aeronáutica. Publicado em: 17 dez. 2021.

Instruções Normativas

BRASIL. *Instrução Normativa SEGES n. 5, de 25 de maio de 2017*. Dispõe sobre as regras e diretrizes do procedimento de contratação de serviços sob o regime de execução indireta no âmbito da Administração Pública federal direta, autárquica e fundacional. Disponível em: https://www.gov.br/compras/pt-br/acesso-a-informacao/legislacao/instrucoes-normativas/midias/INn-05de26demaiode2017Hiperlink.pdf. Acesso em: 12 dez. 2023.

BRASIL. *Instrução Normativa SEGES n. 58, de 8 de agosto de 2022*. Dispõe sobre a elaboração dos Estudos Técnicos Preliminares – ETP, para a aquisição de bens e a contratação de serviços e obras, no âmbito da administração pública federal direta, autárquica e fundacional, e sobre o Sistema ETP digital. Disponível em: https://www.gov.br/compras/pt-br/acesso-a-informacao/legislacao/instrucoes-normativas/instrucao-normativa-seges-no-58-de-8-de-agosto-de-2022. Acesso em: 16 ago. 2024.

BRASIL. *Instrução Normativa SEGES n. 81, de 25 de novembro de 2022*. Dispõe sobre a elaboração do Termo de Referência – TR, para a aquisição de bens e a contratação de serviços, no âmbito da administração pública federal direta, autárquica e fundacional, e sobre o Sistema TR digital. Disponível em: https://in.gov.br/web/dou/-/instrucao-normativa-cgnor/me-n-81-de-25-de-novembro-de-2022-446388890. Acesso em: 12 dez. 2023.

BRASIL. Tribunal de Contas de Santa Catarina. *Instrução Normativa n. 33/2024, de 21 de fevereiro de 2024*. Estabelece critérios para a concessão e para a comprovação da regular aplicação de recursos financeiros concedidos a qualquer título, da elaboração das prestações de contas e providências decorrentes.

Notas Técnicas

BRASIL. Tribunal de Contas de Santa Catarina. *Nota Técnica n. 9/2024*. Versa sobre Despesas de Pronto Pagamento na Nova Lei de Licitações e Contratações (Lei n. 14.133/2021). Publicada no *Diário Oficial Eletrônico* do TCE-SC em 17 jul. 2024.

Regimentos

BRASIL. Tribunal de Contas da União. *Regimento Interno do TCU, aprovado pela Resolução-TCU n. 246, de 30 de novembro de 2011*.

Decisões dos Tribunais de Justiça dos Estados
BRASIL. Tribunal de Justiça do Estado de São Paulo. *ADI n. 2308494-38.2023.8.26.0000*. Órgão Especial. Rel. Des. Roberto Solimene. Julgado em: 29 abr. 2024.

BRASIL. Tribunal de Justiça do Estado do Mato Grosso. *ADI n. 1028319-75.2023.8.11.0000*. Órgão Especial. Rel. Des. Paulo da Cunha. Julgado em: 18 jul. 2024.

Decisões do Supremo Tribunal Federal
BRASIL. Supremo Tribunal Federal. *ADI n. 1923/DF*. Relator: Ministro Ayres Britto. Relator para o acórdão: Ministro Luiz Fux. Julgado em: 16 abr. 2015.

Acórdãos do TCU
BRASIL. Tribunal de Contas da União (Plenário). *Acórdão n. 1159/2008*. Plenário. Relator: Ministro Marcos Vinicios Vilaça. Julgado em: 18 jun. 2008.

BRASIL. Tribunal de Contas da União (Plenário). *Acórdão n. 1925/2019*. Relator: Ministro Weder de Oliveira. Julgado em: 21 ago. 2019.

BRASIL. Tribunal de Contas da União (Plenário). *Acórdão n. 1463/2024*. Plenário. Relator: Ministro Augusto Nardes. Julgado em: 24 jul. 2024.

BRASIL. Tribunal de Contas da União (Plenário). *Acórdão n. 1643/2024*. Plenário. Relator: Ministro Benjamin Zymler. Julgado em: 14 ago. 2024.

Acórdãos dos TCE
BRASIL. Tribunal de Contas do Estado do Paraná. *Acórdão n. 3561/2023*. Tribunal Pleno. Relator: Cons. Jose Durval Mattos do Amaral. Julgado em: 6 nov. 2023.

BRASIL. Tribunal de Contas do Estado do Paraná. *Acórdão n. 2787/2022*. Tribunal Pleno. Relator: Cons. Nestor Baptista. Julgado em: 17 nov. 2022.

BRASIL. Tribunal de Contas do Estado do Paraná. *Acórdão n. 1221/2022*. Tribunal Pleno. Relator: Cons. Fernando Augusto Mello Guimarães. Julgado em: 18 jul. 2022.

Decisões do Tribunal de Contas da União
BRASIL. Tribunal de Contas da União (Plenário). *Acórdão n. 174/2004*. Relator: Ministro Adylson Motta. Julgado em: 3 mar. 2004.

BRASIL. Tribunal de Contas da União (Plenário). *Acórdão n. 179/2021*. Relator: Ministro Raimundo Carreiro. Julgado em: 3 fev. 2021.

BRASIL. Tribunal de Contas da União (Plenário). *Acórdão n. 328/2023*. Relator: Ministro Augusto Sherman. Julgado em: 1º mar. 2023.

BRASIL. Tribunal de Contas da União (Plenário). *Acórdão n. 343/2014*. Relator: Ministro Valdir Campelo. Julgado em: 19 fev. 2014.

BRASIL. Tribunal de Contas da União (Plenário). *Acórdão n. 351/2010*. Relator: Ministro Marcos Bemquerer Costa. Julgado em: 03 mar. 2010.

BRASIL. Tribunal de Contas da União (Plenário). *Acórdão n. 526/2013*. Relator: Ministro Marcos Bemquerer. Julgado em: 13 mar. 2013.

BRASIL. Tribunal de Contas da União (Plenário). *Acórdão n. 533/2022*. Relator: Ministro Antonio Anastasia. Julgado em: 16 mar. 2022.

BRASIL. Tribunal de Contas da União (Plenário). *Acórdão n. 488/2019*. Relatora: Ministra Ana Arraes. Julgado em: 13 mar. 2019.

BRASIL. Tribunal de Contas da União (Segunda Câmara). *Acórdão n. 631/2007*. Relator: Ministro Aroldo Cedraz. Julgado em: 03 abr. 2007.

BRASIL. Tribunal de Contas da União (Plenário). *Acórdão do TCU n. 702/2023*. Relator: Ministro Augusto Sherman. Julgado em: 12 abr. 2023.

BRASIL. Tribunal de Contas da União (Plenário). *Acórdão n. 768/2013*. Relator: Ministro Marcos Bemquerer. Julgado em: 03 abr. 2013.

BRASIL. Tribunal de Contas da União (Plenário). *Acórdão n. 855/2013*. Relator: Ministro José Jorge. Julgado em: 10 abr. 2013.

BRASIL. Tribunal de Contas da União (Plenário). *Acórdão n. 872/2011*. Relator: Ministro José Jorge. Julgado em: 06 abr. 2011.

BRASIL. Tribunal de Contas da União (Plenário). *Acórdão n. 894/2021*. Relator: Ministro Benjamin Zymler. Julgado em: 20 abr. 2021.

BRASIL. Tribunal de Contas da União (Plenário). *Acórdão n. 980/2018*. Relator: Ministro Marcos Bemquerer. Julgado em: 02 mai. 2018.

BRASIL. Tribunal de Contas da União (Plenário). *Acórdão n. 991/2009*. Relator: Ministro Marcos Vinicios Vilaça. Julgado em: 13 mai. 2009.

BRASIL. Tribunal de Contas da União (Plenário). *Acórdão n. 1033/2019*. Relator: Ministro Aroldo Cedraz. Julgado em: 8 mai. 2019.

BRASIL. Tribunal de Contas da União (Segunda Câmara). *Acórdão n. 1046/2009*. Relator: Ministro Augusto Sherman. Julgado em: 17 mar. 2009.

BRASIL. Tribunal de Contas da União (Primeira Câmara). *Acórdão do TCU n. 1049/2008*. Relator: Ministro Marcos Bemquerer. Julgado em: 08 abr. 2008.

BRASIL. Tribunal de Contas da União (Segunda Câmara). *Acórdão n. 1061/2010*. Relator: Ministro José Jorge. Julgado em: 16 mar. 2010.

BRASIL. Tribunal de Contas da União (Plenário). *Acórdão n. 1094/2021*. Relator: Ministro Weder de Oliveira. Julgado em: 12 mai. 2021.

BRASIL. Tribunal de Contas da União (Plenário). *Acórdão n. 1122/2017*. Relator: Ministro Benjamin Zymler. Julgamento em: 11 mai. 2017.

BRASIL. Tribunal de Contas da União (Plenário). *Acórdão n. 1123/2022*. Relator: Ministro Aroldo Cedraz. Julgado em: 25 mai. 2022.

BRASIL. Tribunal de Contas da União (Plenário). *Acórdão n. 1150/2013*. Relator: Ministro Aroldo Cedraz. Julgado em: 15 mai. 2013.

BRASIL. Tribunal de Contas da União (Plenário). *Acórdão n. 1151/2015*. Relatora: Ministra Ana Arraes. Julgado em: 13 mai. 2015.

BRASIL. Tribunal de Contas da União (Plenário). *Acórdão n. 1176/2021*. Relator: Ministro Marcos Bemquerer. Julgado em: 19 mai. 2021.

BRASIL. Tribunal de Contas da União (Plenário). *Acórdão n. 1217/2023*. Relator: Ministro Benjamin Zymler. Julgamento em: 14 jun. 2023.

BRASIL. Tribunal de Contas da União (Plenário). *Acórdão n. 1220/2016*. Relator: Ministro Bruno Dantas. Julgado em: 18 mai. 2016.

BRASIL. Tribunal de Contas da União (Plenário). *Acórdão n. 1238/2019*. Relator: Ministro Marcos Bemquerer. Julgamento em: 29 mai. 2019.

BRASIL. Tribunal de Contas da União (Plenário). *Acórdão n. 1257/2023*. Relator: Ministro Benjamin Zymler. Julgamento em: 21 jun. 2023.

BRASIL. Tribunal de Contas da União (Plenário). *Acórdão n. 1285/2015*. Relator: Ministro Benjamin Zymler. Julgado em: 27 mai. 2015.

BRASIL. Tribunal de Contas da União (Primeira Câmara). *Acórdão n. 1299/2022*. Relator: Ministro Benjamin Zymler. Julgado em: 15 mar. 2022.

BRASIL. Tribunal de Contas da União (Plenário). *Acórdão n. 1347/2018*. Relator: Ministro Bruno Dantas. Julgado em: 13 jun. 2018.

BRASIL. Tribunal de Contas da União (Plenário). *Acórdão n. 1375/2015*. Relator: Ministro Bruno Dantas. Julgado em: 3 jun. 2015.

BRASIL. Tribunal de Contas da União (Plenário). *Acórdão n. 1381/2018*. Relator: Ministro Walton Alencar Rodrigues. Julgado em: 20 jun. 2018.

BRASIL. Tribunal de Contas da União (Plenário). *Acórdão n. 1508/2008*. Relator: Ministro Aroldo Cedraz. Julgado em: 30 jul. 2008.

BRASIL. Tribunal de Contas da União (Plenário). *Acórdão n. 1534/2020*. Relator: Ministro André de Carvalho. Julgado em: 17 jun. 2020.

BRASIL. Tribunal de Contas da União (Plenário). *Acórdão n. 1545/2017*. Relator: Ministro Aroldo Cedraz. Julgado em: 19 jul. 2017.

BRASIL. Tribunal de Contas da União (Plenário). *Acórdão n. 1650/2020*. Relator: Ministro Augusto Sherman. Julgado em: 24 jun. 2020.

BRASIL. Tribunal de Contas da União (Plenário). *Acórdão n. 1656/2015*. Relator: Ministro Benjamin Zymler. Julgado em: 15 mar. 2022.

BRASIL. Tribunal de Contas da União (Plenário). *Acórdão n. 1793/2011*. Relator: Ministro Valdir Campelo. Julgado em: 6 jul. 2011.

BRASIL. Tribunal de Contas da União (Plenário). *Acórdão 1803/2016*. Relator: Ministro Bruno Dantas. Julgado em: 13 jul. 2016.

BRASIL. Tribunal de Contas da União (Plenário). *Acórdão n. 1872/2018*. Relator: Ministro Vital do Rego. Julgado em: 15 ago. 2018.

Referências

BRASIL. Tribunal de Contas da União (Plenário). *Acórdão n. 1939/2021*. Relator: Ministro Bruno Dantas. Julgado em: 11 ago. 2021.

BRASIL. Tribunal de Contas da União (Plenário). *Acórdão n. 2032/2021*. Plenário. Relator: Ministro Raimundo Carreiro. Julgado em: 25 ago. 2021.

BRASIL. Tribunal de Contas da União (Plenário). *Acórdão do TCU n. 2212/2016*. Relator: Ministro Augusto Sherman. Julgado em: 24 ago. 2016.

BRASIL. Tribunal de Contas da União (Plenário). *Acórdão n. 2296/2014*. Relator: Ministro Benjamin Zymler. Julgado em: 3 set. 2014.

BRASIL. Tribunal de Contas da União (Plenário). *Acórdão n. 2311/2012*. Relator: Ministro Aroldo Cedraz. Julgado em: 29 ago. 2012.

BRASIL. Tribunal de Contas da União (Plenário). *Acórdão n. 2529/2021*. Relator: Ministro Raimundo Carreiro. Julgado em: 20 out. 2021.

BRASIL. Tribunal de Contas da União (Plenário). *Acórdão n. 2600/2013*. Relator: Ministro Valdir Campelo. Julgado em: 25 set. 2013.

BRASIL. Tribunal de Contas da União (Plenário). *Acórdão n. 2656/2019*. Plenário. Relatora: Ministra Ana Arraes. Julgado em: 30 out. 2019.

BRASIL. Tribunal de Contas da União (Plenário). *Acórdão n. 2763/2013*. Relator: Ministro Weder de Oliveira. Julgado em: 9 out. 2013.

BRASIL. Tribunal de Contas da União (Plenário). *Acórdão n. 2829/2015*. Relator: Ministro Bruno Dantas. Julgado em: 4 nov. 2015.

BRASIL. Tribunal de Contas da União (Plenário). *Acórdão n. 2842/2016*. Relator: Ministro Bruno Dantas. Julgado em: 09 nov. 2016.

BRASIL. Tribunal de Contas da União (Plenário). *Acórdão n. 3066/2020*. Plenário. Relator: Ministro Benjamin Zymler. Julgado em: 8 nov. 2020.

BRASIL. Tribunal de Contas da União (Plenário). *Acórdão n. 3081/2016*. Relator: Ministro Bruno Dantas. Julgado em: 30 nov. 2016.

BRASIL. Tribunal de Contas da União (Plenário). *Acórdão n. 3419/2013*. Relator: Ministro José Mucio Monteiro. Julgado em: 4 dez. 2013.

BRASIL. Tribunal de Contas da União (Plenário). *Acórdão n. 3605/2014*. Relator: Ministro Marcos Bemquerer. Julgado em: 09 dez. 2014.

BRASIL. Tribunal de Contas da União (Segunda Câmara). *Acórdão n. 3625/2011*. Relator: Ministro Aroldo Cedraz. Julgado em: 31 mai. 2011.

BRASIL. Tribunal de Contas da União (Primeira Câmara). *Acórdão n. 4227/2017*. Relator: Ministro Walton Alencar Rodrigues. Julgado em: 6 jun. 2017.

BRASIL. Tribunal de Contas da União (Segunda Câmara). *Acórdão n. 5495/2022*. Relator: Ministro Bruno Dantas. Julgado em: 13 set. 2022.

BRASIL. Tribunal de Contas da União (Segunda Câmara). *Acórdão n. 7428/2019*. Relator: Ministro Augusto Nardes. Julgado em: 20 ago. 2019.

BRASIL. Tribunal de Contas da União (Segunda Câmara). *Acórdão n. 7982/2017*. Relatora: Ministra Ana Arraes. Julgamento em: 29 ago. 2017.

BRASIL. Tribunal de Contas da União (Segunda Câmara). *Acórdão n. 8340/2018*. Relator: Ministro Augusto Nardes. Julgado em: 11 set. 2018.

BRASIL. Tribunal de Contas da União (Primeira Câmara). *Acórdão n. 18587/2021*. Relator: Ministro Vital do Rego. Julgado em: 23 nov. 2021.

Súmulas do TCU

BRASIL. Tribunal de Contas da União. Súmula n. 177.
BRASIL. Tribunal de Contas da União. Súmula n. 222.
BRASIL. Tribunal de Contas da União. Súmula n. 247.
BRASIL. Tribunal de Contas da União. Súmula n. 258.
BRASIL. Tribunal de Contas da União. Súmula n. 261.
BRASIL. Tribunal de Contas da União. Súmula n. 262.
BRASIL. Tribunal de Contas da União. Súmula n. 263.
BRASIL. Tribunal de Contas da União. Súmula n. 269.
BRASIL. Tribunal de Contas da União. Súmula n. 270.
BRASIL. Tribunal de Contas da União. Súmula n. 272.
BRASIL. Tribunal de Contas da União. Súmula n. 275.
BRASIL. Tribunal de Contas da União. Súmula n. 283.
BRASIL. Tribunal de Contas da União. Súmula n. 289.

Pareceres

BRASIL. Advocacia-Geral da União. *Parecer n. 0003/2017/CNU/CGU/AGU*, de lavra do Dr. Ronny Charles Lopes de Torres, emitido em 11 de abril de 2017.